Susann Ehrlich & Andrea Scheerer

Weil Vertrieb keine Glückssache ist

Der Roman, der Sie mit Methodik
im Vertrieb erfolgreich macht

Plus:
Theorieteil, der die im Roman
angesprochenen Techniken erläutert

Finderlohn Personalentwicklung GmbH & Co. KG

Copyright: © 2023 Susann Ehrlich & Andrea Scheerer
Lektorat: Erik Kinting – www.buchlektorat.net
Illustrationen: Jill Ehrlich
Umschlag & Satz: Erik Kinting
Coverillustration: frbird (depositphotos.com)

Verlag und Druck:
tredition GmbH
An der Strusbek 10
22926 Ahrensburg

Softcover	978-3-347-90027-1
Hardcover	978-3-347-90037-0
E-Book	978-3-347-90038-7

Das Werk, einschließlich seiner Teile, ist urheberrechtlich geschützt. Jede Verwertung ist ohne Zustimmung des Verlages und des Autors unzulässig. Dies gilt insbesondere für die elektronische oder sonstige Vervielfältigung, Übersetzung, Verbreitung und öffentliche Zugänglichmachung.

Bibliografische Information der Deutschen Nationalbibliothek:
Die Deutsche Nationalbibliothek verzeichnet diese Publikation in der Deutschen Nationalbibliografie; detaillierte bibliografische Daten sind im Internet über http://dnb.d-nb.de abrufbar.

Liebe Sophia

herzlich Dank für Dein Lektorat und Deine Anmerkungen.
Viel Spaß beim Lesen.

Deine Susann

Die Autorinnen:

Susann Ehrlich, Jahrgang 1978, war nach ihrem Studium der Verkehrswirtschaft acht Jahre im Vertrieb tätig. Anschließend hat sie mehrere Vertriebsteams im Innen- und Außendienst in der IT-Branche aufgebaut und geleitet, sowohl mit generalistischen als auch fokussierten Vertriebsansätzen.

Ihre Erfahrung umfasst den gesamten Vertriebsprozess von der Akquise über Social Selling and Research oder Outbound-Calling über die Lead-Qualifizierung, die Entwicklung von Opportunities bis hin zum Geschäftsabschluss sowie die Kundenbetreuung und -durchdringung. Sie hat Mitarbeiter im Lösungsvertrieb und im Vertrieb erklärungsbedürftiger Produkte trainiert und mittels Gesprächsanalyse gecoacht. Sie entwickelte Junior-Teamleiter zu erfolgreichen Managern und etablierte erfahrene Teamleiter in Teams.

Aktuell ist sie als Chief-Experience-Manager tätig und kümmert sich nicht nur um die gesamte Customer-Journey, sondern auch um die richtige Einstellung, Arbeitsmoral und Zufriedenheit der Mitarbeiter. Seit 2016 begleitet sie Unternehmen auch außerhalb der IT-Branche als Trainerin und Coach.

Sie lebt in Sachsen, ist verheiratet und Mutter von zwei Kindern.

Andrea Scheerer, Jahrgang 1969, Mitbegründerin der Finderlohn Personalentwicklung GmbH & Co. KG, hat nach ihrem Studium der Betriebswirtschaftslehre als Vertriebsleiterin, Projektleiterin und Produktmanagerin in der Sparkassen-Finanzgruppe gearbeitet.
Seit 2006 arbeitet sie als selbstständige Trainerin und Coach. Seit 2017 ist sie bei der Finderlohn Personalentwicklung GmbH & Co. KG verantwortlich für die Konzeption praxisnaher und nachhaltiger Entwicklungsprogramme, Trainings und Coaching-Maßnahmen.
Sie begleitet und unterstützt, im Schwerpunkt ihrer heutigen Arbeit, die individuelle Führungskräfteentwicklung, Teamentwicklung und Organisationsberatung von Führungskräften über alle Hierarchieebenen.
Der Einblick in viele Unternehmen unterschiedlichster Branchen hat die Bedeutung der Rolle der jeweiligen Führungskraft für den Erfolg von Vertriebsteams immer wieder bestätigt. Mit mehr als 2000 Vor-Ort-Trainings, Beratungs- und Coachingtagen hat sie Unternehmen und deren Führungskräfte in ihrer persönlichen Weiterentwicklung erfolgreich unterstützt.
Führungskräfte unterschiedlichster Branchen und Größen, bis zu DAX-Konzernen, haben in ihrer Entwicklung von der Fokussierung auf den Wissenstransfer in den täglichen Führungsalltag profitiert.
Wohnhaft am Fuß der schwäbischen Alb, findet sie mit ihrem Partner und ihren zwei Pferden in der Natur den Ausgleich zu ihrem anspruchsvollen Berufsalltag.

Inhaltsverzeichnis

Für wen ist dieses Buch? (Verkaufen kann doch jeder?) 11
    Aufbau 12

Danksagung 15

Weil Vertrieb keine Glückssache ist

Vertrieb ist gar nicht so einfach 19

Aller Anfang ist schwer 34

Wer fragt, der führt 46

Wähle deine Einstellung! 66

Das gute Gelingen ist zwar nichts Kleines, fängt aber mit Kleinigkeiten an 82

Jeder kann noch was lernen 106

Mühsam ernährt sich das Eichhörnchen 123

Gut gedacht, ist noch nicht gut gemacht 144

Spannung im Büro 161

Die moderne Welt 166

Vorbereitung ist alles 196

Das Glück ist mit dem Tüchtigen 200

Epilog 214

Handwerkszeug

Die Gesprächsphasen **216**

Die Vorbereitungsphase **222**
    Gesprächsvorbereitung und Struktur im Verkaufsprozess 222
    Ziele setzen mit SMART 225
    USP – Kurz und knackig 226
    Rollenklärung: Wer macht was beim Kunden? 227
    Die Kontaktphase – Small Talk 228
    Die Zentrale oder das Vorzimmer erobern 229
    Die Bedarfsermittlung und BANT 230
    Schmerz vs. Problem 231
    Grundregeln für gutes Fragen 232
    Die drei Säulen der Kundenprofilierung 238
    BANT(R) Kriterien 241
    Annahmen durch Fragen vermeiden 245

Die Präsentationsphase **248**

Die Einwandbehandlung und die Verhandlung **250**
    BLN-Methode 252
    Angenommen-Technik 253
    Geben und Nehmen 254
    Preisverhandlungen richtig führen 256

Der Abschluss / Die Verabschiedung **259**
    Wie leiten Sie die Abschlussphase ein? 260

Die Nachbereitung **261**
    Reflexion 262
    Umgang mit Absagen, Enttäuschungen und Loslassen 263

Weitere hilfreiche Methoden und Modelle

Tipps für die Akquise 266

Goldene Fragen 269

Tal der Tränen 270

Glaubwürdigkeit und Vertrauen aufbauen 272

Aktives und empathisches Zuhören 274

Transaktionsanalyse nach Eric Berne 276

Verhaltensregeln in Videokonferenzen 283
    Allgemeine Punkte für Videokonferenzen: 283
    Richtig in Szene setzen 286
    Etikette in Videokonferenzen 289

Social Selling 293

Strategischer Vertrieb

IWEEKA 298

Organigrammanalyse 300

Boston-Consulting-Group-Matrix 302

Gaußsche Normalverteilung 305

Tipps für die Führung von Vertriebsteams

Coachinghaltung 308

Vom Spielertrainer zum Trainer 309

Konstruktives Feedback geben 314

Wertschätzung	321
Sieben Motive	322
ADKAR	336
Erkenntnistreppe	344
Schlusswort	346
Literatur	347

Für wen ist dieses Buch? (Verkaufen kann doch jeder?)

Dieser Roman zeigt, mit welchen Widrigkeiten und inneren Hürden jeder Verkäufer im Alltag zu kämpfen hat. Begleiten Sie den Start einer Mitarbeiterin im Vertriebsinnendienst, die sich mit Kaltakquise plagt, einem jungen, aufstrebenden Vertriebsaußendienstler, der sich am liebsten selbst verkauft, und einem erfahrenen Kollegen, der natürlich alles schon erlebt hat und genau weiß, wie es geht …

Erkennen Sie sich wieder? Dann hilft Ihnen dieses Buch, sich selbst zu reflektieren und mithilfe guter Methoden noch weiter zu verbessern.

Gerade dann, wenn Sie neu im Vertrieb anfangen, ist es nicht einfach einzuschätzen, ob diese oder jene Situation normal ist: *Bin ich auf dem richtigen Weg? Liegt es an mir? Warum funktioniert es nicht?* Zu diesen Fragen will das Buch Antworten, Tipps und Tricks anbieten und aufzeigen, dass es ein langer Prozess ist, ein guter Verkäufer zu werden.

Auch Führungskräfte kommen nicht zu kurz: *Wie gehe ich mit meinen Mitarbeitern im Vertrieb um? Was brauchen sie, um immer besser zu werden, und was ist dabei meine Rolle als Führungskraft?* Sie werden merken, dass Sie manche Themen mehr oder weniger ansprechen. Wir arbeiten uns Schritt für Schritt von Vertriebsanfängern über Herausforderungen bei Vorortterminen bis zu Führungsfragen vor. Für uns ist das ein zusammenhängender Komplex. Wenn Sie sich also in ihrer aktuellen Situation nicht im Buch wiederfinden oder am Anfang vieles steht, was Sie schon kennen, ist das genau unsere Intention. Dadurch können Sie dieses Buch immer wieder zur Hand nehmen und entsprechend Ihrer beruflichen Erfahrungen Neues entdecken.

Zur sprachlichen Vereinfachung wird das generische Maskulinum verwendet. Weibliche und anderweitige Geschlechteridentitäten sind dabei ausdrücklich mitgemeint.

Wir wünschen uns, dass die Beispiele und Situationen aus dem Roman Ihnen helfen, sich mit Ihren Kollegen auszutauschen und Sie die Erkenntnisse in Ihrer täglichen Arbeit nutzen zu können, sodass das Buch auch als Lehrbuch und Basis für die Zusammenarbeit in Trainings und Coachings dienen kann.

Ihre Erkenntnis aus dem Buch wird sein: *Erfolgreicher Vertrieb ist planbar und besteht nicht nur aus der Präsentation des Leistungsportfolios Ihres Unternehmens. – Weil Vertrieb keine Glücksache ist!*

Aufbau

Dieses Buch gliedert sich in zwei Teile. Im ersten Teil beschreiben wir in Romanform die täglichen Herausforderungen und erfolgreiche Lösungsansätze für Mitarbeiter und Führungskräfte im Vertrieb. Im zweiten Teil finden Sie die Methoden und Modelle für Ihren Vertriebsalltag wieder, die wir im Roman für die Weiterentwicklung der Protagonisten nutzen. Ausführliche Beschreibungen, praktische Hilfestellungen für Ihren Praxistransfer und Checklisten machen dieses Buch zu Ihrem persönlichen Assistenten auf dem Weg zu mehr Erfolg im Vertrieb.

Sie können auch parallel zum Roman direkt zum passenden Abschnitt im zweiten Teil springen und mit Unterstützung der praktischen Erläuterungen sofort Ihren persönlichen Ratgeber entwickeln.

In hervorgehobenen Kästen im Theorieteil finden Sie Hinweise zu den Szenen im Roman.

Methoden und Modelle im alphabetischen Überblick:

Abschluss / Die Verabschiedung 259
ADKAR 336
Aktives und empathisches Zuhören 274
Annahmen durch Fragen vermeiden 245
BANT(R) Kriterien 241
Bedarfsermittlung und BANT 230
Boston-Consulting-Group-Matrix 302
Coachinghaltung 308
Die Zentrale oder das Vorzimmer erobern 229
Einwandbehandlung und die Verhandlung 250
Erkenntnistreppe 344
Feedback geben 314
Führung von Vertriebsteams 310
Gaußsche Normalverteilung 305
Gesprächsphasen 216
Gesprächsvorbereitung und Struktur im Verkaufsprozess 222
Glaubwürdigkeit und Vertrauen aufbauen 272
Goldene Fragen 269
Grundregeln für gutes Fragen 232
IWEEKA 298
Kontaktphase 228
Kundenprofilierung 238
Nachbereitung 261
Organigrammanalyse 300
Präsentationsphase 248
Reflexion 262
Rollenklärung: Wer macht was beim Kunden? 227
Small Talk 228
Schmerz vs. Problem 231

Sieben Motive 322
Social Selling 293
Tal der Tränen 270
Tipps für die Akquise 266
Transaktionsanalyse nach Eric Berne 276
Umgang mit Absagen, Enttäuschungen und Loslassen ... 263
USP – Kurz und knackig 226
Verhaltensregeln in Videokonferenzen 283
Vom Spielertrainer zum Trainer 309
Vorbereitungsphase 222
Wertschätzung 321
Ziele setzen mit SMART 225

Danksagung

Wir danken allen Kunden, die uns den Anstoß zu diesem Buch gegeben haben. Durch den zahlreichen und wertvollen Input von Teilnehmern aus unseren Trainings und Coachings sowie von unseren Mitarbeitern und Kollegen wurde die Grundlage für diesen Vertriebsroman gelegt.

Vielen Dank dafür an alle Teilnehmenden, Auftraggeber, Führungskräfte, Mitarbeiter und Kollegen. Erst der Alltag und eure Rückmeldungen haben die praxisnahe Vermittlung der Vertriebsmethoden und Vertriebswerkzeuge in diesem Vertriebsroman ermöglicht.
Wir freuen uns auf die weitere Zusammenarbeit und wer weiß, was in Zukunft daraus noch alles entstehen wird.

Wir wünschen allen Lesern, dass dieser Vertriebsroman Ihre tägliche Vertriebsarbeit ein Stück leichter und besser macht, und danken Ihnen schon jetzt für die Rückmeldungen und neuen Impulse.

Weil Vertrieb keine Glückssache ist

Vertrieb ist gar nicht so einfach

»Hallo Mama.«
»Hallo, mein Schatz. Du klingst aber nicht gut ...« Frau Stegmann kennt ihre Tochter.
»Ach, ich weiß nicht. Bin ein bisschen k. o.«, antwortet Marlene seufzend. Sie sitzt mit einer Tasse Kräutertee in ihren Lieblingspullover gekuschelt auf dem Sofa, spielt mit ihren langen blonden Haaren und wünscht sich, ihre Mutter würde nicht so weit weg wohnen. Seit ein paar Tagen hat sie einen unangenehmen Druck im Bauch. Sie kennt das schon aus früheren Stressphasen; meist waren die Schmerzen bald wieder verschwunden, aber jetzt ist der Schmerz hartnäckiger. Sie hat ihre Mutter angerufen, um sich ein wenig Trost und Zuspruch zu holen. »Ach Mama, du weißt doch, mein neuer Chef, der Stephan, er ist sehr nett und ich habe mich auch wirklich auf die neue Aufgabe gefreut, aber jetzt ist alles so chaotisch ...«
»Oh nicht schon wieder. Ich höre das in letzter Zeit zu häufig von dir, mein armer Schatz. Ich mache mir wirklich langsam Sorgen. Eigentlich ist es ja kein Wunder, dass du so gestresst bist, erst der Merge und dann die Jobveränderung. Glaub mir bitte, das wird schon werden. Wenn wir ehrlich sind, war dir dein alter Job als Vorstandsassistentin auch schon langweilig geworden.«
Ihre Mutter hat recht. In den letzten Monaten hat sich sehr viel geändert. Zuerst wurde das Unternehmen, in dem sie arbeitet, mit der WOBB GmbH verschmolzen. Beide Unternehmen waren auf Büromöbel spezialisiert und die Fusion wurde im Markt sehr positiv aufgenommen. Für die Mitarbeiter hatte sich jedoch einiges geändert. Die komplette Organisationsstruktur wurde umgestellt, ihr alter Chef entschloss sich, in Rente zu gehen, und plötzlich stand Marlene vor der Wahl, in den Vertrieb zu wechseln oder zu kündigen. Sie

hatte sich für die Herausforderung *Vertrieb* entschieden und ist nun schon drei Monate bei Stephan, ihrem neuen Chef, um ihn und die Außendienstkollegen zu unterstützen. Aber ihr fehlen die gewohnte Umgebung und die alten Kollegen. Einige haben das Unternehmen verlassen, andere intern gewechselt. Komisch, wie schnell die Verbindungen abbrachen. Ihre neuen Außendienstkollegen sind alle eher Einzelgänger. Ab und an kommt einer ins Büro, aber meist sind sie nicht lange da oder stark beschäftigt. Nur ein junger Kollege namens Tim ist regelmäßig im Büro; mit ihm versteht sich Marlene gut.

Stephan hat ihr neben verschiedenen Controlling- und Pflegeaufgaben eine Excel-Liste mit Kunden gegeben und sie gebeten, diese abzutelefonieren und Termine für den Außendienst zu generieren. Sie hat so etwas noch nie gemacht. Normalerweise macht ihr Telefonieren nichts aus, aber sie merkt, dass es ein Unterschied ist, ob sie angerufen wird, sie einen konkreten Anlass hat zu telefonieren oder ob sie jemanden kalt anrufen muss. Und dann diese Ablehnung: *Nein, wir haben schon! Danke, kein Interesse! Oh, Herr X ist gerade nicht da. Versuchen Sie es morgen noch mal!* Wirklich ernüchternd. Sie wird niemals fertig werden und was denkt wohl Stephan, wenn sie gar keinen Termin generiert?

»Marlene? Marlene! Bist du noch dran?« Ihre Mutter reißt sie aus ihren negativen Gedanken.

»Ähm, ja. Sorry, war gerade ins Grübeln geraten.«

»Nimms nicht so schwer. Das wird schon. Du hast schon so viel hingekriegt, das schaffst du auch noch«, versucht sie Marlene zu trösten. »Frag doch mal deine Freundin Karen! Die macht doch auch Vertrieb, vielleicht fällt ihr etwas ein.«

Das ist eine gute Idee! Marlene nimmt sich vor, Karen anzuchatten, und merkt, dass sie sich gleich besser fühlt. Die beiden treffen sich einmal im Monat im Kaffee Einstein. Das ist immer eine wundervolle

Auszeit von der Familie und dem Alltagsstress. Beide haben ein Kind im Kindergarten, einen Haushalt zu führen und einen fordernden Job. Das verbindet. Sie stehen sich bei Sorgen bei und teilen eigentlich alles. Im Grunde hätte Marlene auch selbst auf die Idee kommen können, sie zu fragen. Schließlich weiß sie, dass Karen im Vertrieb arbeitet und schon einiges an Erfahrung hat. Aber manchmal sieht man den Wald vor lauter Bäumen nicht.

Mutter und Tochter telefonieren noch eine Weile über dies und das und gleich im Anschluss schreibt Marlene eine kurze Nachricht an ihre beste Freundin.

Tatsächlich ruft Karen sofort zurück. Sie zeigt sich genauso verständnisvoll für Marlenes Situation, wie deren Mutter. Nach einigen aufheiternden Worten und einer Anekdote über ihre eigene Anfangszeit im Vertrieb, die Marlene ein Lächeln auf die Lippen zaubert, hat Karen tatsächlich eine Idee: Sie kennt eine Vertriebstrainerin namens Dana Bucher, die seit über 15 Jahren als selbstständige Trainerin verschiedenste Unternehmen unterstützt. Vorher hat Dana selber ein Vertriebsteam geführt und daher viel Erfahrung. Karen erzählt Marlene davon, wir ihr ein Coaching bei Dana geholfen hat. Danach lief es bei Karen viel besser und sie empfiehlt, die Trainerin zu kontaktieren. Mit ein paar professionellen Tipps geht es meistens schon leichter.

Das klingt nicht schlecht und auch das Bild von Dana Bucher auf der Homepage wirkt auf Marlene sehr sympathisch. Morgen will sie dort anrufen und sich ein Angebot unterbreiten lassen. Stephan wird bestimmt nichts dagegen haben, schließlich ist für ihn doch der Verkaufserfolg wichtig und er wusste schließlich, dass Marlene keine Ahnung von Vertrieb hat.

Tatsächlich genehmigt Stephan ein paar Tage später das Coaching für Marlene, ohne zu zögern.

***

Eine Woche später sitzen sich Marlene und Dana in dem modernen Meetingraum der WOBB bei einer Tasse Kaffee gegenüber. Dana Bucher hat kurzes schwarzes Haar. Die Frisur gibt ihr etwas jugendlich Keckes. Schlank und groß gewachsen wirkt sie in Jeans, Bluse und Blaser sehr gepflegt. *Etwas über 40*, denkt sich Marlene und schaut sie erwartungsvoll an.

Nach einem kurzen gegenseitigen Kennenlernen einigen sich beide auf die Du-Form und Marlene erzählt, wie sie eine Excel-Liste mit 90 Ansprechpartnern von Stephan bekommen hat, die alle an einem Webinar teilgenommen hatten. Bei dem Webinar ging es um die neuen Arbeitswelten und die neuen höhenverstellbaren Tische mit IT-Anschlüssen. Stephan hatte gemeint, sie brauche maximal 14 Tage, um alle Kunden durchzutelefonieren. Jetzt sind vier Wochen um und sie hat noch nicht einmal ein Drittel geschafft und nichts, gar nichts ist dabei rausgekommen. »Ich sitze davor und komme nicht vorwärts. Manche der Kunden sind in unserem Kundenmanagementsystem, im CRM[1], da habe ich dann wenigstens eine Telefonnummer, viel mehr aber auch nicht. Teilweise habe ich mir auch ein paar Notizen in die Excel geschrieben, aber meistens schaffe ich es gar nicht anzurufen, weil doch irgendwas dazwischenkommt. Manchmal ist es dann auch schon nach 16 Uhr, da lohnt ein Anruf ja eh nicht mehr.«

»Das klingt für mich, als ob du schon im Tal der Tränen bist«, meint Dana. »Sagt dir das was?«

---

[1] CRM: Customer-Relationship-Management, bezeichnet eine Strategie zur systematischen Gestaltung der Beziehungen und Interaktionen einer Organisation mit bestehenden und potenziellen Kunden. Wenn von CRM die Rede ist, ist in der Regel ein Tool gemeint, das Unternehmen dabei hilft, jede einzelne Interaktion mit dem Kunden zu dokumentieren, mit seinen Kunden in Verbindung zu bleiben, Prozesse zu optimieren und die Geschäftsbeziehung zu verbessern.

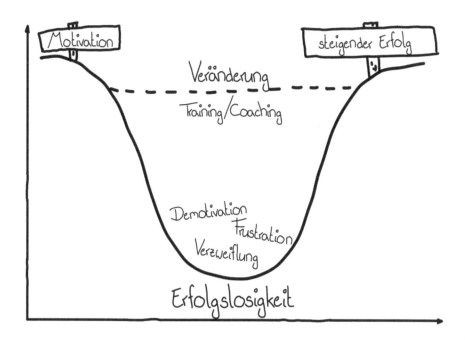

Marlene schüttelt den Kopf.

»Du bist sicher mit großer Motivation eingestiegen. Dann ist es dir nicht gelungen, einen Termin zu generieren oder etwas zu verkaufen. Die Motivation sinkt, die Verzweiflung steigt. Der Hörer wird jeden Tag schwerer und wiegt bald vierhundert Kilo. Und das Schlimmste ist: Diese Verzweiflung hört auch dein Kunde. Dein Kunde hört die Frustration und die Not unbewusst heraus. Wer kauft schon gerne von einem *Ertrinkenden*? Die einzige Chance, wie du aus diesem Tal herauskommen kannst, besteht in Reflexion und Methodenwechsel. Wir müssen an deiner Arbeitstechnik feilen!«

Marlene nickt zustimmend. Dafür ist sie ja hier.

Dana sieht ihr in die Augen und zählt an ihren Fingern ab: »Ich sehe, drei wichtige Punkte, die wir gleich umsetzen können und die dir helfen werden: Erstens Blocktelefonie. Zweitens das CRM sinnvoll nutzen und Gesprächsvorbereitung. Drittens Überprüfung des

Mindsets beziehungsweise Vorsicht mit Annahmen. Was meinst du? Wollen wir anfangen?«

Marlene nickt erneut mit einem Gesichtsausdruck aus Unsicherheit und Zuversicht.

»Lass uns mit Punkt eins anfangen, der Blocktelefonie. Ein guter Weg ist in der Regel, immer im Block zu telefonieren, also zum Beispiel zehn Kunden nacheinander. Sonst passiert häufig Folgendes: Du bereitest einen Kunden vor, atmest durch, rufst an – keiner geht ran. Okay, dann erst mal einen Kaffee oder Emails checken. Nächster Kunde – gleiches Spiel. Am Ende des Tages warst du fleißig beschäftigt, aber hast eigentlich nichts erreicht.«

»Genauso ist es«, seufzt Marlene und streicht sich die Haare aus dem Gesicht.

»Es hilft, sich eine bestimmte Anzahl von Kunden, zum Beispiel zehn, vorzubereiten und dann alle auf einmal im Block anzutelefonieren. Du hörst erst auf, wenn alle – wirklich alle – angewählt wurden. Bei viel Pech geht es sehr schnell, weil wirklich niemand rangeht. Aber die Chancen stehen gut, dass ein paar Gespräche dabei sein werden. Danach gibt es eine Belohnung. Eine Strichliste zeigt dir zudem, wie fleißig du warst. Auch das Anwählen ist schließlich schon Arbeit und du kannst als Anrufender nicht beeinflussen, wer rangeht.«

Datum	Anwahlversuche	Gespräche	Gute Entscheidergespräche
06.05	############### #####	##### ##	#####
07.05	############### ##### ##	##### #####	##### #

Das klingt für Marlene ziemlich plausibel.
Dana spricht aus Erfahrung. »Du musst im Schnitt dreimal anrufen, um einen Entscheider zu erreichen. Wenn du zehn Entscheider am Telefon hattest, bekommst du im Schnitt ein bis zwei Termine für die genauere Vorstellung deiner Produkte, okay?« Sie nimmt einen Schmierzettel und schreibt die Rechnung mit.

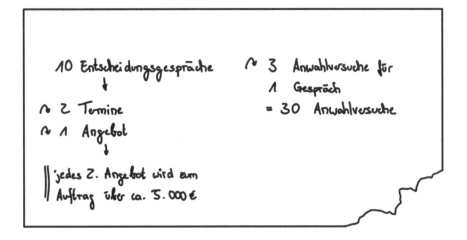

»Wenn dann jeder zweite Termin zu einem Angebot führt und jedes zweite Angebot in einem Auftrag von fünftausend Euro mündet, dann heißt das, egal mit welchem Ergebnis: Jedes Mal, wenn du zum Hörer greifst, hat dich das zweiundvierzig Euro weitergebracht. Und wenn bei einem Telefonat keiner rangeht, wird beim Nächsten einer rangehen …«
Das alles beruhigt Marlene, ihr Gefühl ist schon besser. Sie meint: »Und wenn

ich das sowieso mache, kann ich die Vorbereitung für die Kunden doch auch gleich in unserem CRM einpflegen, dann geht es schneller.«

»Super! Vielleicht sparst du dir dann auch das nervige Wählen und kannst gleich die Telefonnummer im CRM anklicken? Kann euer System das Gespräch aufzeichnen, sodass wir es auch mal gemeinsam anhören können?«

Marlene nickt: »Ja, ich bin mir ziemlich sicher, dass das geht.« Aber dann fällt ihr ein: »Ist das Aufnehmen von Gesprächen nicht verboten?«

»Das stimmt, du musst den Kunden ausdrücklich um seine Zustimmung bitten.«

»Okay, und wie soll ich das anstellen?« In Marlenes Stimme ist Skepsis zu hören.

»Das ist gar nicht so schwierig«, beruhigt sie Dana. »Entweder du versuchst es eher emotional, zum Beispiel mit: *Ich brauche mal kurz Ihre Hilfe. Zur Verbesserung meiner Gesprächsqualität möchte ich das Gespräch gerne aufnehmen. Ist das okay für Sie?* Alternativ sagst du: *Wir haben hier gerade ein Training und ich möchte mich verbessern. Darf ich das Gespräch zu Schulungszwecken aufzeichnen?* Oder es geht auch sachlich: *Es kann sein, dass dieses Gespräch zu Qualitätskontrolle aufgezeichnet wird. Ist das okay für Sie?* Du wirst sehen, die meisten Kunden reagieren sehr wohlwollend und haben nichts dagegen. Wollen wir es gleich mal ausprobieren?«

Marlene zögert. Ein Rollenspiel, Gesprächsaufnahmen ... damit hat sie nicht gerechnet. Ihr Bauch grummelt. Das ist jetzt schon etwas komisch. Am liebsten würde sie den Kopf schütteln, aber Dana ist sympathisch und scheint ihr Handwerk zu verstehen. Zögerlich nickt sie.

In ein paar kurzen Rollenspielen üben Marlene und Dana den Einstieg ins Telefonat und die Frage nach der Aufnahme. Es ist gar nicht schlimm, im Gegenteil. Marlene merkt schnell, wie diese Trockenübungen viel besser fruchten als nur Satzbeispiele auf einen Zettel zu schreiben. Für sie ist bald klar, dass sie den sachlichen Satz probieren will, das fühlt sich für sie am besten an.

Nach einer kurzen Pause und mit einer frischen Tasse Kaffee in der Hand startet Dana mit dem zweiten Punkt: »Du hast mir vorhin gesagt, du bereitest dich auf die Gespräche vor. Was hast du bisher zusammengetragen?«

Marlene zeigt Dana ihre Vorbereitungen und Dana erkennt sofort, dass Marlene eine sehr strukturierte und kundenorientierte Art hat. Sie hat an alles gedacht: Ansprechpartner, Funktion, Telefonnummer, zuständiger Außendienst. Auch die Homepage hat sie sich kurz angeschaut: Was tut das Unternehmen? Wie groß ist es, wo liegt es usw. Sogar einen Blick in die ausgeschriebenen Stellenanzeigen hat sie geworfen, um zu schauen, ob dort bereits mit New Work, Desk Sharing, flexiblen Arbeitsmodellen oder Ähnlichem geworben wird. Eine gute Idee, denn die neuen

Schreibtische der L-Serie zeichnen sich durch ihre Höhenverstellbarkeit sowie viele andere technische Raffinessen aus, die besonders das Teilen von Arbeitsplätzen bei Shared Desk oder in Co-Working-Space[2]) vereinfachen.

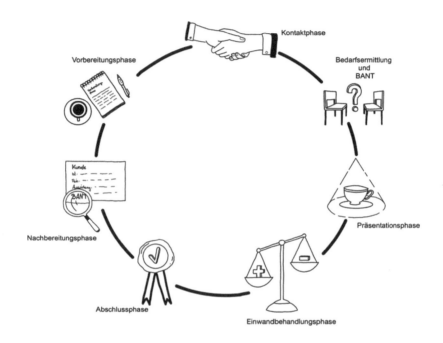

So hat Marlene einiges an Informationen pro Kunde zusammengetragen und Dana ist ganz begeistert. »Sehr, sehr gut! Du hast alle möglichen Quellen aus dem Internet zur Vorbereitung genutzt. Ausgezeichnet! Daneben geht es auch darum, sich die richtige Taktik

---

[2] Desksharing ist die Mehrfachbenutzung eines Büroarbeitsplatzes durch mehrere Mitarbeiter aufgrund unterschiedlicher Anwesenheitszeiten. Innerhalb einer Organisationseinheit (Abteilung, Stelle) existieren dabei weniger Arbeitsplätze als Mitarbeiter. Die Mitarbeiter haben dabei keinen festgelegten Arbeitsplatz und wählen ihren Platz täglich neu aus.
Co-Working Spaces sind Räume und Büroarbeitsplätze, die man befristet mieten kann. Die Arbeitsplätze und Infrastruktur (Netzwerk, Drucker, Scanner, Fax, Telefon, Beamer, Besprechungsräume) werden gegen eine Gebühr zur Verfügung stellen. Der Unterschied zur Bürogemeinschaft ist die Mischung verschiedener Berufe und die geringere Verbindlichkeit.

und passende Fragen zurechtzulegen. Also notiere dir auch gern schon Fragen, die dir durch den Kopf schießen. Das Dilemma mit der Vorbereitung ist, dass sie wirklich wichtig ist, aber auch nicht zu lange dauern sollte. Wenn du den Kunden nicht erreichst und irgendwann aufgibst, war die Arbeit umsonst. Frag einfach den Kunden alles, was du über ihn und sein Unternehmen erfahren willst. Investiere nicht mehr als fünf Minuten in die Recherche. Passt das für dich?« Erneut nickt Marlene und Dana zieht einen Zettel aus der Tasche, auf dem ein Kreis ausgedruckt ist. Sie fährt fort: »Jedes Vertriebsgespräch kann man in sieben Phasen einteilen. Die siehst du hier. Wir haben gerade über die Vorbereitung gesprochen. Wenn du nichts dagegen hast, geh ich ganz kurz auf den Einstieg, also die Kontaktphase, ein. Die anderen Phasen besprechen wir später im Detail. Das wird sonst auch zu viel.«

»Okay. Ich starte eigentlich immer gleich: *Guten Tag. Mein Name ist Marlene Stegmann von der WOBB GmbH. Ich rufe Sie an, weil Sie an unserem Webinar teilgenommen haben.*« Marlene hält kurz inne und schaut Dana erwartungsvoll an.

»Genau! Die Kontaktphase beginnt mit einer freundlichen Begrüßung, gern auch doppelt, damit der Kunde im Gespräch ankommen kann. Vielleicht etwas Small Talk, wenn du den Kunden bereits kennst, aber vor allem sind eine saubere Vorstellung deiner Person, deines Unternehmens und deines Anliegens wichtig. Das Ziel der Kontaktphase ist es, dass du und der Kunde auf einer Ebene seid. Der Gesprächseinstieg muss daher diejenigen Fragen beantworten, die sich jeder Angerufene unbewusst stellt: Wer ist das? Was will er? Wie lange dauert es? Handelt er in meinem Interesse oder will er mir nur was verkaufen? Was bringt mir das Gespräch? Wenn diese Fragen nicht schnell geklärt werden, wird der Gesprächspartner ungeduldig. Insgesamt darf deine Vorstellung der WOBB nicht länger als zehn Sekunden dauern.«

Das kann Marlene gut nachvollziehen. Schließlich hat sie als Vorstandsassistentin auch schon oft Anrufe bekommen, bei denen Leute mit der Tür ins Haus fielen und erwarteten, dass sie an der Stimme erkannt werden, oder sie minutenlang nicht wusste, was der Anrufende eigentlich wollte. In ihr war dann immer eine Wut aufgestiegen, wieso diese Anrufer ihre Zeit verschwendeten und so wenig Rücksicht nahmen.

»Nimm dir die Zeit und schreibe deinen Einstieg auf. Lies ihn am Anfang auch gegebenenfalls ab, damit es wirklich fließend kommt«, empfiehlt Dana. »Aktuell fehlt in deiner Vorstellung noch die Erläuterung der WOBB. Wenn du den Satz fertig hast, nimm dir eine Stoppuhr und schau mal, wie lang dieser Monolog ist. Wie gesagt, länger als zehn Sekunden sollte er nicht sein. Starte das Gespräch mit: Ich bin … WOBB ist … Mein Ziel, mein Anrufgrund ist … Und ende mit einer offenen Frage zur Aktivierung des Gesprächspartners!«

Marlene macht sich Notizen und murmelt vor sich hin: »Guten Tag. Mein Name ist Marlene Stegmann von der WOBB GmbH. Die WOBB GmbH ist Marktführer für Büromöbel und Anbieter von über tausend innovativen Schreibtischen … Okay, das mache ich noch mal in Ruhe fertig und überlege mir einen guten Einstieg. Schließlich zählt der erste Eindruck!«

»Prima! Ich hatte gesagt, ich möchte dir heute mit drei Punkten weiterhelfen. Jetzt sind es sogar vier!« Dana grinst. »Das erste war die Blocktelefonie, dann haben wir über die Gesprächsvorbereitung und die Kontaktphase gesprochen und jetzt noch der letzte, der vierte Punkt: das Mindset. Bitte sei vorsichtig mit Annahmen. Jeder hat schon mal davon gehört, dass Dienstag um zehn Uhr die beste Zeit ist, jemanden zu erreichen. Oder den alten Spruch: *Freitag nach eins macht jeder seins!* Aber wenn alle nur dienstags um zehn anrufen, was passiert dann? Besser ist es doch zu telefonieren, wenn es passt, oder sogar zu Zeiten, in denen nicht hundert andere es auch versuchen.«

Marlene nickt und grinst. In ihrem Kopf taucht ein Bild von einem gestressten Kunden auf, der drei Vertriebler gleichzeitig am Ohr hat und gar nicht weiß, welchen er zuerst abwimmeln soll.

Da stellt Dana ihr eine spannende Frage: »Was geht dir noch so durch den Kopf, wenn du an deine Anrufe denkst?«

Marlene überlegt kurz und zählt dann zögernd auf: »Oft bin ich unsicher. Ich denke dann, die wissen bestimmt mehr als ich und ich könnte dumm wirken. Die Kunden werden von vielen wie mir angerufen und werden die Nase voll haben. Auf der anderen Seite sind das doch auch ganz normale Menschen, oder? Was, wenn ich vor Aufregung stottere oder mich verhaspel?«

Dana lächelt. »Vielen Dank für deine Offenheit. Diese Gedanken sind ganz normal. Und auch hierbei handelt es sich um Annahmen. Annahmen haben eine bestimmte Eigenschaft, sie verändern deine Wahrnehmung. Die Art und Weise, wie du eine Situation wahrnimmst, hat jedoch entscheidenden Einfluss darauf, wie du dich verhältst. Wenn du ängstlich ans Telefon gehst, wird der Kunde das merken. Wenn du nicht daran glaubst, dass dein Gespräch ein Erfolg wird, wird der Kunde das spüren und reservierter sein. Das schöne ist, du kannst deine Einstellung zu den Menschen, zu deinen Kunden, im Grunde genommen zu allem, bewusst bestimmen und wählen. Von deiner bewusst gewählten Einstellung wird es abhängen, ob dein Telefonat für dich erfolgreich wird und dir auch Spaß bereitet. Wenn du dir denkst: *Diesen Kunden will ich für einen Termin gewinnen und ich bin gespannt, wie ich sein Interesse wecke*, dann wird es auch funktionieren.«

Marlene schreibt sich einen Notizzettel und klebt ihn an ihren Monitor:

> Ich kann die Rahmenbedingungen nicht ändern!
>
> Ich kann die Menschen, mit denen ich telefoniere, nicht verändern aber mein Mindset!
>
> Jeder Anruf bringt mich weiter!

Zum Abschluss ihres Coachings fordert Dana Marlene auf, sich einen Leitfaden zu erarbeiten, erste Telefonate zu führen und diese möglichst auch aufzuzeichnen. Mit dem Satz: »Nächste Woche hören wir uns gemeinsam deine Aufnahmen an, schauen wie es läuft und gehen die Gesprächsphasen weiter durch«, schließt sie das Coaching.

Marlene fühlt sich jetzt deutlich besser. Sie wird sich gleich an die Arbeit machen und weiß, dass sie im Notfall Dana um Hilfe bitten kann. Als Karen nachfragt, wie es mit Dana läuft, schreibt Marlene freudig zurück:

Aller Anfang ist schwer

Tim, der junge Außenvertriebskollege, mit dem sich Marlene so gut versteht, betritt das Büro. Wie immer sieht er sehr gepflegt aus. Er trägt Anzug, ein modisches Shirt, seine Haare sind sauber gegelt und eine teure Uhr blitzt an seinem Arm. »Wer war die Dame, mit der du dich heute getroffen hast, Marlene?«, will er neugierig wissen.
»Das war Dana. Sie hilft mir, besser zu telefonieren«, entgegnet Marlene unaufmerksam. Sie sitzt gerade über ihrem Leitfaden.
»Ach, so eine Kaltakquise-ist-total-einfach-man-muss-nur-wollen-Type. Das kenne ich ...« Manchmal kann Tim in seiner arroganten Art ganz schön nerven, dabei ist er auch gerade erst im Außenvertrieb gestartet und hatte bisher kaum Kundentermine.
»Eigentlich nicht«, widerspricht Marlene nun hellwach. »Dana hat mir heute schon sehr geholfen. Wir sind die Gesprächsphasen in der Akquise durchgegangen und ich werde mir jetzt einen Leitfaden und einen sauberen Gesprächseinstieg schreiben. Du weißt doch, ich soll die Webinar-Leadliste durchtelefonieren.«
Tim lächelt spöttisch, zeigt sich dann aber versöhnlich und schaut auf Marlenes Monitor: »Zeig mal, was du schon hast.«

»Das mit der doppelten Begrüßung und der Pause ist wichtig, damit der Kunde auch im Gespräch ankommen kann«, bemüht sich Marlene gleich zu erklären, weil es in dieser Schriftform schon etwas komisch ausschaut.

»Stimmt!«, murmelt ihr Kollege und liest weiter.

»Gar nicht schlecht«, sagt er schließlich, »Vielleicht etwas lang. Ich frage vorher immer erst, ob er die WOBB GmbH schon kennt und was er mit uns verbindet. Kann ja sein, dass er schon viel von uns gehört hat. Und dann langweilst du ihn nicht mit zu viel Text und kannst gegebenenfalls seine Sicht korrigieren.«
Marlene nickt langsam. »Gute Idee. Danke. In meinem Fall haben die Kunden ja alle am Webinar teilgenommen, kennen uns also. Vielleicht sollte ich eher fragen, ob sie mich einordnen können.«
»Das ist gut«, meint Tim und fährt fort: »Ich bin mir auch nicht sicher, ob das mit der Frage: *Wie hat Ihnen das Webinar gefallen?* so praktisch ist. Irgendwie klingt das nach Qualitätsprüfung und erzwingt auch gleich eine Wertung. Wie findest du: *Welche Fragen haben sich aus dem Webinar für Sie ergeben?*«

»Geht direkter auf den Punkt. Ich probiere es aus. Danke!« Marlene ergänzt alles in ihrem Leitfaden.

Auch Tim setzt sich an seinen Schreibtisch und fängt an, seine Emails zu checken.

Marlene und er sitzen mit zwei weiteren Kollegen in einem hellen Büro, natürlich an höhenverstellbaren Tischen. Neben Tim sitzt gelegentlich Stephan, ihr Chef, und der vierte Tisch gehört Peter, einem sehr erfahrenen Außenvertriebler, der schon über sieben Jahre im Unternehmen tätig ist. Peter ist eher selten da; er genießt es, beim Kunden zu sein. Zudem scheinen Peter und Tim nicht so gut miteinander auszukommen. Wahrscheinlich sind sie einfach zu verschieden.

Die Sonne scheint durchs Fenster, draußen sieht man auf die Produktionshalle hinter einer kleinen Rasenfläche. Marlene mag es, sich mit Kollegen das Büro zu teilen. Dann spürt sie etwas von der Energie, die im Unternehmen steckt. In Momenten, in denen sonst niemand da ist, vermisst sie die ehemaligen Kollegen besonders. Früher im Vorzimmer vom Vorstand war immer Leben. Oft war es ein Kommen und Gehen, dann war Marlene froh, abends noch in

Ruhe alles fertigmachen zu können. Hier ist es oft anders: Tim sitzt sehr ruhig am Rechner und die beiden anderen sind nur selten da. Aber wenn ihr Chef Stephan anwesend ist, vibrierte der Raum, denn Stephan telefoniert viel und laut. Dann fühlt sich alles hier etwas chaotischer an. Stephan hat oft neue Ideen und Marlene muss aufpassen, nichts zu vergessen.
Aber heute schaut sie auf ihren Leitfaden und ist ganz zufrieden.

***

Am nächsten Tag hat Marlene ihren Leitfaden vor sich liegen. Wie mit Dana verabredet, hat sie zehn Kunden vorbereitet und alle Informationen dazu im CRM eingepflegt. Leider geht mal wieder keiner ran. Es ist schon der fünfte Anwahlversuch, zeigt ihr ihre Strichliste. *Jeder Anruf bringt mich weiter*, denkt sie und wählt erneut.
»Maier. Maschinenfabrik Pforzheim. Guten Tag.«
»Oh, guten Tag. Mein Name ist Stegmann von der WOBB GmbH. Wie geht es Ihnen?«
»Danke. Was kann ich für Sie tun?«
»Ich ... äh ... wollte fragen, wie Ihnen unser Webinar zur modernen Arbeitswelt gefallen hat und ob Sie an unseren neuen Tischen, der L-Serie, interessiert sind?«
»Nein danke«, antwortete Herr Maier. »Kein Bedarf. Wir beziehen alle Möbel von unserem Architekten.«
»Okay, vielen Dank.«
Marlene legt auf. *Na super, was war das denn?* Tränen treten ihr in die Augen. Was macht sie nur falsch?
Nach einigen Momenten sammelt sie sich. Sie will aus ihren Fehlern lernen und blickt auf ihren Leitfaden. »Verdammt, ich habe die Unternehmensvorstellung vergessen und bin sofort mit der Tür ins

Haus gefallen. Ich muss mich wirklich besser konzentrieren und mich an meine Notizen halten!« Ihre Enttäuschung wandelt sich in Ärger über sich selbst. Sie schaut hinüber zu Tim, doch der scheint nicht zugehört zu haben.

Marlene atmet tief durch, wählt erneut und nimmt sich fest vor, sich diesmal an den Leitfaden zu halten. Tatsächlich laufen die nächsten Anrufe schon viel besser, aber immer wieder hört sie, dass das Webinar sehr interessant war, aber man bereits vertrauensvolle Partner hätte beziehungsweise aktuell kein Bedarf bestehe.

Als sie alle 10 Kunden durch hat, ruft sie Dana in der Hoffnung an, eine einfache Lösung zu bekommen: »Hallo Dana, ich habe ein Problem. Es ist immer dasselbe: Die Kunden haben schon einen Lieferanten oder einen Architekten, der alles für sie besorgt. Dann weiß ich nicht mehr weiter und lege auf.«

»Okay, du hast es hier wahrscheinlich mit Vorwänden zu tun. Um diese zu überprüfen, musst du sie hinterfragen. Pass auf, ich komme morgen vorbei und dann besprechen wir dieses Thema genauer. Passt dir zehn Uhr?«

»Sehr gut. Das machen wir. Bis morgen.« Marlene spürt, dass Dana ihr weiterhelfen wird.

Es ist 17 Uhr, alle Mails sind erledigt, da fällt ihr ein, was sie über das antizyklische Telefonieren mit Dana besprochen hat, und eigentlich möchte sie gerne morgen ein Gespräch zum gemeinsamen Anhören haben. Also noch ein Anruf ...

Und tatsächlich: Auch diesmal geht jemand ran. Wie sich herausstellt, ist es ein Werkstudent, der am Webinar teilgenommen hat. Dieser verbindet Marlene freundlicherweise mit dem Facility-Manager des Unternehmens. Marlene fragt, ob sie das Gespräch aufzeichnen darf. – Ja, sie darf.

Einfacher als gedacht, lächelt sie in sich hinein und startet mit der Vorstellung nach Leitfaden.

Die Reaktion des Kunden überrascht sie allerdings. Er sagt: »Uff, das war aber schnell und lang. Wissen Sie was? Senden Sie mir mal Infos zu. Sie werden ja einen Flyer oder ähnliches haben. Ich schau mir das dann an.«
Verdattert stimmt Marlene zu, während sie nach einer Lösung sucht. Da sie keine in ihrem Leitfaden findet, verabschiedet sie sich freundlich und legt auf.
Was war das denn? Gut, dass Dana morgen kommt. Marlene weiß, dass sie noch mal Unterstützung braucht.

***

Am nächsten Vormittag sitzen beide wie verabredet im Meetingraum.
Marlene ist es etwas unangenehm, dass ihre Anrufe nicht funktioniert haben, doch Dana beruhigt sie: »Mach dir keinen Kopf. Das bekommst du hin! Wir hatten über die Gesprächseröffnung gesprochen: deine Begrüßung, die Vorstellung deiner Person, deines Unternehmens und deines Anliegens. Ich könnte mir vorstellen, dass hier eine Ursache liegt. Zeigst du mir mal deinen Leitfaden?« Ein kurzer Blick und Dana bemerkt: »Die Vorstellung darf nicht zu lang sein. Gerade am Telefon wird der Kunde *überfallen*, er wird in der Regel bei irgendetwas unterbrochen. Er muss sich erst auf dich einstellen und das dauert einen Moment, da kannst du ihn nicht schon mit Details und Features zuknallen. Daher ist es besonders in der Kontaktphase wichtig, dass der Kundennutzen in den Vordergrund gestellt wird. Eine gute Hilfe ist der Satz: *Das bedeutet für Sie ...* Lass uns kurz überlegen, wie wir es umformulieren können.«
Es dauert nicht lange und Marlene hat in ihrem Leitfaden die Unternehmensvorstellung gekürzt und den Kundennutzen herausgearbeitet.

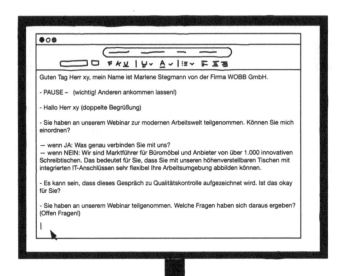

»Das finde ich gut. Sollte dir einfach über die Lippen kommen und passt zu dir. Deine offene Frage nach der Vorstellung der WOBB GmbH und deiner persönlichen Vorstellung ist okay. Wenn du dich an unsere Vertriebsphasen erinnerst, leitet diese offene Frage dann in die nächste Phase, die Bedarfsermittlung über.«

Marlene nickt: »Verstehe ich. Das mit der offenen Frage ist mir gut gelungen. Wenn wir uns das Gespräch gleich anhören, wirst du sehen, dass es funktioniert hat. Aber die meisten meiner Gespräche sind schon vorher gescheitert. Oft kamen Sätze wie *Ich habe schon einen Partner* oder *Ich habe kein Budget*. – Dann war ich leider raus.«

Dana lächelt freundlich: »Okay, hier gibt es einen Unterschied zwischen Einwänden und Vorwänden. Die meisten Kunden bekommen sehr viele Anrufe wie deinen und haben sich daher schon ein paar Abwehrsätze zurechtgelegt. Das ist irgendwie auch verständlich. Lass uns kurz über den Unterschied sprechen: Ein Einwand ist, wenn der Kunde noch nicht kann. Es liegt ein Hindernis vor. Die

Beziehungsebene mit uns ist allerdings in Ordnung. Das bedeutet, dass der Kunde uns grundsätzlich sympathisch findet und bereit ist, mit uns ins Gespräch zu kommen. Wir erhalten also eine Zusatzinformation, über die wir bisher noch nicht gesprochen hatten und die für den Kunden eine berechtigte Herausforderung ist. Für einen Einwand erwartet der Kunde eine Lösung, ein begründetes Gegenargument oder eine Alternative. Bei einem Vorwand ist es anders. Hier will der Kunde nicht. Es ist eine Ausrede. Ein Problem oder eine Tatsache werden vorgeschoben, um die wahren Gründe zu verschleiern. Menschen mögen es nicht, *Nein* zu sagen, daher wählt der Ansprechpartner oft Vorwände, um nicht *Nein* sagen zu müssen. Typische Vorwände sind *Keine Zeit*, *Kein Budget*, *Ich habe schon alles* oder *Schicken Sie mir mal was zu!* Die gute Nachricht ist: Wir können den Vorwand durch Hinterfragen vom Einwand abgrenzen.«

Marlene schreibt eifrig alles mit.

Als sie fertig ist, fährt Dana mit einem Tipp fort: »Wenn du so einen Einwand hörst, dann empfehle ich immer Folgendes: Zuerst atme durch und dann bringe ein Empathiestatement, zum Beispiel: *Danke für die offenen Worte. Ich kann gut nachvollziehen, dass Ihr Unternehmen in der aktuellen Situation besonders auf das Budget achtet.* Danach kannst du weiter hinterfragen: *Unter welcher Voraussetzung...* oder *Was genau macht der Partner bei Ihnen?* Dann hast du weitere wertvolle Informationen über den Kunden. Ihr bleibt im Gespräch.«

Marlene versteht den Ansatz, wendet aber ein: »Ist es nicht auch wichtig, richtig gute Argumente für mein Produkt zu haben?«

»Natürlich, aber solange du nicht weißt, ob es ein Einwand oder ein Vorwand ist, verpuffen alle noch so guten Argumente. Bestenfalls wirst du durch Zufall das richtige Argument finden. Also ist nachfragen besser, so erfährst du mehr über den Kunden und sein

Problem, also den Schmerz, den es ihm verursacht, und damit seinen Nutzen«, erwidert Dana. »Die meisten Vertriebler versuchen es mit Gegenargumenten, aber wenn du gegenargumentierst, dann erzeugst du immer Druck und damit bewirkst du Gegendruck.« Dana reibt mit Kraft ihre rechte Faust gegen die Handfläche ihrer linken Hand.

Marlene lacht. »Früher war ich viel reiten und habe mal ein Praktikum bei einem Pferdezahnarzt gemacht. Der hat mich dann auch mit in die Ställe genommen. Wenn ein Pferd sediert wird, fängt es ganz krass an zu wanken. Eine halbe Tonne schwankt also vor einem in der Box rum. Ich habe dann versucht, das Pferd mit seitlichem Druck zu stabilisieren. Da hat der Arzt zu mir gesagt: *Marlene! Druck erzeugt Gegendruck! Das Pferd wird sich automatisch gegen dich stemmen und du kannst keine halbe Tonne halten! Nimm den Druck weg!* Der Spruch geht mir seitdem nicht mehr aus dem Kopf und jetzt sagst du genau dasselbe!«

Jetzt müssen beide herzlich lachen.

Dana erwidert: »Schönes Beispiel. Die Geschichte werde ich jetzt nutzen, wenn ich weiß, dass meine Kunden auch Pferde mögen. Aber genauso ist es. Einwände wachsen eher durch Gegenargumente. Wenn du aber Verständnis zeigst und hinterfragst, bleibt ihr im Gespräch.«

Da das mit dem Verständnis zeigen einfach klingt, aber spontan und ungeübt in der Praxis schwierig ist, erarbeiten Dana und Marlene gemeinsam ein paar Einwandbehandlungen:

Einwand/ Vorwand	Behandlung
Kein Budget	- *Ich kann vollkommen nachvollziehen, dass neue Tische aktuell nicht budgetiert wurden. Welche Bereiche würden denn besonders von einem Shared-Desk-Modell profitieren?* - *Vielen Dank für die wichtigen Zusatzinformationen. Ich möchte den Punkt gern noch mal vertiefen. Wie genau gestaltet sich Ihre Budgetplanung?* - *Vielen Dank für die wichtigen Zusatzinformationen. Welche Beschaffungen planen Sie im Bereich Büroausstattung?*
Beschaffung nur bei Bedarf	- *Das kann ich gut verstehen, dass Sie hier bedarfsgerecht vorgehen. Wie sieht in diesem Fall der Prozess für die Büromöbelbeschaffung aus?* - *Nach welchen Kriterien entscheiden Sie, ob Sie neue Tische, Schränke o. ä. benötigen?*
Partner vor Ort	- *Wir schätzen es sehr, wenn unsere Kunden loyal zu ihren Partnern sind. Was genau liefert Ihnen Ihr Partner?* - *Prima, dann wissen Sie, wie wichtig gute Partnerschaften sind. Nach welchen Kriterien wählen Sie Ihre Partner aus?* - *Wir schätzen es sehr, wenn unsere Kunden loyal zu ihren Partnern sind. Mal angenommen, wir hätten Tische mit bestimmten Funktionalitäten, die Ihr Partner nicht hat, was dann?*

Als sie damit fertig sind, gönnen sich beide eine kurze Pause und holen sich einen Kaffee.

»Wie hättest du reagieren können, als der Kunde meinte: *Senden Sie mir mal was zu?*«, fragt Dana.

»Bisher habe ich dann immer eine Mail mit ein paar Links zu unserer Homepage verschickt. Jetzt aber würde ich reagieren mit: *Natürlich, sehr gern. Vielen Dank für Ihr Interesse. Welche Punkte im Speziellen interessieren Sie?*« Es fällt Marlene jetzt schon richtig leicht, die Methode der Einwandbehandlung anzuwenden.

»Bravo, genau so und schon bist du wieder in der Bedarfsanalysephase gelandet. Was interessiert den Kunden? Warum denkt er über neue Möbel nach? Was ist sein *Warum*? Was will er erreichen? Was hat er sich schon angeschaut oder schon ausprobiert? Wie ist seine Timeline? Das alles sind Klärungs- und Auswirkungsfragen in der Bedarfsanalyse. Es geht vor allem darum, zu verstehen, was der Kunde will. Du kennst bestimmt den Spruch: *Wer fragt, führt!* Genau das ist es: fragen, fragen, fragen. Das Wertvollste, was du dem Kunden schenken kannst, ist dein Interesse an seinen Bedürfnissen, deine Neugier auf ihn und seine Herausforderungen. Also frage so lange, bis du alles verstanden hast!«

Marlene spürt geradezu physisch, wie wichtig Dana dieses Thema ist.

»Ich schlage vor, wir verzichten darauf, deine Gesprächsaufnahme anzuhören. Mit den Impulsen von heute geht es bestimmt besser und dann hören wir uns beim nächsten Mal die neuen Aufnahmen an.«

Marlene stimmt zu.

»Einen Punkt habe ich aber noch«, meint Dana. »Wenn es mal ganz komisch ist, dann gibt es immer noch goldene Fragen wie *Wie genau kann ich mir das vorstellen? Was genau verstehen Sie darunter?* – Die gehen immer!«

Marlene lacht und schreibt sich beide Fragen auf einen Notizzettel. – *Goldene Fragen*, das klingt toll und sie verschaffen Zeit zum Nachdenken, wenn man mal nicht weiterweiß.

> Goldene Fragen:
> Wie genau kann ich mir das vorstellen?
> Was genau verstehen Sie darunter?

»Vielleicht kennst du das: Die Gesprächssituation verändert sich, du spürst, dass etwas komisch ist. Die Stimmung ist verändert oder der Kunde argumentiert plötzlich ganz anders. Auch hier gibt es nur eine Lösung. Fragen! Verleihe deiner Irritation Ausdruck! Also zum Beispiel: *Jetzt bin ich irritiert. Ich hatte verstanden, dass Sie Wert auf XY legen, jetzt klingt es anders. Was ist passiert?* Je mehr du klärst, umso besser. Wenn etwas zwischen deinem Gesprächspartner und dir steht, dann kannst du es alleine nur mit Annahmen füllen und du weißt ja ...«

»... Annahmen sind immer schlecht«, ergänzt Marlene lächelnd. Immer mehr ergibt für Marlene alles einen Sinn. »Das kriege ich hin.« Die Zeit mit Dana hat sich für Marlene wirklich gelohnt. Gut, dass sie Stephan überreden konnte, dieses Coaching für sie zu beauftragen. Nun kann sie mit neuer Zuversicht in den Arbeitstag starten.

Wer fragt, der führt

Über das Wochenende lässt Marlene der Satz *Das bedeutet für Sie, lieber Kunde ...* nicht los. Was ist das Alleinstellungsmerkmal, der USP[3] der L-Serie?
Sie hatte am Freitag Stephan gefragt, ob er nicht mehr Informationen als nur den Flyer und die Detailbeschreibung der Services für die L-Serie hat. Aber Stephan hatte nichts weiter für sie.
»Aber du vertreibst doch dieses Produkt jetzt schon eine ganze Weile, da muss es doch ein paar mehr Grundlagen geben?«, hatte Marlene verdattert gefragt.
Stephan seufzte: »Sorry, ich habe gerade keine Zeit und keinen freien Kopf. Ich kann im Kundengespräch tausend gute Gründe nennen, warum die L-Serie super ist. Meine Sätze formuliere ich aber eher intuitiv. Frag doch mal Sebastian Wunder, wir setzen uns dann später mal zusammen ...«
Sebastian Wunder ist Solution-Sales-Manager und ist vor ein paar Jahren durch einen Zukauf ins Unternehmen gekommen. Er beschäftigt sich intensiv mit New-Work-Raumkonzepten und unterstützt in den großen Spezialprojekten, bei denen es um neue Konzepte oder komplette Raumausstattungen geht. Sebastian kann inspirieren und hat einen unglaublichen Blick für Details. Zudem war er auch bei der Produktentwicklung involviert. Vielleicht hat er ein paar Ideen für ein knackiges Alleinstellungsmerkmal für die Kunden.
Am selben Tag waren auch Peter und Tim im Büro. Einmal im Monat findet das Vertriebsmeeting statt, dann sind alle Vertriebler der Region und Stephan da. Diesmal hatte auch Marlene teilgenommen,

---

[3] Unique Selling Proposition: Als Alleinstellungsmerkmal wird im Marketing und in der Verkaufspsychologie das herausragende Leistungsmerkmal bezeichnet, durch das sich ein Angebot deutlich vom Wettbewerb abhebt. Durch Marktsättigung und objektive Austauschbarkeit der Produkte erlangt der USP zunehmend an Bedeutung.

in der Hoffnung, etwas für ihre Arbeit mitzunehmen. Aber das Meeting war eher zäh. Es ging um Forecast-Zahlen[4] und die neuen KPIs[5]. Der neue Firmenvorstand legt viel Wert auf die moderne L-Serie und daher hat jeder Vertriebler jetzt ein dediziertes Ziel auf den Verkauf von *Löwen*, wie die L-Serie scherzhaft von den Mitarbeitern genannt wird. Insbesondere Peter hat sich darüber sehr aufgeregt und lauthals beschwert, immerhin stimmen seine Verkaufszahlen seit Jahren und jetzt soll er Provisionseinbußen hinnehmen, nur weil er die falschen Produkte verkauft?
Einzig Tim hat im Meeting die Vorteile gesehen und versucht, die Kollegen von der Veränderung zu überzeugen. Aber trotz seines Charmes und seines Einsatzes blieb die Stimmung frostig. Marlene war froh, als es vorbei war und sie ins Wochenende starten konnte. Doch die Idee mit Sebastian verfolgt sie.

Auch Peter war schlecht gelaunt, als er an diesem Abend nach Hause fuhr. Die Freude aufs Wochenende, seine Frau und die Kinder wollte sich noch nicht einstellen. Da fiel ihm die Kontaktanfrage via XING wieder ein, die er letztens erhalten hatte. Ein ehemaliger Kollege war zu einem Konkurrenten gewechselt und hatte ihn angeschrieben, ob er nicht Lust hätte, bei ihnen als Key-Account-Manager vorzusprechen. *Wenn sich jetzt in der WOBB GmbH sowieso alles verändert und sich die KPIs so verschärfen, ist der Gedanke vielleicht gar nicht so schlecht. Warum eigentlich nicht?*, dachte Peter.

---

[4] Der Forecast ist ein Steuerungsinstrument des Controllings und wird vor allem dafür eingesetzt, die kurzfristige und mittelfristige Zielerreichung zu kontrollieren und zu unterstützen. Im Vertrieb wird häufig erfasst, wie viel in den nächsten Monaten voraussichtlich verkauft wird.

[5] Kennzahlen: Der Begriff *Key-Performance-Indicator* beziehungsweise *Leistungskennzahl* bezeichnet in der Betriebswirtschaftslehre Kennzahlen, anhand derer der Fortschritt oder der Erfüllungsgrad hinsichtlich wichtiger Zielsetzungen oder kritischer Erfolgsfaktoren innerhalb einer Organisation gemessen und/oder ermittelt werden kann.

***

Nach dem Wochenende hat Marlene ein Meeting mit Sebastian. Es ist superspannend. Sebastian sprüht vor Ideen und kann Marlene mitreißen. Danach hat sie fast selbst Lust, einen Schreibtisch der L-Serie zu kaufen. Zwei ganze A4-Seiten an USPs hat Marlene mitgeschrieben. Das muss sie kürzen und knackiger formulieren. Immer wieder ruft sie sich den Satz von Dana ins Gedächtnis: *Das bedeutet für Sie, lieber Kunde ...*
Nach ein paar Iterationen hat sie eine Email als Vorlage für sich entwickelt, auf die sie wirklich stolz ist:

Hallo Herr ...,
ich freue mich auf eine Kontaktaufnahme von Ihnen, da ich gesehen habe, dass Sie sich für moderne Arbeitswelten interessieren. Wir haben hierfür einen neuen Schreibtisch entwickelt, der für Sie bedeutet:
- *höchste Flexibilität und einfache Umsetzung von Shared Desk, da Sie via Knopfdruck den Tisch auf Ihr persönliches Profil einstellen können (wie beim Autositz)*
- *keine nervigen Anrufe in der IT, dass die Technik nicht funktioniert, da die universelle Dockingstation für alle Notebooks funktioniert (Notebook einstecken, Tastatur einrasten, Maus anschließen), los gehts*
- *unser Support fixt binnen 24 Stunden alle technischen Probleme*
- *mit unserem Upgrade-Service brauchen Sie sich keine Gedanken über technische Weiterentwicklungen zu machen, sondern wir aktualisieren regelmäßig alle Anschlüsse auf die neuste Technik*
- *höchste Flexibilität, kein Stress – zufriedene Mitarbeiter*
Als Ihre Ansprechpartnerin stehe ich Ihnen gerne von 8:00-18:00 Uhr zur Verfügung.

Gerne vereinbare ich mit Ihnen auch einen Termin vor Ort mit unseren Fachansprechpartnern, die Ihnen unser Portfolio für moderne Arbeitswelten präsentieren.
Danke und viele Grüße nach ...
Marlene Stegmann

***

Die nächsten Tage sind dann aber erst einmal ziemlich voll. Stephan hat wieder einmal eine seiner coolen Ideen und einen Testlauf mit einem algorithmenbasierten Tool vereinbart. Marlene hat sich die Homepage des Anbieters angeschaut und folgende Erläuterung gefunden:

Das Tool analysiert die Vertriebshistorie von Unternehmen, um datenbasiert ein ganzheitliches Kundenbedarfsprofil zu erstellen. Künstliche Intelligenz unterstützt die Analyse und vergleicht die zahlreichen, relevanten Datenpunkte und erstellt ein komplexes Datenmodell unter Berücksichtigung von Kommunikations-, Finanz-, Technologie- und Produktdaten aus öffentlichen Quellen. Daraus werden dann individuelle Zielkundenprofile generiert. Das Predictiv Analytics Verfahren identifiziert Kunden, die zum aktuellen Zeitpunkt das höchste Potential für Ihren vertrieblichen Erfolg haben. In einem mehrstufigen Prozess der iterativen Zusammenarbeit verarbeitet die KI dann das vertriebliche Feedback und lernt sukzessive dazu. So wird die Potentialkundenanalyse immer zielgerichteter und Ihre Vertriebler immer erfolgreicher.

Klingt gar nicht schlecht, denkt sie.

Um das Tool mit Daten zu füttern, benötigen sie nun eine Liste mit Kunden, die bei WOBB bereits die M-Serie oder L-Serie gekauft haben. Außerdem wird eine Liste der verlorenen Deals gebraucht. Dies alles soll Marlene vorbereiten und Stephan zuarbeiten. Damit hat sie viel zu tun. Zwar gibt es diese Daten, aber in verschiedenen Systemen. Verlorene Deals aus dem CRM herauszubekommen, heißt einiges an Arbeit und unzählige Anrufe bei den Vertrieblern. Würde jeder seine Leads[6], Opportunities[7] und Angebote im System sauber pflegen, wäre es viel einfacher. So ist es aber nicht. Marlene muss viel Zeit investieren und die Daten mühsam zusammensuchen. Sie stöhnt und schaut aus dem Fenster. Die Sonne scheint und ein Vogel hüpft auf der Wiese umher. *Aber wenn Stephan mit seiner Euphorie recht hat, dann muss es sich ja lohnen*, denkt sie, stellt die Listen fertig und sendet sie an Stephan.

***

Ein paar Tage später erhält Marlene eine erste Liste mit Zielkunden, basierend auf dem Algorithmus. Dummerweise oder natürlicherweise ohne Kontaktdaten. Und nun? Was hat sich Stephan nur dabei gedacht? Marlene beschwert sich bei Tim, der mal wieder neben ihr sitzt und wenig zu tun hat.

Tim will ihr helfen und beschließt Martin, den Vertriebsleiter von

---

[6] Ein *Lead* (Mehrzahl *Leads*) ist ein Begriff aus dem Vertrieb/Marketing und beschreibt eine Kontaktanbahnung und/oder Angabe von Kontaktinformationen durch einen potenziellen Interessenten. Mögliche Leadquellen sind: Homepagebesuche, Messebesuche, Kundenlisten, Whitepaper-Downloads u. ä.

[7] Eine *Opportunity* (Mehrzahl *Opportunities*, Abkürzung *Oppty*) ist eine Verkaufschance. Sie entsteht dann, wenn ein Kunde nach Ermessen des Vertriebs ein signifikantes Kaufinteresse hat.

Nordrhein-Westfalen anzurufen. Die beiden haben sich auf dem letzten Vertriebs-Kick-off kennengelernt und waren sich gleich sympathisch. Martin hatte Tim seine Hilfe angeboten, falls er vertrieblich mal nicht weiterkommt. Jetzt nutzt Tim die Gelegenheit und ruft ihn an. Nach ein bisschen Small Talk, kommt Tim zu seinem Anliegen: »Unser Chef macht einen Testlauf mit einem neuen algorithmenbasierten Tool. Wir haben ein paar Daten geliefert, an welche Kunden wir bereits die Löwen beziehungsweise die alte M-Serie verkauft haben und auch, wo wir Deals verloren haben. Jetzt liefert uns die Software über irgendeine magische Intelligenz jede Woche mögliche Zielkunden. Kennst du das?«

Martin hört interessiert zu: »Nie gehört. Klingt aber sehr spannend. Der Stephan hat ja immer gern so neumodisches Zeug. Und wie läuft es?«

»Eigentlich ganz gut, aber Marlene, unsere Innendienstlerin, soll Termine für uns generieren und ehrlich gesagt könnte ich ein paar Termine gut gebrauchen. Das Problem ist: Wir haben keine Ansprechpartner oder Kontaktdaten. Wir haben nur die Unternehmen.«

»Habt Ihr schon in den diversen Businessnetzwerken geschaut? Die meisten haben doch ihre Daten bei LinkedIn oder XING hinterlegt. Sucht doch dort nach den Unternehmen und schreibt einfach die Facilitymanager oder Personalabteilungen an. Gerade die Personalabteilungen sind doch mittlerweile alle online, anders findet man ja heutzutage gar keine Bewerber mehr.«

Tim lacht: »Das stimmt. Da hätte ich auch selbst drauf kommen können.«

Martin fällt noch was ein: »Was wir noch nutzen, ist ein Internetdienst, in dem wir nach Ansprechpartnern in Unternehmen suchen können. Die Software liest alle öffentlichen Quellen im Internet aus und trägt die Daten zusammen. Wir können uns einloggen und

dann Unternehmensgröße, Niederlassungen, Branche, Umsatz und so weiter in einem Überblick sehen. Bei den meisten sind auch Ansprechpartner und manchmal sogar deren Interessen hinterlegt. Du weißt ja, wenn du dich auch für die guten Inhalte zu etwas interessierst, musst du dich in der Regel registrieren, um den Artikel lesen zu können. Im Kleingedruckten verkaufst du dann deine Seele und stimmst der Weitergabe deiner Daten an Partner zu. Der Internetdienst sammelt fleißig deine Daten. So läuft das Spiel und ehrlich gesagt, ich finde dieses Tool wirklich sinnvoll. Wenn du magst, schicke ich dir morgen gleich einen Zugang. Bei mir ist ein Kollege gegangen und dessen Lizenz ist gerade frei geworden.«
»Vielen Dank, das wird Marlene bestimmt helfen. Du hast was gut bei mir!«

Wie erwartet freut sich Marlene sehr über den Zugang zu dem Internetdienst. In vielen Fällen findet sie im Tool die Daten, die sie braucht. In anderen Fällen versucht sie es über die sozialen Netzwerke. Zwar hat Marlene bereits ein Profil bei *XING* und *LinkedIn*, aber bisher nur ein paar Kollegen und Bekannte als Kontakte. Beide Netzwerke hat sie noch nicht wirklich genutzt. Daher schaut sie sich ein paar Tutorials im Netz an, wie sie diese zum Vernetzen und Finden von Kunden verwenden kann. Ein Überblick gefällt ihr besonders:

7 goldene Regeln für eine Erstansprache in sozialen Medien

♠ Erstellen Sie eine gute Betreffzeile.

♠ Sie verkaufen eine Konversation, nicht ein Produkt.

♠ Fassen Sie sich kurz.

♠ Beginnen Sie ein Gespräch.

♠ Personalisieren Sie Ihre Ansprache, finden Sie möglichst persönliche Anknüpfungspunkt.
(einen Post, gemeinsame Punkte in der Vergangenheit (z. B. an derselben Uni studiert o. ä.))

♠ Was ist für den Empfänger drin?

♠ Mit einem Call-to-Action abschließen: Was soll der Andere tun?

Danach schreibt sie ein paar Kontaktpersonen an und bittet um Vernetzung.

Mit ein bisschen Recherche stellt sie fest, dass die Themen *New Work* und *flexible Arbeitswelten* in Businessnetzwerken intensiv diskutiert werden. Ein guter Anhaltspunkt, um darauf zu referenzieren. Als Mehrwerte für einen Kontakt schreibt sie die Punkte von Sebastian in ihren Text:

Ich habe gesehen, dass Sie sich für moderne Arbeitswelten interessieren. Sie suchen Flexibilität im Büro und persönliche Profileinstellung auf Knopfdruck am Schreibtisch? Immer funktionierende Technik durch universelle Dockingstation und Upgrade Service? Melden Sie sich gerne, Ihre M. Stegmann

***

Ein paar Tage später traut Marlene ihren Augen nicht. Viele Kunden haben reagiert und ihre Kontaktanfrage angenommen. Einige haben sogar gleich einen Termin angefragt. Freudestrahlend schreibt sie Tim, Peter und den anderen Kollegen eine Mail und übergibt Termine. Tim ist ganz begeistert und bedankt sich überschwänglich. Von Peter hört Marlene erst mal nichts.

Peter checkt nach dem Abendbrot mit den Kindern noch einmal sein Postfach. Er hat zwei wichtige Nachrichten: Eine von Marlene mit einem Vororttermin bei einem Kunden. Ein Neukunde in Freiburg, der sagt ihm gar nichts. Der Kunde wünscht sich eine nähere Darlegung des Service- und Upgrade-Angebotes für die L-Serie, weil er ein paar Arbeitsplätze für Shared Desks einrichten möchte. In Peter steigt Nervosität auf.»Verdammt, davon habe ich ja gar keine Ahnung. Ein Neukunde und dann so ein Thema, das kann doch nur schief gehen.« Kurz entschlossen schreibt er Marlene, dass er an diesem Tag nicht kann und sie einen anderen Vertriebler bitten soll, nach Freiburg zu fahren.
Die zweite Mail ist spannender. Das Unternehmen, bei dem er letzte Woche zum Interview war, hat ihm ein Angebot für einen Wechsel unterbreitet. Peters Herz macht einen Sprung. Die Konditionen sind okay.

Er erzählt es seiner Frau und zusammen überlegen sie, ob sie das Risiko eingehen sollen, immerhin haben sie ja noch einen Kredit auf das Haus. Auf der einen Seite reizt es, aber das Risiko mit der Probezeit ist nicht von der Hand zu weisen.
»Ist es nicht besser, man weiß, was man hat?«, grübelt Peter.
Beide wälzen die Vor- und Nachteile hin und her und beschließen dann, erst mal darüber zu schlafen.

***

Am nächsten Morgen entscheiden sie sich gegen den Jobwechsel und Peter schreibt eine freundliche Absage. Erleichtert, die Entscheidung getroffen zu haben, fährt er ins Büro.

Wie gelernt, macht sich Marlene diszipliniert an ihre Telefonblöcke. Nach dem Push mit *LinkedIn* erweitert sie ihren Telefoneinstieg um die Punkte aus ihrem Gespräch mit Sebastian, sie merkt aber bereits nach drei Gesprächen, dass es nicht mehr funktioniert. Die Kunden sind unkonzentriert und wimmeln sie ab. Woran kann das nur liegen?
Marlene steht auf und holt sich grübelnd eine Tasse Tee. Da fällt ihr ein, dass Dana doch gesagt hat, die Unternehmensvorstellung darf nicht länger als zehn Sekunden sein. Das ist es! Sie misst ihre Zeit und stellt fest, dass es jetzt fast 30 Sekunden sind. Viel zu lang. Kein Wunder, dass die Kunden unruhig werden. Also zurück zum alten Satz, der hat wenigstens funktioniert.

***

Drei Wochen später ist Dana wieder bei Marlene und sie hören sich gemeinsam ein Telefonat an. Dana hat Marlene gebeten, die gefühlt besonders schlechten und besonders guten Telefonate herauszusuchen.
Zuerst dachte Marlene, es gebe nur schlechte. Sie war wirklich aufgeregt, hat schlecht geschlafen und sich Sorgen gemacht, wie es laufen wird, die eigene Stimme zu hören, und dann nimmt noch jemand jedes Wort auseinander. Was für eine schreckliche Vorstellung! Zwar kennt Marlene Dana mittlerweile und weiß, wie kompetent diese ist, aber trotzdem muss sie zugeben, dass kurz der Gedanke in ihr aufstieg abzusagen. Aber dann fiel ihr das Gespräch mit Herrn Schmidt ein. Das lief ziemlich gut und irgendwie ist es doch auch spannend zu erfahren, warum dieses eine gut und andere ohne Terminvereinbarung endeten. Also hat Marlene ein paar schlechtere und das Gespräch mit Herrn Schmidt herausgesucht und nun sitzen beide zusammen im Meetingraum und analysieren die Aufnahmen. Nach ein paar Minuten ist das komische Gefühl, die eigene Stimme zu hören, weg. Wie albern, dass sie sich solche Gedanken gemacht hat. Sie kennt doch Dana und hätte sich denken können, dass die Gesprächsanalyse cool wird.
Marlene merkt auch schnell, wie es ihr immer leichter fällt, ihre eigenen Fehler zu entdecken; Bei den schlechteren Gesprächen war ihr vor allem die Struktur abhandengekommen. Manchmal reagierte der Kunde sehr einsilbig, es kam keine richtige Gesprächsatmosphäre zustande und dann fühlte es sich für Marlene an wie eine Abfrage. Sie fragte dann mal dies und das, aber ein roter Faden war auch für sie selbst beim Nachhören nicht mehr erkennbar. Dann endete das Telefonat zwar freundlich, aber ohne Ergebnis und eigentlich, wenn sie ehrlich war, auch ohne Mehrwert für den Kunden.

Dana fragt in diesen Fällen: »Was hat der Kunde von diesem Telefonat gehabt?«

Und Marlene fällt nichts ein.

In anderen Gesprächen hatte der Kunde so unvorhergesehen reagiert, dass Marlene komplett überrascht wurde und ihr auf die Schnelle keine sinnvolle Frage mehr einfiel. Dana erinnert sie diesbezüglich an die goldenen Fragen.

»Stimmt, die hatte ich mir doch extra notiert!«, meint Marlene, sucht den Notizzettel heraus und fügt einen dicken Merkkasten in ihren Leitfaden ein.

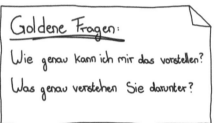

Goldene Fragen:
Wie genau kann ich mir das vorstellen?
Was genau verstehen Sie darunter?

»Damit gewinnst du Zeit, kannst dich wieder sortieren und bekommst auch noch Zusatzinformationen vom Kunden. So was wie: *Interessante Bemerkung. Sie denken ja schon richtig weit! Was genau meinen Sie damit?*«

»Ja, das verstehe ich. In der Aufregung vergesse ich es aber manchmal.«

»Das ist doch ganz normal. Mit jedem Gespräch wird es besser werden. Wichtig ist doch vor allem, dass du dich selbst reflektierst, nach dem Gespräch kurz innehältst und überlegst: *Was war gut? Was war nicht gelungen? Woran könnte es gelegen haben?* Dann wirst du schnell erfolgreich werden, da bin ich mir sicher.«

»Was soll ich machen, wenn der Kunde anfängt, mich zu fragen? Ich kann ihn doch nicht einfach übergehen?«, fragt Marlene.

»Na ja, du entscheidest, ob du die Fragen zurückstellst, zum Beispiel mit dem Satz: *Auf diese Frage komme ich gerne gleich zurück, geben Sie mir vorher bitte noch ein paar Informationen, damit ich mir ein genaues Bild von Ihrer Situation machen kann*«, schlägt Dana vor und ergänzt nach kurzem Nachdenken: »Dein Ziel ist doch aktuell vor allem, Beratungstermine für euren Außendienst zu generieren, oder? Dann sind doch Fragen vom Kunden ein super Zeichen. Sie zeigen grundsätzlich erst mal Interesse. Du kannst also auch auf den Termin verweisen: *Die Fragen beantwortet Ihnen unser Fachexperte gerne im persönlichen Gespräch. Wie sieht es bei Ihnen nächsten Dienstag aus?«*

»Da hätte ich auch selbst draufkommen können!«, ärgert sich Marlene etwas über ihre Nervosität, die die einfachsten Dinge so kompliziert macht.

»Solche spontanen Anpassungen und Reaktionen werden dir viel leichter fallen, wenn du dein Gesprächsziel kennst.«

»Gesprächsziel?«, fragt Marlene.

»Eine Struktur im Gespräch zu halten, ist viel einfacher, wenn du auch ein Ziel für das Gespräch hast. Und um es gleich vorwegzunehmen«, Dana lacht breit, »ein Ziel ist es nicht, wenn du dir vornimmst, dass der Kunde dich hinterher gut findet! Das ist nämlich nicht messbar. In diesem Fall kann es sein, dass du aus dem Gespräch gehst und denkst: *Der Kunde hat mich richtig gut gefunden.* Der Kunde aber verabschiedet sich und denkt: *Hoffentlich höre ich die nie wieder!«*

Jetzt muss Marlene lachen.

»Es ist tatsächlich ein häufiges Problem, dass die Kunden, die nett sind, nicht unbedingt auch gute Kunden sind. Nette Kunden reden viel und wir als Vertriebler vergessen darüber unser Ziel und erreichen nichts. Weil der Kunde aber nett ist, treten wir immer wieder mit ihm in Kontakt und so stecken wir aus Versehen viel unnütze Zeit in nette Kunden. Aber zurück zu dem Gesprächsziel. Ein Ziel sollte immer SMART sein.«

Dana schaut Marlene an und erkennt, dass ihr *SMART* nichts sagt. Sie beginnt in ihrer Tasche zu wühlen. Während sie ein Kärtchen herausholt, spricht sie weiter: »Das S bei SMART steht für spezifisch.

Das heißt: Formuliere dein Ziel möglichst konkret. Zudem sollte es auf jeden Fall messbar und natürlich auch attraktiv für dich sein. Es macht außerdem wenig Sinn, wenn du das Gefühl hast, dein Ziel nie erreichen zu können, dann ist es nicht realistisch. Und

Spezifisch: Formuliere deine Ziele so konkret wie möglich.

Messbar: Lege Kriterien fest, die am Ende zeigen, ob du das Ziel erreicht hast.

Attraktiv: Formuliere deine Ziele so, dass du Lust hast, sie zu erreichen.

Realistisch: Das Ziel soll mit deiner Zeit und deinen Mitteln machbar sein.

Terminiert: Dein Ziel sollte eine Deadline haben. Bis wann willst du dein Ziel erreichen?

natürlich brauchst du auch einen Termin, bis wann du das Ziel erreicht haben willst. Lass uns mal zusammen überlegen, was ein gutes Ziel für dich beim Anrufen sein könnte!«

Marlene überlegt. »Ich möchte einen Termin für einen Außenvertriebler machen.«

»Okay, versuch es noch spezifischer.«

»Ich möchte einen Termin in der nächsten Woche für Tim zu Shared Desk vereinbaren.«

»Sehr gut. Ist das messbar?«

»Ja, wenn der Termin vereinbart und bestätigt ist.«

»Super. Ist es dir wichtig?«

Marlene ist sich sicher: »Ja, ich will doch einen guten Job machen und Stephan zeigen, dass ich das schaffe!«

»Ist dein Ziel realistisch?«

Marlene zögert kurz, dann antwortet sie: »Ich glaube schon.«

»Natürlich!«, bekräftigt sie Dana. »Und wie sieht es mit der Terminierung aus? Wann willst du dein Ziel erreicht haben?«

»In dem Gespräch?«

»Das wäre mir zu ehrgeizig. Lass es uns so formulieren: *In maximal drei Gesprächen mit einem Kunden möchte ich den Termin vereinbart haben.*«

»Cool!«, stimmt Marlene zu.

»So funktioniert es. Dein Ziel kann auch sein, etwas mehr über die strategischen Ziele deines Kunden oder die Namen aller Entscheider erfahren zu wollen. Oder zu erfahren, wo genau du mit deinem Angebot liegst, welcher Mitwettbewerb noch im Boot ist und wie hoch die Preisunterschiede der Angebote sind. Hauptsache, dein Ziel ist dir klar und es ist SMART. Am besten kannst du dir dieses Ziel gleich mit den Fragen für den nächsten Call in deine Wiedervorlage ins CRM notieren, dann ist alles an einem Platz.«

Anschließend startet Dana die Aufnahme mit Herrn Schmidt, das Gespräch, bei dem Marlene ein gutes Gefühl hatte. Ihr Herz klopft.

»… Meyer Maschinenfabrik …«

»Guten Tag, mein Name ist Marlene Stegmann von der Firma WOBB GmbH. Ich habe Ihren Namen nicht verstanden. Mit wem spreche ich?«

»Schmidt. Hallo Frau Stegmann. Was kann ich für Sie tun?«

»Hallo, Herr Schmidt.« Pause »Sie haben vor ein paar Wochen an unserem Webinar zu modernen Arbeitswelten teilgenommen.«

»Ja, richtig.«

»Schön. Ich sehe, Sie erinnern sich an die WOBB GmbH. Was genau verbinden Sie mit uns?«

»Wenn ich mich recht erinnere, machen Sie in Shared Desk und haben einen höhenverstellbaren Schreibtisch mit Profileinstellung auf Knopfdruck.«

»Ja, genau. Schön, dass Sie sich erinnern. Wir sind Marktführer für Büromöbel und Anbieter von über tausend innovativen Schreibtischen. Der Tisch, von dem Sie gerade sprechen, ermöglicht Ihnen,

mit den integrierten IT-Anschlüssen und der Profileinstellung auf Knopfdruck, sehr flexibel Ihre Arbeitsumgebung abzubilden. Kurze Zwischenfrage: Es kann sein, dass dieses Gespräch zu Qualitätskontrolle aufgezeichnet wird. Ist das okay für Sie?«
»Ja, klar. Kein Problem.«
»Herr Schmidt, welche Fragen haben sich aus dem Webinar für Sie ergeben?«
»Das Webinar war sehr inspirierend, aber bevor Sie weitersprechen: Wir haben bereits einen Lieferanten für Büromöbel.«
»Das habe ich auch erwartet. Ich möchte Ihnen nichts sofort verkaufen, sondern Sie erst einmal kennenlernen. Was genau liefert Ihr aktueller Partner Ihnen?«
Herr Schmidt beantwortet daraufhin ausführlich Marlenes Fragen. Ein paar Minuten später stoppt Dana die Aufnahme und lobt Marlene: »Sehr schöne Einwandbehandlung. Genau so funktioniert es und du siehst: Der Kunde hat dir einiges erzählt. Zum Beispiel, dass sie klassische, aber auch höhenverstellbaren Tische benutzen und beides aktuell von eurem Mitwettbewerber Müller GmbH gemietet haben.«
Dana lässt die Aufnahme weiterlaufen und sie hören sich Marlenes weitere Fragen an:
- *Welche Funktion haben Sie, Herr Schmidt, im Unternehmen?*
- *Was waren die Gründe für Ihre Teilnahme am Webinar?*
- *Ich hatte auf Ihrer Homepage gesehen, dass Ihre Personalabteilung mit flexiblen Arbeitszeitmodellen um neue Mitarbeiter wirbt. In welchen Bereichen haben Sie bereits Shared Desk eingeführt?*
- *Worauf legen Sie besonders wert bei der Auswahl Ihrer Büromöbel für Shared Desk?*
- *Wann ist der Termin für den ersten Umbau?*
- *Wer ist in Ihrem Haus dabei involviert?*

- *Was halten Sie davon, wenn Sie und Ihr Projektteam sich mit meinem Kollegen treffen, um zu prüfen, was wir Ihnen zusätzlich bieten können? Wann passt es Ihnen?*

Es war ein wirklich gelungenes Telefonat und brachte unglaublich viele Informationen, die Marlene von Herrn Schmidt erhalten hat. Zum Abschluss hat sie einen Termin für eine Vorortpräsentation vereinbaren können.

Dana strahlt und lobt: »Genau so funktioniert das! Sehr gut, Marlene. Deine Fragen waren auf den Punkt und du bist richtig gut auf die Antworten eingegangen. Es ist dir auch sehr gut gelungen, immer mal wieder auf das vom Kunden Gesagte zurückzukommen, sodass Ihr nicht das Thema verloren habt. Das alles sind wichtige Punkte beim aktiven Zuhören. Am Ende hast du sauber zusammengefasst und wie selbstverständlich einen Vororttermin generiert. Da habe ich schlichtweg nichts zu kritisieren. Wenn jedes Gespräch so laufen würde, wäre ich meinen Job los.«

Marlene kann nicht verhindern, dass sich ihre Mundwinkel stolz in die Höhe ziehen. Sie hatte bei diesem Gespräch schon ein gutes Gefühl, aber so perfekt hatte sie es nicht mehr in Erinnerung gehabt. Dieses Telefonat nun im Rahmen von Danas Coaching noch einmal bewusst zu reflektieren, gibt ihrem Selbstbewusstsein einen deutlichen Schub. Anscheinend hat sie tatsächlich ein Talent für den Innendienst und mit etwas Übung wird sie in ihrem Beruf brillieren.

Sie ist so glücklich, dass sie beschließt, Karen eine Nachricht zu schreiben. Mit einem Kaffee in der Hand fließen die Worte förmlich aus ihr heraus und als sie fertig ist, überlegt sie, ob ein Telefonat nicht vielleicht sinnvoller wäre. Aber nun hat sie sich einmal die Arbeit gemacht ... Lächelnd drückte sie auf den Senden-Knopf.

***

Ein paar Tage später ist Marlene gerade in ihrem CRM in die Wiedervorlagen vertieft. Sie zuckt zusammen, als Tim ihr über die Schulter schauend die Anzahl ihrer Wiedervorlagen im CRM vorhält und dabei mit dem Finger auf ihren Monitor tippt: »Puh, sechzig unbearbeitete Wiedervorlagen – das ist aber ganz schön viel!«

»Ich weiß«, seufzt Marlene. »Ich kann machen, was ich will, aber die Potenzialkunden aus dem algorithmenbasierten Tool, dazu die Erinnerungen für LinkedIn und dann noch die erneuten Versuche bei den Webinarkunden ... Das ist wie eine Welle, die immer größer wird!«

Tim schaut sie bedauernd an und schlägt vor: »Ich kann dir helfen. Wir schauen das mal gemeinsam durch. Bestimmt können wir die eine oder andere Wiedervorlage schließen. Schau mal, der hier zum Beispiel. Den hast du jetzt schon sechsmal zu verschiedensten Zeiten angerufen und deine Vorbereitungen sagen, dass die Homepage eher nicht so prall ist. Diese Wiedervorlage schließen wir jetzt einfach. Die Chance, dass der irgendwann mal ans Telefon geht, ist doch minimal!«

Noch weitere Wiedervorlagen können auf diese Weise geschlossen werden und dank Tims pragmatischer Sichtweise ist Marlenes Arbeitsberg plötzlich nicht mehr ganz so groß.

Tim ist beeindruckt, wie Marlene ihre Notizen im CRM pflegt: »Mensch, das ist richtig gut, wie du alles notierst. Da hat man gleich alles im Überblick. Eigentlich müsste ich das auch machen.«

Marlene lächelt. »Das ist gar nicht so schwer. Ich habe mir eine Vorlage angelegt und lege alle Informationen zum Ist nach demselben Schema an. Hier kommt alles kurz und knapp rein: was der Kunde will, wen ich beim Kunden kenne, was ich schon erfahren habe.

Damit habe ich den Ist-Zustand auf einen Blick. In der Kontakthistorie pflege ich, wann ich den Kunden zu erreichen versucht oder erreicht habe. Die Wiedervorlage sagt mir, dass ich dem Kunden versprochen habe, mich heute wieder zu melden, da habe ich auch ein paar Fragen und mein Gesprächsziel notiert und durch den Kurzüberblick weiß ich sofort, was Sache ist.«
»Das ist dann wie eine Art Kundenprofilierung. – Cool«, meint Tim. »Schickst du mir deine Vorlage? Ich mache das jetzt auch so. Kann mir nur helfen, den Überblick zu behalten. Danke.«
»Ich danke dir fürs Helfen beim Aufräumen meiner Wiedervorlagen. Jetzt schaut die Welle nicht mehr so schlimm aus!«
So konnten beide sich gegenseitig helfen. *Das nennt man Team!*, denkt Marlene zufrieden.

Wähle deine Einstellung!

»Ja, klar, mach ich.« Stephan sitzt am Schreibtisch und grummelt. Ihm ist gerade so richtig der Kopf vom Vorstand gewaschen worden. Seine Reports im CRM in seiner Region sind miserabel, die Opportunities größtenteils überfällig, der Forecast unterirdisch. Er konnte ja nicht ahnen, dass jetzt plötzlich so viel Wert darauf gelegt wird, dass alle Daten im CRM sauber gepflegt sind. Wenigstens hatte Marlene alle Webinarteilnehmer vom L-Serien-Webinar abgearbeitet. Gott sei Dank. Sonst hätte es noch mehr Ärger gegeben, in diesem Punkt waren andere Regionen schlechter. Jetzt ruft Stephan erst mal Martin aus Nordrhein-Westfalen an, dessen Werte deutlich besser waren: Geteiltes Leid ist halbes Leid.
»Hallo Martin, wie gehts? Sag mal wie, machst du das mit dem CRM? Die haben doch eine Meise! So ein Pflegekram!«
Martin lacht und antwortet: »Ich habe meine Innendienstlerin drangesetzt. Sie hat alles nachgepflegt, war aber verdammt aufwendig. Einmal die Woche ruft sie alle Vertriebler durch und pflegt das Forecastdatum, die Werte und so weiter.«
Stephan denkt kurz nach. »Ehrlich gesagt habe ich da keinen wirklichen Bock drauf. Marlene macht so einen tollen Job mit der Akquise von Neukunden. Ich möchte sie ungern wieder mit so unnützen Dingen ablenken.«
»Wenn du es nicht selbst machen willst, dann bleibt dir wahrscheinlich nichts anderes übrig, als es die Vertriebler selbst pflegen zu lassen«, antwortet Martin. »Wie geht es Tim?«
»Ich weiß gar nicht so recht, wie es Tim geht. Er scheint ziemlich offen zu sein, hat aber viel zu wenig Termine – gerade im Vergleich zu Peter, der immer auf Achse ist. Dafür scheint Tim aber mehr Schwung für die L-Serie zu haben. Er versucht es wenigstens, aber tut sich mit den neuen Ansätzen auch schwer. Ich muss ihn morgen direkt mal fragen, wie es ihm so geht.«

Kurz entschlossen und immer noch etwas wütend schreibt Stephan eine Mail an seine Vertriebsleute, dass bitte alle umgehend ihre Opportunities pflegen sollen und das Forecastdatum in die Zukunft schieben. Nett ist das nicht, das weiß er, aber was solls.

In dieser Nacht schläft Stephan schlecht. Das CRM, die Opptys, die L-Serie – alles rauscht durcheinander und Stephan wälzt sich im Bett unruhig hin und her.

***

Am nächsten Morgen ist Tim als erster im Büro. Die Mail von Stephan versaut ihm gleich die Stimmung. Was für ein Start in den Tag! Zuerst will er die Mail einfach löschen, doch dann überlegt er es sich anders, schließlich ist Stephan der Boss und was sein muss, muss sein. Also setzt er sich hin und verschiebt alle seine Opportunities in die Zukunft. Insgeheim schleicht sich aber der Gedanke bei ihm ein, ob das irgendwas voranbringt. Viel lieber wäre er doch beim Kunden.

Auch Peter liest an diesem Morgen die Email von Stephan, löscht sie aber sofort. In letzter Zeit ärgert er sich immer häufiger, dass er das Jobangebot der Konkurrenz abgelehnt hat. Seine Zahlen sind gut, das weiß er, aber Spaß ist irgendwie nicht mehr da und mit so einem Pflegescheiß können die da oben ihn mal kreuzweise!

Unterdessen telefoniert Marlene fleißig. Immer zügiger geht es voran und immer häufiger schafft sie es, konkrete Termine für die Außenvertriebskollegen zu vereinbaren. Die Erfolgserlebnisse motivieren sie und die Aufgaben machen ihr immer mehr Spaß. Gerade sitzt sie wieder über einer Mail an Peter:

Hallo Peter, ich habe hier einen Kunden für dich:
Kundenname: 4803 Parfüm United
Adresse: Stuttgart, Baumallee 37
Ansprechpartner: Frau Amermann
Funktion des AP: Projektleiterin
Anzahl Mitarbeiter: 15
Need: Kunde eröffnet ein neues Büro in Stuttgart für 15 Leute und ist stark interessiert an New Work beziehungsweise Shared Desk.
Termin: vor Ort, nächsten Dienstag, 16:30 Uhr
Tel.: 0711-55655689
Übernimmst du?
Danke, Marlene

Kurze Zeit später auf dem Weg zu einem seiner Bestandskunden liest Peter die Mail von Marlene. *Shared Desk, 15 Stück. Oh nee!*, schießt ihm durch den Kopf und er schreibt schnell zurück, dass Marlene diesen Kunden doch zum Üben an Tim geben soll.

Marlene ist irritiert über die Antwortmail von Peter und weil Stephan gerade im Büro ist, spricht sie ihn darauf an.
Stephan aber grummelt nur kurz angebunden: »Wer nicht will, der hat schon. Ich trage hier niemanden zum Jagen. Gib den Termin Tim. Der freut sich.«
Also leitet Marlene die Mail an Tim weiter.
Dieser reagiert auch sofort und sendet eine Bestätigungsmail an Frau Amermann, dass er sich auf den Termin freut. Danach recherchiert er etwas über die *4803 Parfüm United*. In Frankreich scheint das Unternehmen ziemlich groß zu sein, der Branchenführer in der Parfümproduktion mit 29 Standorten in Frankreich, teils kleinere Ladengeschäfte, teils große Ausstellungsorte. Spannend.

***

Am Montagabend liegt Tim auf seinem Sofa und denkt an das letzte Wochenende. Er ist mit Martin aus NRW um die Häuser gezogen. Es war sehr lustig, aber Martin hat lange gebraucht, um sich zu entspannen. Martin hat erzählt, dass der Druck von oben steigt. Wenn Tim es richtig verstanden hat, haben alle Vertriebsleiter einen Einlauf bekommen, weil der Forecast so mies war. Besonders die Zahlen für die L-Serie waren wohl miserabel. Es wurde wohl auch mit Kostenreduzierung gedroht, wenn sich die Situation nicht bessert. Kein Wunder, dass Stephan in den Vertriebsmeetings nur noch von New Work, Desk Sharing und der L-Serie spricht. Trotzdem … so richtig springt der Funke nicht über, die Kollegen scheinen ihm gar nicht mehr zuzuhören. *Umso besser für mich, dann kann ich zeigen, was ich kann. Und wenigstens habe ich jetzt Kundentermine. Insbesondere diese 4803 Parfüm klingt wirklich gut*, denkt Tim.

Er steht auf und nimmt sich sein Notebook. Er hat doch nicht umsonst schon an unzähligen Vertriebs- und Kommunikationsschulungen teilgenommen. Irgendwo hatte er doch mal eine Anleitung für einen Leitfaden …

Er findet die drei Säulen der Kundenprofilierung: die Basis, die Strategie und die Prozesse. Daneben hat er sich Beispielfragen aufgeschrieben, diese arbeitet Tim jetzt für sein Business um und notiert sie sich:

Kundenprofilierung auf 3 Säulen:

<u>*Basis*</u>*:*
- *Wie groß ist Ihr Unternehmen?*
- *Wie viele Büros und Schreibtische haben Sie?*
- *An welchen Standorten sind Sie vertreten?*

- *Was für Schreibtische nutzen Sie aktuell?*
- *Wie planen Sie das Verhältnis von Schreibtisch zu Anzahl der Mitarbeiter?*
- *Welche Gedanken haben Sie sich über das Gesamtkonzept gemacht?*

<u>Strategie</u>
- *Was planen Sie in den nächsten 5 Jahren?*
- *Wie ist in Zukunft das Verhältnis geplant von Schreibtischen zu Mitarbeitern?*
- *Wie und von wem werden Konzepte zur Shared-Desk-Nutzung in Ihrem Unternehmen erstellt?*
- *Nach welchen Kriterien wählen Sie Ihren Partner aus?*

<u>Prozesse</u>
- *Wie läuft der Entscheidungsprozess in Ihrem Haus ab?*
- *Wer entscheidet bei Ihnen, ob die Shared-Desk-Konzepte umgesetzt werden?*
- *Wen müssen wir zusätzlich einbinden?*
- *Wie laufen Projekte in Ihrem Haus ab?*
- *Wie läuft der Auswahlprozess für mögliche Partner ab?*
- *An welchen Stellen brauchen Sie Unterstützung von Ihrem Partner?*
- *Wie erfolgen Pflege und Support nach der Einführung?*
- *Wie wichtig ist es, dass wir den Betriebsrat von Anfang an mit einbinden?*

Damit kann man doch arbeiten, denkt Tim zufrieden.

***

Ein paar Wochen später sitzt Stephan zerknirscht und zerknittert im Auto und braust die Autobahn entlang. Er ist auf dem Rückweg vom Vertriebsleitermeeting und sieht gar nicht gut aus. Die letzten zwei Tage haben es in sich gehabt. Nicht nur, dass die Nächte kurz waren, auch die Tage waren anstrengend, dicht gefüllt mit Meetings, Analysen und heftigen Diskussionen. Während die Zahlen für die M-Serie sich berappelt haben, lassen die KPIs für die L-Serie weiter massiv zu wünschen übrig. Der Forecast war besonders in seiner Region miserabel. Im Gegensatz zu Stephan hatten die anderen Regionen ab und zu einen Lucky Punch und ein-, zweimal die L-Serie verkauft, aber nicht einmal dieses Glück schien ihm aktuell hold. Zwei Tage lang haben sie alle Aspekte hin- und hergewälzt. Sie wussten nicht wirklich, woran es lag. Der Markt war da, sie mussten sich nur die Kunden schnappen. *Im Vertriebsmeeting morgen muss ich noch einmal den Schwerpunkt auf den Vertrieb der Löwen legen – die Argumente schärfen … Verdammt!* Er macht eine Vollbremsung. Ein Auto vor ihm ist hinter einem Lkw ausgeschert und er wäre fast hinten draufgekracht. Heute ist nicht sein Tag! Er kann froh sein, wenn er heil zu Hause ankommt.

***

Obwohl Stephan wie tot ins Bett fiel, kreisen die Gedanken in seinem Kopf weiter. Auch als der Wecker am Morgen klingelt, sind die Gedanken an den Forecast und das CRM gleich wieder da.
Auf dem Weg ins Büro bessert sich seine Laune nicht wirklich und daran kann auch ein fröhliches »Guten Morgen« von Marlene nichts ändern.

Das CRM-System sieht schon wieder aus wie Kraut und Rüben, er muss nachsteuern. Außerdem hat er sich vorgenommen, heute im Vertriebsmeeting noch mal 30 Minuten über die L-Serie zu sprechen. »Ich nehme die Folien aus dem Vertriebsleitermeeting. Die Vertriebler müssen es nur verstehen, dass es ernst ist und wie sie das Produkt zu verkaufen haben. So schwer kann es doch nicht sein!«, poltert er.

Nach und nach trudeln die Kollegen ein. Als das Meeting beginnt und ihn alle erwartungsvoll anschauen, beginnt Stephan mit seiner Ansprache. Schnell redet er sich in Rage über seine Begeisterung zur L-Serie. Schließlich sind die Profilspeicherung und die universellen IT-Anschlüsse einzigartig am Markt. Aber der Funke springt nicht über. Alle sitzen stumm und teilnahmslos da und schauen ihn an.
Als Stephan endet, meldet sich Peter und argumentiert: »Ich verstehe die Ansätze und die Möglichkeiten der L-Serie. Ich weiß ja nicht, wie es den anderen geht, aber meine Kunden sind noch nicht so weit. Die sind froh, sich normale Tische leisten zu können.«
»Ja, wir werden da bei den Raumkonzepten auch gar nicht gesehen«, pflichtet ihm eine Kollegin bei. »Da müssten wir viel mehr Marketing machen. Unser lieber Marktbegleiter ALM macht da viel mehr, die haben das richtige Image. Unsere Kunden wissen doch gar nicht, dass wir auch Raumkonzepte können!«
So geht der Wortwechsel weiter und in Stephan steigt Wut auf, dass Peter es wieder geschafft hat, die Diskussion in die falsche Richtung zu lenken.
Auch Marlene sitzt inmitten der Vertriebler. Sorgenvoll betrachtet sie die geschwollene Ader an Stephans Hals und denkt sich: *Er ist wirklich unter Druck. Eigentlich kein Wunder, der Markt wächst stark, da müssen wir dranbleiben, um nicht abgehängt zu werden. Der Vorstand scheint auch Druck zu machen und die Bemerkungen*

und Einwänden der Kollege sind nicht gerade motivierend. Sie hat Mitleid mit Stephan, freut sich jetzt aber auf das Wochenende und ihr Treffen mit Karen.

***

Die beiden Freundinnen sitzen im *Café Einstein*. Einmal im Monat nehmen sie sich Zeit, ein bisschen zu quatschen. Für beide ist es sehr wichtig, abseits vom Stress in der Firma und den alltäglichen großen und kleinen To-dos in der Familie abzuschalten und rauszukommen. Im Raum duftet es herrlich nach Kaffee, leckere Kuchensorten sind aufgereiht und warten darauf, genossen zu werden. Die beiden Damen gönnen sich auch immer ein Gläschen vom besten Prosecco. Es geht um die Kinder, um dies und das und die Zeit vergeht wie im Flug.
Nach einer Weile erkundigt sich Karen nach dem Coaching mit Dana. Aus Marlene sprudelt es förmlich heraus, wie sehr ihr Dana geholfen hat und wie gut es mit den Leads funktioniert, aber auch über ihre Herausforderungen mit Stephan: »Immer wieder kommt er mit neuen Ideen! Ich glaube, er war mal ein Jahr in Amerika, zumindest spricht er sehr gut Englisch und darüber hinaus hat er viele Kontakte. Ständig bringt er ein neues Tool oder eine neue Idee, wie wir noch mehr Leads, noch mehr potenzielle Kunden in unserer Region finden können. Dabei sollte er sich lieber mal um seine Vertriebler kümmern. Von denen hat kaum jemand eine Ahnung, wie man richtig verkauft. Die meisten murksen nur in ihren Bestandskunden herum. Das mit den USPs habe ich super verstanden und das Modell von Dana ist wirklich klasse. Ich wünschte nur, ich könnte mich auch mal mit Kollegen darüber austauschen. Der Einzige, der kreativ und aktiv ist, ist Tim. Aber der hat seine eigenen Themen und quatscht

oft viel zu viel. Ich habe ihm jetzt mehrmals Vororttermine verschafft, aber rausgekommen ist dabei nichts. Aber Tim ist mir immer noch lieber als Peter, der ist immer nur dagegen und versucht einfach nur, seinen Bestandskunden noch einen weiteren Schreibtisch zu verkaufen.«

Karen nickt verständnisvoll und so fährt Marlene fort. Sie erzählt von der Anspannung zwischen Peter und Tim und davon, dass ihr Chef das alles gar nicht zu bemerken scheint. Dabei raubt es so viel Energie. »Erst steht Tim bei mir am Schreibtisch und beschwert sich über Peter. Dann erzählt mir am Kaffeeautomat eine andere Kollegin, dass Peter sich bei ihr über Tim ausgelassen hätte. Es geht sogar das Gerücht um, dass Peter sich woanders beworben habe. Kann schon sein. Mit seiner destruktiven Art nervt er eh total, soll er halt gehen. Ich glaube aber, Stephan würde das ganz schön wurmen, schließlich macht Peter einiges an Umsatz.« Als sie das alles so erzählt, kommt Marlene der Gedanke, ob es nicht sinnvoll wäre, wenn Dana mal mit Stephan spricht.

Karen unterstützt sie dabei: »Unbedingt! Am besten Ihr macht mal mit allen Vertrieblern ein gemeinsames Training mit Dana, wie Ihr die L-Serie gut platziert bekommt. So können alle voneinander lernen und Dana kann etwas von ihrer Methode einbringen. So wie du Stephan geschildert hast, ist er doch immer offen für neue Ideen. Vielleicht kommt ihr über das Training auch an ihn ran und er kann sich etwas abgucken, was Mitarbeiterführung angeht. Mehr System scheint euch allen auf jeden Fall gutzutun!«

***

Tatsächlich ist Stephan sehr offen für die Idee mit Dana Bucher zu sprechen und vielleicht ein Training zum Beschleunigen des

Vertriebes der L-Serie zu machen. So sitzen beide schon bald bei einem Kaffee im Meetingraum.

Dana gibt eine kurze Zusammenfassung, was sie bereits mit Marlene erarbeitet hat und wie zufrieden sie mit den Fortschritten von Marlene ist. Dann kommt sie auf Peter und Tim zu sprechen: »Ich konnte beide ab und zu beobachten und habe bei beiden das Gefühl, dass sie ganz schön verloren sind. Tim kommt nicht auf den Punkt und hat viel zu wenig Termine, obwohl Marlene ihm fast alles übermittelt, was sie generiert. Peter scheint mir eher der Stimmungskiller zu sein. Er meckert, wo es nur geht.«

Stephan muss ihr hier zustimmen. Schließlich zieht Peter mittlerweile bei jedem Teammeeting das Team mit seiner destruktiven Art runter. »Es fällt mir immer schwerer, noch positive Argumente zu finden und Mut zuzusprechen, wenn jemand wie Peter immer alles schlecht macht. Dabei ist unser Produkt richtig gut und der Markt für höhenverstellbare Tische mit IT-Anschluss riesig, gerade in der aktuellen Zeit. Wir müssten nur viel schneller sein. Es hilft ja nichts, wenn ich beim Kunden mit meinem Produkt ankomme, wenn der gerade erst in neue Tische investiert hat. Da ist meine Chance vertan.«

Dana nickt und fragt: »Kennen Sie das ADKAR-Modell?«

Stephan schüttelt den Kopf.

»ADKAR ist ein Akronym«, sagt Dana und erklärt ihm die Bedeutung der Buchstaben anhand eines Ausdrucks, den sie hervorholt: »Neben dem Erkennen, dass sich etwas ändern muss, ist also auch

A – *Awareness* – of the need for change
D – *Desire* – to participate and support the change
K – *Knowledge* – on how to change
A – *Ability* – to implement desire skills & behaviors
R – *Reinforcement* – to sustain the change

eine Entscheidung nötig, dass ich etwas ändern möchte«, fährt sie ernst fort. »Desire. Verlangen. Wunsch. Die meisten Unternehmen machen den Fehler, sofort beim Knowledge, dem Wissen einzusteigen und den Mitarbeitern jede Menge Materialien, Argumente und Trainings an die Hand zu geben. Derweil hat sich der Mitarbeiter aber noch gar nicht wirklich dafür entschieden, den neuen Weg gehen zu wollen. Dann verpufft alle Energie.«

Stephan schüttelt ungläubig den Kopf und erwidert: »Ach kommen Sie! Es ist doch allen klar, dass wir nur mit der neuen L-Serie wirklich erfolgreich sein werden. Die Margen für die Standardtische sind mittlerweile viel zu gering, da gibt es viel zu viel Konkurrenz. Geld werden wir nur noch mit Service verdienen und wo kann ich besser Service und Support verkaufen als bei der L-Serie? Wir haben doch auch extra die KPIs angepasst und zahlen jetzt weniger Provision für die M-Serie, wenn kein L verkauft wird!«

»Und wo stehen Ihre Zahlen beim Verkauf der L-Serie?«, erkundigt sich Dana.

»Na ja, könnte besser sein«, muss Stephan zugeben, »aber die Kollegen müssen doch begreifen, dass es nur noch Geld zu verdienen gibt, wenn sie die L-Serie verkaufen! Und Geld ist schließlich das, was Vertriebler wollen!«

»Könnte man meinen … Es gibt aber deutlich mehr Motive als die Bezahlung. Das haben Psychologen schon vor langer Zeit herausgefunden und in verschiedensten Modellen erörtert. Ich habe mich in meiner Arbeit für das folgende Modell entschieden, weil es gut in den Vertriebs- und Führungskontext passt: Es unterscheidet sieben Motive, aus denen heraus Menschen handeln: Sicherheit, Suche nach Neuem, Status beziehungsweise Image, Bequemlichkeit, Gewinn, Wohlfühlen oder Gesundheit, Fürsorge für andere. Wenn Sie herausfinden, warum Ihr Mitarbeiter so handelt, wie er handelt, wird Ihnen die Ansprache und Führung deutlich leichter fallen. Sie dürfen niemals von sich selbst ausgehen und nichts voraussetzen! Jeder Mensch tickt anders.«

Stephan schaut skeptisch. Natürlich weiß er, dass Menschen verschieden sind und individuell geführt werden müssen. Auch unter Vertrieblern gibt es manchmal ganz schön schwierige Charaktere. Aber normalerweise waren Vertriebler doch immer mit Geld zu motivieren. Deswegen sind sie doch im Vertrieb!

Dana scheint seine Gedanken zu erraten und fährt fort: »Wenn immer nur Geld und Status der Nutzen Ihrer Mitarbeiter aus der Zusammenarbeit mit Ihnen ist, dann bräuchten Sie Ihnen nur unbegrenzte Verdienstmöglichkeiten, größere Autos oder neuere Smartphones bieten und schon würde jeder nur noch die L-Serie verkaufen. Aber so einfach ist es nicht! Das häufigste Motiv in Deutschland ist die Sicherheit. Vielleicht hat der Kollege gerade ein Haus gebaut, muss seinen Kredit abbezahlen oder hat Nachwuchs bekommen, dann setzen Sie in der Ansprache an ihn eher darauf, dass mit der L-Serie sein Arbeitsplatz gesichert wird. Oder die Bequemlichkeit: Der Kollege sieht zu viel Aufwand für sich darin, beim Kunden die neuen Themen anzusprechen, und bleibt lieber in seiner Komfortzone. Machen Sie sich mal in einer ruhigen Minute Gedanken, was Ihre Mitarbeiter bewegt und wie Sie das in Ihrer Ansprache auch nutzen können!«

»Wenn Sie meinen, probiere ich das«, brummt Stephan. Insgeheim spürt er, dass durchaus etwas dran ist, an dem, was Frau Bucher sagt. Schließlich hätten sonst alle nur noch die L-Serie verkauft, wenn es allen nur ums Geld gehen würde. »Aber wie?«, fragt er.

»Nehmen Sie sich eine halbe Stunde Zeit und überlegen Sie, was Sie über den Kollegen wissen. Worüber spricht er gern und viel? Wie spricht er? Welche Worte verwendet er dabei mit welcher Begeisterung? Welche Hobbys hat er? Wie ist seine aktuelle Lebenssituation? Sind die Kinder gerade aus dem Haus oder noch klein? Meldet der Kollege sich gern, wenn es neue Aufgaben gibt? Ist er von Routinen eher gelangweilt? Übernimmt er gerne Sonderaufgaben? Dann ist es eher die Suche nach Neuem, die ihn antreibt. Erzählt er viel und gern von seinem neuen Auto oder dem nächsten Urlaub? Strebt er nach einer Machtposition im Unternehmen? Dann können es eher Status und Image sein. Hilft der Kollege gern anderen? Ist er immer für andere da? Dann könnte Fürsorge das Motiv sein. Zwar hat jeder Mensch alle Motive in sich, allerdings sind zwei bis drei davon in bestimmten Lebenssituationen besonders stark ausgeprägt. Die Motive verändern sich in der Regel auch in den unterschiedlichen Lebensphasen. Und sollte Ihnen zu jemandem gar nichts einfallen, dann ist dies ein Grund, mal genauer hinzuschauen. Soll ich Ihnen zu den sieben Motiven mal einen Überblick via Email zusenden?«

»Ja, das wäre nett.« Stephan nickt dankbar und ist gespannt darauf, die Unterlagen durchzuarbeiten.

Zunächst aber vereinbart er mit Dana Bucher, ein gemeinsames Training mit den Vertrieblern zu organisieren, um im Team zu erarbeiten, wie sie die L-Serie erfolgreich verkaufen.

***

Das nächste Teammeeting ist leider wieder zäh. Zwar hält Stephan eine flammende Rede, wie wichtig es ist, die Opportunities im CRM zu pflegen und dass in jedem – wirklich jedem – Kundengespräch die L-Serie angesprochen werden soll, aber er spürt, dass er nicht durchdringt.

Nach dem Meeting bittet er Peter, etwas länger zu bleiben, und fragt ihn, als sie allein sind: »Wie geht es dir, Peter?«

»Na ja, es muss. Herr Meier von der Schwimmbad GmbH wird noch mal zwei Schreibtische ordern und Frau Zwiesel von der Agro AG hat angedeutet, dass sie nächsten Monat ein neues Büro in Neustadt eröffnen, da werde ich bestimmt zehn Tische und zehn Stühle los. Also sehr zufrieden.« Peter lächelt zögernd.

»Aber wie läuft es mit der L-Serie? Hast du Frau Zwiesel mal darauf angesprochen?«

»Ich weiß nicht. Frau Zwiesel hält nicht viel von dem neumodischen Zeug. Sie schimpft schon ständig über ihr Handy. Sie will das bestimmt nicht.«

»Wenn du das sagst. Aber du musst die neue L-Serie verkaufen. Du weißt doch, wenn du deine Ziele nicht erreichst, dann bekommst du nicht deine volle Provision.«

»Ich weiß das und ich empfinde das als riesengroße Frechheit! Nur weil denen da oben nichts anderes einfällt, um Kosten zu kürzen, müssen wir jetzt leiden!« Peter redet sich in Rage.

Stephan geht dazwischen: »Schluss damit. Ich möchte, dass du die L-Serie ansprichst und deine Opptys pflegst. Basta.«

»Okay.« Peter macht keinen überzeugten Eindruck, aber was soll er sagen. Mit kurzem Gruß verlässt er das Büro.

Stephan bleibt bestürzt zurück. Frau Bucher hat recht, bei Peter fehlen das A und das D von ADKAR. Er kehrt geknickt an seinen Schreibtisch zurück und öffnet die Mail von Frau Bucher mit der Präsentation zu den Motiven. Übersichtlich sind mögliche Hinweise auf die Motive, die sprachliche Umsetzung und potenzielle Anreize aufgelistet.

»Das Motiv von Peter scheint eher Bequemlichkeit zu sein. Wobei ...«, fällt Stephan ein, »früher war er doch immer so stolz, am Hundert-Prozent-Klub teilnehmen zu dürfen. Vielleicht kommen auch Status und Image dazu oder eher die Sicherheit? Solange er erfolgreich ist, hat Peter seinen Job sicher. Deswegen will er nicht zu den Schlechten gehören. Ja, das passt!« Schnell macht er sich eine Notiz und nimmt sich vor, diese Übung mit den Motiven und vor allem den Gedanken, wie er diese in seiner Sprache berücksichtigen kann, für all seine Vertriebler zu machen.

Es ist schon spät, ein Blick aus dem Fenster zeigt, dass es anfängt zu dämmern. Stephan wirft noch einen schnellen Blick in seine Emails, bevor er ins Wochenende startet. Da gibt es noch eine erfreuliche Nachricht: Marlene hat ihm ihre Vertriebserfolge aufgelistet. Diese Woche hat jeder Vertriebler von ihr zwei Vororttermine bekommen. *Super, so geht es vorwärts. Jetzt muss nur noch was dabei rauskommen.*

***

Die Woche drauf ist Stephan nicht mehr so optimistisch. Leider ergeben die CRM-Statistiken, dass Marlene zwar gut Vororttermine generiert, aber die Opportunities dann nicht von den Vertrieblern nachgehalten werden. Der Großteil ist wieder überfällig und die Region Baden-Württemberg steht in der Statistik erneut ganz unten. *Verdammt!*
Als Stephan Marlene darauf anspricht, sticht er in ein Wespennest. »Es ist furchtbar. Ich sende jedem eine Email mit den Kundeninhalten und lege die Oppty für den Vertriebler im CRM an. Trotzdem fragen die Kollegen noch zurück, ich soll bitte noch die Adresse und die Telefonnummer raussuchen. Ich bin doch nicht deren Sekretärin! Alles steht im CRM – was ist so schwer, da mal reinzuschauen? Und dann wird nichts gepflegt. Gestern rief mich Herr Schubert von der Weißenbach AG an, ob der Termin am Donnerstag noch steht. Ich habe dem Vertriebler alles vorbereitet, was ist so schwer daran, vorher mal anzurufen und noch mal zu fragen, ob alles klar geht und wie die Erwartungshaltung ist?« Marlene ist sichtlich aufgebracht.

Das hatte Stephan nicht gewollt. Er verspricht Marlene, sich darum zu kümmern. Um sie aufzumuntern, berichtet er ihr von der Idee, zusammen mit Dana Bucher ein Training für alle zu initiieren. Das befriedet Marlene wieder ein wenig. Sie nickt und meint, dass das auf jeden Fall eine gute Idee ist.

Stephan merkt erneut, dass es einige Baustellen in seiner Abteilung gibt, die neue L-Serie deckt diese erst richtig auf. Er muss wirklich näher ran an seine Leute. Frau Bucher wird ihm dabei bestimmt gut helfen können. Jetzt schreibt er erst mal für alle Kollegen und vielleicht auch für Marlene die Motive auf und wie er sie im Gespräch mit dem jeweiligen Kollegen nutzen und ansprechen kann. Wie Frau Bucher ihm erklärt hat, muss er für die jeweiligen Motive auch eine Möglichkeit finden, sie in seiner Sprache und seiner Ansprache zu berücksichtigen. Ihre Präsentation hilft ihm dabei und er macht sich eine Tabelle:

Name	Motive	Wie ansprechbar?
Peter	Status, Sicherheit	Ansprechen, dass die Geschäftsführung es sicher sehr zu schätzen weiß, wenn ein langjähriger, erfahrener Vertriebskollege sogar Erfolge beim aktuellen Produkt hat.
Tim	Gewinn, Status/Image, Suche nach Neuem	Ansprechen, dass er so innovativ ist und es sicher ein Spaß für ihn ist, den Kunden modern zu machen.
Marlene	Sicherheit, Fürsorge für andere, Wohlfühlen	Motivieren, indem ich auf ihre Fürsorge für andere eingehe. Sie sorgt dafür, dass die Kollegen Termine bekommen und dadurch viel motivierter sind als früher.

Das gute Gelingen ist zwar nichts Kleines, fängt aber mit Kleinigkeiten an

Endlich ist der Tag des Trainings gekommen. Zwei Tage hat Dana nun Zeit, um das Team von sich und ihrer Vertriebsmethodik zu überzeugen. Sie fühlt sich gut und sicher in ihrer lockeren Jeans und der hübschen Bluse.

Als sie den Meetingraum betritt, ist dieser noch komplett leer. Die grauen Stühle an dem großen Tisch wirken merkwürdig traurig, aber davon lässt sich Dana nicht beeinflussen, erst recht nicht entmutigen. Sie liebt ihren Job und weiß, dass zumindest Marlene auf ihrer Seite sein wird. Natürlich war der 40-Jährigen bewusst, dass die nun kommenden Vertriebler ihrem Training skeptisch gegenüberstehen werden, aber sie ist sich sicher, dass sie dies schnell wird ändern können.

Da kommt auch schon Marlene und Dana begrüßte sie herzlich. Danach entfernte sie das beschriebene Blatt des letzten Meetings vom Flipchart. Das nun frische Papier wirkt äußerst erwartungsfroh, ganz im Gegensatz zu Peter, der gerade den Raum betritt. Seine Miene zeigt Genervtheit. Dana kann seine Gedanken förmlich hören: *Was tue ich denn hier? Ich bin jetzt seit fast zehn Jahren im Unternehmen und im Außendienst. Meine Zahlen stimmen immer. Man muss doch kein funktionierendes System umwerfen! Also wirklich, das ist reine Zeitverschwendung!*

»Hallo Herr Schmidt, schön Sie kennenzulernen!«, begrüßt Dana ihn möglichst freundlich. »Wie geht es Ihren Kaninchen? Ich habe gehört, Sie sind ein Hobby-Züchter?«

»Ähm, guten Tag.« Sie hat ihn sichtlich aus dem Konzept gebracht. »Ähm, ja, ich züchte Kaninchen.« Er räuspert sich verlegen. Sein Blick fährt automatisch verstohlen zu Marlene, als würde er eine Schuldige suchen.

»Ein sehr interessantes Hobby. Meine Oma hatte auch Kaninchen, aber keine Zucht. Ich habe gehört, Sie sind schon sehr lange bei der Firma WOBB und im Vertrieb. Ich freue mich auf Ihre Beiträge und hoffe, wir werden heute sehr produktiv sein.« Dana setzt ihr Servicelächeln auf. Sie weiß, nun hat sie einen Stein im Brett – ein wichtiger Schritt in die richtige Richtung.

Dana begrüßt Tim, Stephan und die anderen Teilnehmer, die nach und nach auftauchen, ebenfalls mit Handschlag, Namen und konkreten Details. Während sie dies tut, bemerkt sie, dass Peter sich mit Marlene unterhält. Diese schüttelt gerade lächelnd den Kopf. Vermutlich hatte er sie gefragt, ob sie Dana von der Kaninchenzucht erzählt habe. – Hat sie nicht. Dana hat sich selbst informiert. Mit einer guten Vorbereitung auf die Teilnehmer ist die halbe Miete schon drin.

Sie startet das Training mit der Agenda und dem Aufnehmen der Erwartungshaltungen. Sie einigen sich schnell auf die Du-Form.

Bei den meisten ist die Erwartungshaltung eher gering: Vertriebs-Know-how wiederholen, die Alleinstellungsmerkmale der L-Serie erarbeiten, besser die Bedarfe der Kunden abholen, neue Kunden überzeugen und so weiter. Trotzdem fragt Dana jeden Einzelnen und bohrt auch immer wieder nach, ob noch mehr zu sagen ist.

Als alle dran waren und die Erwartungshaltung abgestimmt ist, fragt Dana in die Runde: »Habt ihr gemerkt, wie ich vorgegangen bin? Wie habe ich den Respekt von euch bekommen?«

Die Teilnehmer schauen sie mit einer Mischung aus Belustigung, Erstaunen und Langeweile an.

Da keiner etwas sagt, fängt Dana selbst an aufzuzählen und notiert die Punkte auf dem Flipchart unter der Überschrift: *Vertrauen im Kundentermin aufbauen.* »Erstens: Ich habe mich vorbereitet, kannte eure Namen und auch ein, zwei Details aus euren Social-Media-Profilen. Zweitens: Ich habe euch ordentlich begrüßt – mit

Handschlag, Lächeln und eurem Namen. Drittens: Ich habe die Erwartung proaktiv geklärt. Nur wenn ich die Erwartungshaltung der Teilnehmer kenne, kann ich den Termin auch professionell gestalten. Diese könnt ihr auch vorher per Telefon oder Email erfragen. In unserem Fall habe ich die Erwartungshaltung hier live abgefragt. Wie habe ich das genau getan?«, versucht sie die Gruppe zu aktivieren.

Marlene meldet sich: »Du hast immer wieder nachgefragt, ob es noch weiteres gibt.«

»Genau. Erneutes nachfragen: Was noch? Gibt es noch mehr? Noch weiteres? Dabei ist vor allem auch wichtig, jeden einzelnen mitzunehmen. Jeder ist wichtig! Auch wenn es sich wiederholt, denn jeder Ansprechpartner hat seine eigenen Worte, seinen eigenen Trigger! Was habe ich noch gemacht?« Dana schaut Tim an.

Tim räuspert sich und meint: »Du hast uns gelobt für unsere Punkte.«

»Ganz genau. Super. Vielen Dank. Wenn der Kunde etwas sagt, dann lobt ihn! – Super! Wichtiger Punkt! Sehr gutes Argument! Gute Frage! Was ist der Grund dafür, dass das dem Gespräch guttut? Der Kunde lehnt sich entspannt zurück, muss sich nicht rechtfertigen und das Gespräch bleibt in einer guten Atmosphäre. Ist noch jemandem etwas aufgefallen?«

Alle schütteln den Kopf und Dana wiederholt noch mal, indem sie mit ihren Fingern mitzählt: »Also zusammengefasst: Ich habe mich vorbereitet, ich habe euch bewusst begrüßt, ich habe von jedem einzelnen die Erwartungshaltung abgeholt und ich habe viertens ein Commitment gegeben. Ich habe Dinge gesagt wie: *Wenn ich diese Erwartung heute im Meeting erfülle, dann ...* Aber ich habe auch Dinge eingeschränkt und klargestellt, dass ich kein Experte für die L-Serie bin und euch auch keine ausführliche technische Einführung bieten kann. Aber ich verspreche, dass wir zusammen die USPs, die

Alleinstellungsmerkmale erarbeiten werden. Das Ganze habe ich, fünftens, mitgeschrieben. Schreibt mit, wenn der Kunde euch etwas erzählt! Das zeigt Interesse und zeugt von Aufmerksamkeit. Das könnt ihr auch im Telefonat tun. Sagt Sätze wie: *Nicht so schnell, ich schreibe das für uns mit ...* Das schafft Respekt und damit die Basis für Vertrauen. Und zuletzt habe ich, Punkt sechs, eure Statements mit den Begriffen und eurer Sprache wiederholt. Und hier meine ich wirklich wiederholen, nicht interpretieren, nicht lösen. Benutzt die Worte des Kunden, notiert diese, ohne zu drehen oder zu übersetzen. Mit diesem strukturierten Vorgehen wird es euch viel leichter fallen, den Zugang zum Kunden im Meeting zu finden.«

Auf dem Flipchart stehen jetzt sechs Punkte und die Gruppe schaut schon etwas interessierter drein.
Eine Kollegin meldet sich zögerlich: »Darf ich kurz was anmerken? Ich schreibe meinen Kunden immer eine Agenda. Das hilft auch.«
»Ein absolut wichtiger Punkt. Wie genau schaut deine Agenda aus?«
Die etwas nervös wirkende 30-Jährige kramt in ihrer Tasche und fördert ihr Tablet hervor: »Ich habe die hier stehen. Moment ...« Sie räuspert sich, während sie fahrig auf dem Bildschirm herum wischt. Im Raum herrscht unangenehme Stille und alle sind froh, als sie endlich startet. »Agenda«, liest sie vor, »erstens Begrüßung und Erwartungen. Zweitens Unternehmenspräsentation Kunde inklusive Ist-Analyse Kunde. Drittens Präsentation WOBB GmbH. Viertens Klärung der Zusammenarbeit. Fünftens offene Punkte.«
Dana lächelt zuversichtlich, um der schüchternen Dame ein wenig Selbstvertrauen zu vermitteln: »Sehr gut. Mir gefällt Punkt zwei. Hier hast du explizit als Agendapunkt geschrieben, dass du den Kunden und seinen Bedarf zuerst kennenlernen möchtest. Wenn sich dann dein Punkt drei, die Präsentation der WOBB GmbH, auch wirklich auf diese Ist-Analyse bezieht, dann ist alles fein. Diese Agenda kannst du gerne so verwenden.«
Deutlich erleichtert lehnt sich die Kollegin zurück und streicht durch ihre Locken, ein schüchternes stolzes Lächeln auf den Lippen.

Nach einer kurzen Pause geht das Meeting mit einer beispielhaften Ist-Analyse weiter. »Wie geht ihr aktuell in euren Vororttermin vor? Was erzählt ihr?«
Alle Beiträge der Vertriebler konzentrieren sich fast ausschließlich auf die Präsentation ihrer Argumente. Dana merkt, dass die Kollegen viel zu schnell ins Thema einsteigen. Daher entschließt sie sich, einen theoretischen Teil einzuschieben und noch mal explizit auf

die einzelnen Phasen in einem Kundengespräch einzugehen. Sie öffnet ihre Präsentation zu den Vertriebsphasen, startet den Beamer und die Gesprächsphasen stehen groß auf der tristen Bürowand:

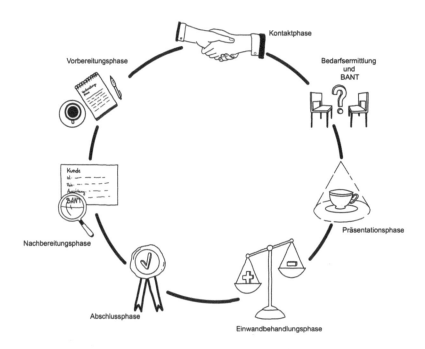

»Ein Kundengespräch durchläuft immer diese sieben Phasen.« Dana deutet mit dem Laserpointer auf ein Bild mit einem Notizblock. »Für eine gute Kontaktphase ist es wichtig, dass ihr euch *vor* dem Termin vorbereitet.«, erklärt sie. »Sammelt Informationen zu dem Unternehmen und zu euren Ansprechpartnern. Verblüfft eurer Gegenüber, so wie ich es vorhin bei euch getan habe. Außerdem solltet ihr ein Ziel vorbereiten: Was wollt ihr mit dem Gespräch erreichen? Die strategischen Pläne eures Kunden erfahren oder mit einem ausgefüllten Bestellschein nach Hause gehen? Ein Ziel sollte immer SMART sein. Weiß jemand, was sich hinter der Abkürzung SMART verbirgt?«

Marlene meldet sich pflichtbewusst: »SMART bedeutet: spezifisch, messbar, attraktiv, realistisch und mit einem Zeitpunkt versehen.« Sie freut sich, etwas beitragen zu können.

»Exakt. Danke schön«, jubelt Dana und fährt fort: »Kein Ziel ist es, wenn ihr euch vornehmt, dass der Kunde euch hinterher gut findet. Das ist nämlich nicht messbar. Ihr geht raus und denkt: Der Kunde hat mich richtig gut gefunden. Der Kunde verabschiedet euch und denkt: Hoffentlich sehe ich den nie wieder! Deswegen nehmt euch die Zeit, überlegt ein Ziel und bereitet euch vor. Was ist die nächste Phase?«

»Kontaktphase!«, ruft jemand rein.

»Genau, Danke. Und was passiert da?«

»Na die Begrüßung, ein bisschen Small Talk.«

»Super. Der Termin startet mit der Begrüßung. Der Kunde muss im Gespräch ankommen. Ein bisschen Small Talk erleichtert in der Regel den Beziehungsaufbau. Gegebenenfalls kommt es zu einer Begrüßungsrunde, die dann auch einen kurzen Elevator-Pitch [8] von euch beinhaltet, warum ihr da seid beziehungsweise was die WOBB ausmacht. Ich verwende hier gern die Formulierung: *Ich bin verantwortlich*. Habt ihr eine Idee, warum das sinnvoll ist?«

Die Gruppe schaut etwas verständnislos, manche schütteln den Kopf, andere musterten erstaunlich interessiert Boden und Möbel, um bloß nichts sagen zu müssen.

Dana gibt die Antwort selbst: »*Ich bin verantwortlich für* animiert zumeist auch meinen Ansprechpartner beim Kunden, über seinen eigenen Verantwortungsbereich zu sprechen. Dadurch erhalte ich wertvolle Informationen, wer weshalb dabei ist. Ein kleiner, aber wirksamer Trick!«

---

[8] Elevator Pitch (auch *Elevator Speech* oder *Elevator Statement*): ist eine Kurzrede, Kurzpräsentation oder prägnante Zusammenfassung einer Idee oder der eigenen Person, die neugierig macht und im Gedächtnis bleibt. Ziel ist, sein Gegenüber dabei in rund 30–60 Sekunden zu begeistern, zu überzeugen oder etwas zu verkaufen.

Dana schreibt die Phrase groß an das Flipchart, einige der Anwesenden machen sich Notizen.
»Habt ihr dazu Fragen?«
Allgemeines Kopfschütteln.
»Okay, damit sind wir schon in der dritten Phase: der Bedarfsermittlung. Diese ist eine sehr, sehr wichtige Phase und ich habe sie gerade bei euren Erläuterungen vermisst. Die Bedarfsermittlung ist wichtig, um den Nutzen für eure Kunden auch darstellen zu können. Wenn ihr nicht wisst, wofür der Kunde eure Produkte oder eure Dienstleistungen braucht, könnt ihr nur mit Funktionen, mit Features argumentieren, aber nicht den Nutzen für den Kunden darstellen.«
Wieder hält Dana inne und schaut in die Gesichter. Jetzt hören alle aufmerksam zu. Zwar kann sie wahrnehmen, dass die meisten die Phasen schon mal gehört haben und dass Begriffe wie *Nutzen* nicht neu sind, aber erst jetzt scheinen die Teilnehmer wirklich im Thema zu sein.
Um sie noch mehr zur Mitarbeit anzuregen, schiebt sie ein Beispiel hinterher: »Jeder von uns fährt ein anderes Auto. – Warum eigentlich? Ist es nicht immer dasselbe? Ein Auto ist dafür da, uns von A nach B zu bringen. Und doch kauft jeder ein Auto nach seinen individuellen Bedürfnissen und Vorlieben. Der eine braucht Platz für Sportausrüstung, der andere will schnell fahren, der Dritte braucht ein kleines Fahrzeug, um gut einparken zu können. Dennoch hat ein Auto doch immer denselben Zweck: es bringt uns von A nach B. Stellt euch vor, ihr seid der Autoverkäufer oder die Autoverkäuferin. Was fragt ihr eure Kunden, um wirklich das passende Auto anbieten zu können?«
Sofort wirft Tim eine Frage in den Raum: »Welche besonderen Anforderungen haben Sie an Ihren Traumwagen?« Er grinst selbstzufrieden.

Ein Kollege ergänzt: »Welche Hobbys haben Sie?«
»Haben Sie Familie oder Freunde? Wer fährt manchmal hinten mit?«
»Ausgezeichnet!«, lobt Dana. »Das ist die Bedarfsanalyse. Die Fragen führen uns zum Nutzen des Kunden. Wichtig ist, dass dieser Nutzen vom Kunden selbst kommt. Nur er kann euch diesen mitteilen. Zudem sollte er im Businesskontext stehen, daher unmittelbar mit dem Unternehmen zusammenhängen, also schneller produzieren oder weniger Bürofläche mieten müssen ... in diese Richtung. Okay? Jetzt habt ihr euch erst einmal die Mittagspause verdient und danach erarbeiten wir offene Fragen in der Bedarfsanalyse für euren Alltag.«

In der Mittagspause sitzen alle an einem Tisch. Es gibt belegte Brötchen und kleine Salate. Die Gespräche sind angeregt. Dana spürt eine gute Energie im Raum. Sie hat es geschafft. Eigentlich sitzt nur Peter mit verkniffener Miene da.

Nach der Pause teilt Dana die Kollegen in Dreiergruppen ein und lässt sie offene Fragen für ihre Kundengespräche erarbeiten.
Die Gruppe mit Marlene profitiert sehr von ihren bisherigen Erfahrungen. Sie hat in der Telefonakquise bereits die eine oder andere Frage testen können und so entsteht ein sehr guter Fragebogen. Peter dagegen, der zufällig in derselben Gruppe wie Marlene ist, ist genervt. Aus seiner Sicht tut sich Marlene durch ihr Engagement bei der Gruppenarbeit als Streberin hervor und obwohl er es nicht will, schießen ihm Gedanken durch den Kopf, wie: *Dabei bin ich es doch, der die meiste Erfahrung besitzt! Jetzt schreibt der Innendienst dem Außendienst schon vor, wie dieser vorzugehen hat! Schließlich ist doch der Außendienst die Königsdisziplin!* Frustriert schaut er den anderen beim Arbeiten zu und ärgert sich.

Dana ist zufrieden mit der Arbeit der einzelnen Gruppen. Anschließend tragen sie die Ergebnisse zusammen, überarbeiten und systematisieren diese.

Dann meldet sich Tim: »Ich habe in einem anderen Vertriebstraining mal die drei Säulen der Kundenprofilierung gelernt: Basis, Strategie, Prozess. Treffen die zu?«

Dana nickt begeistert. Sie freut sich über Tims Engagement.

Glücklich über den Zuspruch fährt der junge Mann fort: »Ich habe mir dazu auch ein paar Fragen notiert. Wenn ihr wollt, leite ich euch die gern mal weiter.«

»Oh ja!« Die Kollegen sind interessiert.

»Sehr gute Idee! Dann habt ihr gleich eine sinnvolle Struktur für die von euch erarbeiteten Fragen«, stimmt auch Dana zu und schränkt zugleich ein: »Es ist aber wichtig, dass jeder seinen eigenen Fragestil findet. Daher tut mir alle den Gefallen und verwendet die Fragen aus unserem Training oder die von Tim nicht eins zu eins, sondern formuliert sie auf eure eigene Art um. Damit es auch nach euch klingt. Und denkt daran: W-Fragen, also offene Fragen, keine geschlossenen!« Dana lässt ihre Worte etwas wirken.

Das allgemeine Nicken zeigt, dass das Thema angekommen ist.

»Danach folgen die BANT-Kriterien, die noch zur Bedarfsanalyse gehören. Wer hat schon mal etwas von den BANT-Kriterien gehört?«

Die Gruppe nennt nacheinander B für Budget, A für Authority, N für Need und T für Time.

Natürlich, es sind alles keine Anfänger. Witzig, dass alle diese Punkte kennen, aber kaum einer sie in der Praxis zu nutzen scheint, denkt Dana und formuliert laut: »Die Antworten auf die BANT-Kriterien machen euren Lead erst zur wirklichen Opportunity. Es sind die Antworten zu Fragen wie: *Was für ein Projekt haben Sie in diesem Bereich geplant? Wer sind die Entscheider beziehungsweise welche Rolle haben Sie bei diesem Projekt? Wie genau gestaltet sich der*

Entscheidungsprozess? Welches Budget ist geplant beziehungsweise welchen Status hat die Budgetplanungen? In welchem Zeitraum wird das Projekt durchgeführt? Was würde passieren, wenn sich das Projekt verschiebt? Nur wenn ihr Antworten auf die BANT-Kriterien habt, könnt ihr auch eure Verkaufschance objektiv einschätzen.«

Dieser Punkt scheint unstrittig zu sein. Alle schauen sie weiter erwartungsvoll an. An der Wand prangt immer noch der große Kreis mit den Gesprächsphasen.

Dana fährt fort: »Erst dann folgt die Präsentationsphase. In dieser zeigt ihr die Lösung auf, und zwar, ganz wichtig: abgestimmt auf die Antworten des Kunden! Den individuellen Nutzen für den Kunden herauszustellen, das ist die Kunst einer Präsentation! *Das bedeutet für Sie* ist hier eine schöne und wertvolle Formulierung.« Sie schreibt den Satzanfang unter die vorherige Phrase aufs Flipchart. »Ändert euren Bezugspunkt in der Sprache! Statt euch selbst zum Subjekt zu machen, indem ihr Sätze sagt wie *Ich erzähle Ihnen einfach mal, was unser Unternehmen alles kann*, verwendet lieber Formulierungen, die den Kunden in den Mittelpunkt rücken. Zum Beispiel: *Was wünschen Sie sich von unserem Unternehmen?* So fühlen sich eure Gesprächspartner gehört und eingebunden, was wiederum deren Gesprächsbereitschaft steigert.«

Dana blickt in die Runde und sieht, dass einige mitschreiben. Das freut sie. Also wartet sie ein paar Sekunden und setzt dann neu an: »Vorsicht auch mit Fachbegriffen. Wenn ihr Fachbegriffe benutzt, dann benutzt die des Kunden – die Sprache des Kunden ist die richtige – nicht eure!« Dana grinst und schaut erneut in die Runde. Ja, einige fühlen sich ertappt.

Sie zählt weitere mögliche Ansprachen auf: *Das bedeutet für Sie ... Sie profitieren davon ... Sie können dadurch ... Sie sparen dadurch ... Ihre Mitarbeiter werden entlastet ... Sie müssen sich nicht umgewöhnen ...*

Die meisten der Teilnehmer schreiben die Sätze fleißig mit.

»Das Ziel ist, dass der Kunde keinen Bedarf an weiteren Argumenten hat, da er seinen Nutzen klar sieht.« Dana hebt zählend die Finger ihrer rechten Hand in die Höhe. »Erstens habt ihr den Kunden dazu gebracht, seinen Nutzen selbst zu formulieren, und zweitens habt ihr zusammen einen unmittelbaren Effekt auf sein Business erarbeitet. Wenn der Kunde euch von den steigenden Mieten erzählt hat, dann ist ein Effekt auf das Business eures Kunden bei der L-Serie zum Beispiel, dass er weniger Arbeitsplätze einrichten muss, da er ja Shared Desk umsetzen kann und damit Bürofläche sowie seine Mietkosten reduzieren kann. Aber es ist kein Nutzen, wenn ihr formuliert: *Das bedeutet für Sie, dass Sie die Tische flexibel hoch- und runterfahren können!*«, endet Dana und verstärkt noch einmal: »Der Kunde formuliert den Nutzen selbst und der Nutzen steht im Businesskontext des Kunden – das ist entscheidend!«
Nach diesem starken Statement beendet Dana den Tag mit einer Feedbackrunde.

***

Stephan hatte sein Team gestern noch zum Essen eingeladen. Im Großen und Ganzen war der Abend sehr vergnüglich. Alle waren der Einladung gefolgt und schnell in Gespräche vertieft. Als Peter und Tim dann in eine heftige Diskussion darüber gerieten, wie viel und in welchen Situationen man einem Kunden kostenfreie Services zugestehen darf, stand Marlene auf und schloss sich einem Kreis von Kollegen an der Bar an. Sie hatte diese Diskussionen so satt! Kurz darauf gesellte sich auch Tim in die Runde: »Ich kann dieses Gemeckere von Peter nicht mehr aushalten. Es zieht so viel Energie!«, stöhnte er. »Was macht ihr so Schönes?« Die Stimmung hellte sich wieder auf und der Abend flog nur so vorbei.

Jetzt sitzen alle wieder gespannt im Schulungsraum und nachdem sie das Gelernte von gestern nochmal rekapituliert haben, führt Dana die Vertriebsphasen aus dem Kreis vom Vortag noch zum Abschluss. »Nach der Präsentation geht es üblicherweise in die Einwandbehandlung. Was ist noch mal der Unterschied zwischen Vorwand und Einwand?«

Das ist Marlenes Chance. Eloquent erläutert sie, was sie bereits gelernt hat: »Vorwand bedeutet, dass der Kunden nicht will. Einwand bedeutet dagegen, es gibt Hindernisse, die aus dem Weg geräumt werden wollen. Beides kann durch Fragen ermittelt werden.«

Dana ist sehr zufrieden mit Marlenes Ausführungen und schreibt die wichtigsten Punkte direkt aufs Flipchart.

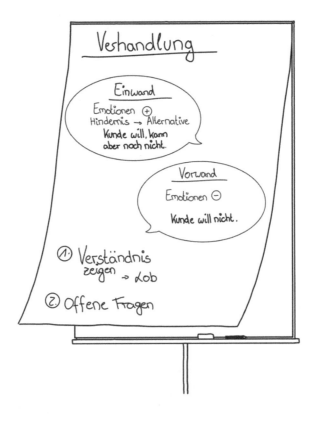

»Danke, Marlene! Ihr kennt das, niemand mag es, Nein sagen zu müssen, daher weichen wir gern in Vorwände aus. Für uns als Vertriebler ist es dann sehr schwierig, zu unterscheiden, ob es sich um einen Einwand oder einen Vorwand handelt. Welche Möglichkeiten haben wir?«

Die Dreißigjährige, die sich schon gestern eingebracht hatte, ruft laut: »Hinterfragen!«

»Exakt. Durch Hinterfragen. Es hilft nicht, einfach dagegen zu argumentieren, denn Druck erzeugt immer Gegendruck. Hinterfragt. Bringt ein Empathiestatement und stellt dann eine offene Frage. Hat mal jemand einen schönen Einwand?«

»Ich habe kein Budget!«, fällt der Kollegin sofort ein.

»Vielen Dank für die offenen Worte. Ich kann gut verstehen, dass Ihr Unternehmen in der aktuellen Situation besonders auf das Budget achtet. Wie gestaltet sich Ihre Budgetplanung?«, pariert Dana. »Noch ein Beispiel?«, fragt sie in die Runde.

Ein Kollege meint: »Ich kaufe nur bei ortsansässigen Partnern hier in der Nähe.«

Dana reagiert wieder wie in einem realen Kundengespräch: »Wir wollen Ihren Partner nicht verdrängen. Was genau macht Ihr Partner für Sie?«

Die Gruppe ist beeindruckt.

Dana fährt fort: »Erst wenn ihr den Einwand richtig verstanden habt, könnt ihr eine der folgenden Methoden zur Einwandbehandlung nutzen: die BLN-Methode oder die Angenommenen-Technik. Wer hat schon mal davon gehört?«

Ein älterer Kollege meldet sich. Dana lächelt und nickt ihm zu.

Der Kollege streicht über seinen Bart und sagt dann: »Mal angenommen, wir haben eine bestimmte Spezialisierung, die Ihr Partner nicht hat, geben Sie mir dann die Möglichkeit mit Ihnen die Zusammenarbeit zu prüfen?«

Dana nickt begeistert: »Ja, genau! Schönes Beispiel für die Angenommenen-Technik. Diese Frage fördert eine klare Verbindlichkeit, weil der Kunde nur Ja oder Nein antworten kann. Ihr wisst nach der Antwort genau, woran ihr seid. Lieber ein klares Nein als ein ständiges Vielleicht. Ein weiteres typisches Beispiel ist, dass euer Kunde noch einmal zwei Prozent Rabatt auf euer Angebot haben möchte. Wie könntet ihr mit der Angenommenen-Technik reagieren?«

Die Dreißigjährige schlägt vor: »Angenommen ich überarbeitete das Angebot, kann ich dann mit einer Bestellung rechnen?« Sie taut mehr und mehr auf.

»Super. Kannst du noch einen Zeitraum einbauen, um es noch verbindlicher zu machen?«

»Angenommen ich rede noch einmal mit unserem Lieferanten und kalkuliere Ihr Angebot bis morgen Vormittag zehn Uhr neu, bestellen Sie dann bis zwölf Uhr morgen Mittag?«

»Super! Denkt immer daran: Wenn Ihr etwas für den Kunden tut, kostet es eure Zeit oder die Zeit von Kollegen. In diesem Zusammenhang hilft euch die Angenommen-Methode, um zu prüfen, ob sich euer Zeitinvestment auch wirklich lohnt. Sagt der Kunde jetzt Nein, hätte er vermutlich auch zu einem späteren Zeitpunkt euer Angebot ausgeschlagen. Kann uns auch jemand die BLN-Technik zur Einwandbehandlung beschreiben?«

Keiner meldet sich.

»Nicht schlimm.« Dana lächelt und erklärt: »BLN steht für Bedarf, Lösung, Nutzen. Es wird auch das Wenn-dann-das-bedeutet-für-Sie-Werkzeug genannt.« Sie beginnt auf das Flipchart zu schreiben, während sie weiterspricht. »Euer Kunde hat im Gespräch mitgeteilt, dass seine Mitarbeiter extrem überlastet sind und er gerade keine Zeit für die Einführung eines neuen Produktes hat, obwohl er sich bewusst ist, dass es sinnvoll wäre. Mit diesen Informationen wendet Ihr das BLN-Werkzeug wie folgt an: Der Bedarf: Die Einführung unseres Produktes. Die Lösung lautet also: *Wenn Sie unser Produkt einführen möchten, dann nutzen Sie unsere zusätzlichen Services beziehungsweise unsere Projektabteilung, die Sie bei der Einführung des Produktes begleiten wird.* Dann kommt der Nutzen für den Kunden: *Das bedeutet für Sie, dass Sie von den Vorteilen der Einführung direkt profitieren können, ohne Mehraufwand für Ihre Kollegen. Und darüber hinaus werden die Kollegen entlastet, weil die Handhabung dann einfacher ist.* Durch die Struktur gelingt es euch, den Bedarf zu adressieren und auch den verstandenen Kundennutzen noch mal zu wiederholen.«

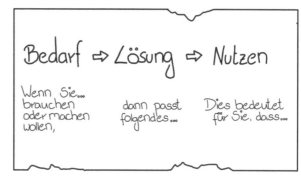

Dana schaut in die Runde. Sie ist sich bewusst, dass man dieses Vorgehen üben muss. Leider hat sie jetzt keine Zeit dafür, wenn sie alle Phasen noch abschließen, auf Annahmen eingehen und auch noch das Versprechen mit den USP der L-Serie einhalten möchte. Daher entschließt sie sich weiterzumachen und geht auf die nächste und sechste Phase, den Abschluss ein. Sie betont, wie wichtig eine klare Vereinbarung am Ende des Gesprächs ist und dass da eher geschlossene Fragen gestellt werden: »Macht den Sack zu! Klarheit und Verbindlichkeit sind hier angesagt. Eine Zusammenfassung leitet den Abschluss ein, eine klare Vereinbarung: Was macht wer bis wann? Und gebt dem Kunden Hausaufgaben! Dadurch entsteht noch mehr Aufmerksamkeit bei eurem Gegenüber und in der Regel wird er diese auch abarbeiten. Der Mensch neigt dazu, klare Anweisungen auch auszuführen. Passt das für euch?«

Alle nicken und daher geht Dana gleich in die Erläuterung der

nächsten Phase über: »In der Nachbereitung nehmt ihr euch bitte Zeit für die Reflexion und Dokumentation. Was habe ich erfahren? Kenne ich alle BANT-Kriterien? Habe ich den Nutzen für den Kunden sauber herausgestellt? Wen informiere ich worüber? Was sollte unbedingt im Angebot beziehungsweise in meiner Email an den Kunden stehen? Damit schließt sich der Kreis. Mit der Nachbereitung notiert ihr gegebenenfalls auch bereits Punkte zur Vorbereitung für das nächste Gespräch mit dem Kunden im CRM.«
Wieder schweift Danas Blick durch die Runde. Obwohl es kurz vor dem Mittagessen ist, sitzen die meisten noch ganz aufmerksam da und machen sich Notizen. Sie haben sich alle die Pause verdient.

In der Pause nehmen sich Stephan und Dana Zeit für eine kurze Auswertung unter vier Augen. Stephan ist bisher sehr zufrieden, drückt aber seine Verwunderung aus, dass zwar die Theorie sitzt, aber die Praxis doch zu wünschen übrig lässt.
»Ja, leider ist es gar nicht so einfach, das Gelernte auch anzuwenden und zu verstetigen. Wir sollten die Kollegen vor Ort im Kundengespräch erleben, um dann individuell an den Stärken und Potenzialen jedes Einzelnen zu arbeiten.«
Die Idee findet Stephan stark und zögert keine Sekunde, die Umsetzung zu versprechen. Sein Instinkt sagt ihm, dass Dana die Akzeptanz hat, die Kollegen zu coachen. Das wird er heute zum Abschluss gleich verkünden.

Mit einem lauten Ratschen entfernt Dana nach der Pause das beschriebene Blatt vom Flipchart. Das Geräusch reißt die meisten aus ihren Gedanken.
»Ich weiß, es ist jetzt nach dem Mittag etwas anstrengend, aber ich möchte gern noch einen wichtigen Punkt ansprechen, den ihr bestimmt auch schon gehört habt: Annahmen!«

Wieder geht ein bestätigendes Murmeln durch den Raum.
»Annahmen sind immer schlecht! Ich kann es gar nicht oft genug wiederholen. Annahmen verändern eure Wahrnehmung. Die Wahrnehmung wiederum beeinflusst euer Verhalten genauso wie auch die Aktionen des Gegenübers.«
Sie malt den Wirkungskreis ans Flipchart.

»Wenn ihr also in das Gespräch geht, mit der Annahme, der Kunde ist so altbacken, der würde niemals Shared Desk einführen, dann werdet ihr genauso agieren und schließlich auch kein Shared Desk verkaufen. Ihr vergebt euch von vornherein die Chance. Leider passieren Annahmen ganz leicht. Ihr müsst euch daher diesen Wirkungskreis immer wieder bewusst machen und Annahmen durch konsequentes Hinterfragen validieren: Wo habe ich meinen blinden Fleck? Was hat der Kunde wirklich gesagt und was habe ich dazu nur angenommen? Habe ich den Kunden auf diesen Schmerz gelenkt und er hat nur zugestimmt oder hat der Kunde diesen von alleine geschildert? Deswegen ist es so wichtig, immer wieder zu hinterfragen: Sieht der Kunde das wirklich so oder habe ich das nur angenommen?«

Ein Grummeln geht durch die Reihen. Anscheinend können einige etwas mit dem Gesagten anfangen.

Die Dreißigjährige meldet sich und ergänzt: »Oft geht es ja auch um Begriffe, ob wir und der Kunde wirklich das Gleiche meinen.«

Dana nickt. »Über Klärungsfragen habt ihr die Chance, sicherzustellen, dass ihr ein gemeinsames Verständnis mit dem Kunden habt. Zum Beispiel: *Was meinen Sie genau, wenn Sie von Shared Desk Lösungen sprechen?* Oder: *New Work ist ein sehr generischer Begriff. Was konkret verstehen Sie im Kontext unseres Lösungsvorschlages darunter?* Es kommt verdammt häufig vor, dass man denkt, man spricht über dasselbe, aber eigentlich spricht man komplett aneinander vorbei.«

Wieder gibt es ein zustimmendes Murmeln.

Dana freut sich. »Jetzt habe ich unglaublich viel geredet und euch hoffentlich nicht gelangweilt.« Dana hält inne und schaut in die Runde.

Alle machen einen munteren, interessierten Eindruck. Sogar Peter hört zu und schreibt mit.

»Um euch wieder etwas aufzulockern, möchte ich jetzt gern mit euch eine Übung zum empathischen Zuhören machen. Wir haben gerade viel darüber gesprochen, wie wichtig es ist, sich erst ein Bild vom Kunden zu machen. Welche Themen bewegen meinen Kunden momentan besonders? Was sind die wichtigsten Ziele meines Kunden? Es geht also darum, das ganze, das umfassende Bild des Kunden zu sehen. Keine Annahmen zu treffen, sondern Fragen zu stellen! – Fragen, Fragen, Fragen und dann bitte auch wirklich zuzuhören, wenn die Antworten kommen! Viele denken es reicht, wenn man lächelt und immer mal nickt. Aber das ist es nicht. Empathisches Zuhören bedeutet, dass ich meinem Gegenüber zuhöre *und ihm meine Wahrnehmung mitteile. Ich spreche sie aus!* Dadurch erreichen wir eine Win-win-Situation und schützen uns davor, annahmebasierte Vermutungen zu treffen. Beispiel: *Ich sehe, Sie schmunzeln bei der Schilderung der Diskussionen Ihres Projektteams für den Umbau. Was genau steckt dahinter?* Dazu ist es erforderlich, wirklich aufmerksam zu sein, zuzuhören und eure Wahrnehmung des gesamten Menschen, also Sprache, Mimik, Gestik, Körperhaltung, dann auch zusammenzufassen und wiederzugeben. Lasst uns bitte folgende Übung machen: Ihr sucht euch einen Partner und dann sprecht ihr über ein Thema, bei dem ihr beide unterschiedlicher Meinung seid, zum Beispiel Tempolimit ja oder nein, Vegetarismus oder nicht ... Sucht euch was Passendes aus.«

Sofort beginnen die Anwesenden sich im Raum umzuschauen und Blickkontakt mit den ihnen sympathischsten Kollegen aufzunehmen. Peter starrt geknickt und mürrisch auf den Boden und bildet schließlich mit einem älteren Kollegen ein Übungspaar.

Als sich alle gefunden haben, fährt Dana mit der Übungsanleitung fort: »Einer von euch beginnt und erläutert seinen Standpunkt. Bevor der Zweite nun ein Gegenargument bringt, wiederholt er bitte die Argumente des Ersten in seinen eigenen Worten und berücksichtigt dabei, wie er sein Gegenüber dabei wahrgenommen hat. Zum Beispiel: *Ich spüre, wie du ganz ungeduldig wirst, wenn du daran denkst, dass du mit hundertdreißig auf der Autobahn fahren musst und deine Familie daheim auf dich wartet.* Oder: *Dir ist es wirklich wichtig, dass du so schnell wie möglich von A nach B kommst, weil du so viele Termine bei Kunden hast.* Oder: *Ich habe das Gefühl, es löst Stress bei dir aus, wenn du nur daran denkst! Habe ich das richtig wahrgenommen?* Danach darf der Zweite seine Argumente bringen. Dabei läuft es dann genau andersrum. Okay?

Alles verstanden? Dann fangt an. Wir nehmen uns dreißig Minuten Zeit für die Übung.«
Die Kollegen verteilen sich im Raum. Dana stellt sich zu Marlene und Tim. Sie hört zu, wie Tim zum Tempolimit auf der Autobahn ansetzt: »Furchtbar, wenn ich mir vorstelle, auf der Autobahn nicht schneller als hundertdreißig fahren zu dürfen. Weißt du, wie viel Zeit mich das kostet? Ich fahre im Jahr fünfzigtausend Kilometer, weißt du, was das zeitlich ausmacht? Aber das Schlimmste ist, wenn die Leute hinter einem Laster auch noch rausziehen: Man muss dann manchmal voll in die Eisen steigen und das ist wirklich gefährlich. Man müsste verbieten, dass langsame Autofahrer einfach so auf die Überholspur ziehen dürfen. Die Langsamen sollen auf der rechten Spur bleiben oder beim Überholen wirklich Gas geben, sonst kassieren sie Punkte in Flensburg. Das wäre die richtige Vorgehensweise und nicht so ein Tempolimit einzuführen.«
Wie verlangt, versucht Marlene das Gehörte mit eigenen Worten zu wiederholen: »Ich habe verstanden, dass du kein Tempolimit möchtest, weil du Lust darauf hast, schnell zu fahren, um schnell von A nach B zu kommen und keine Zeit zu verlieren. Außerdem nerven dich vor allem die Autofahrer, die hinter einem Laster rausziehen und dich zum scharfen Bremsen zwingen.«
Dana mischt sich ein: »Das ist kein empathisches Zuhören, sondern nur eine Zusammenfassung der Fakten, Marlene. Bitte denke daran, auf die Emotionen des Gegenübers zu achten. Wie war Tim dabei? Wie war seine Gestik, seine Mimik? Wenn jemand so von der Autobahn spricht, dann muss ich ihm mitteilen, dass ich seinen Stress spüre: *Huh, wow – furchtbar, was du da mitmachen musst!* Also zum Beispiel: *Oh Tim, ich spüre gerade, was du für einen Blutdruck kriegst, wenn es um das Fahren auf der Autobahn geht. Ich habe das Gefühl, dir geht es vor allem um deine Zeitersparnis, was ich bei deinem Beruf auch verstehen kann. Du verbringst so viel Zeit auf der*

Straße. Die verlorene Zeit schmerzt dich und deswegen ist es dir wichtig, dass kein Tempolimit eingeführt wird. Außerdem forderst du sogar noch weitere Maßnahmen. Das kann ich gut verstehen, was du da durchmachst, dennoch bitte ich dich, das Tempolimit auch aus einer anderen Perspektive zu sehen. Ein Tempolimit ist etwas Gutes, weil dadurch weniger CO_2 ausgestoßen wird und dies der Umwelt guttut.«

Tim und Marlene schauen ganz erstaunt und Marlene erinnert sich: »Du hattest mal zu mir gesagt, das Wertvollste, das du dem Kunden schenken kannst, ist dein Interesse an seinen Themen, deine Neugier auf ihn und seine Herausforderungen. Das ist genau das! Jetzt habe ich es verstanden. Es wird immer klarer. Wenn ich jetzt auch noch meine Wahrnehmung ausdrücke, zeige ich meinem Gesprächspartner Verständnis und fördere damit auch seine Offenheit. Und er hat auch gleich die Möglichkeit richtigzustellen, falls ich ihn falsch verstanden habe. Das vermeidet Missverständnisse und Interpretationen.«

»Genau, jeder fühlt sich dann verstanden und es ist weniger ein Kampf«, wirft Tim ein.

Dana stimmt zu und wechselt zum nächsten Gesprächspaar.

Tim und Marlene fangen noch mal von vorn an.

Nach der Übung fassen alle ihre Erkenntnisse zusammen und Dana notiert auf einem Flipchart die Beiträge der Kollegen:

Erkenntnisse zum Empathischen Zuhören

Mimik und Gestik aufnehmen und ausdrücken, wo der Schuh drückt

den gesamten Menschen im Blick haben

Verständnis zeigen, fördert beim Gesprächspartner Verständnis

Interesse an meinem Gesprächspartner

Verständnis für den Gesprächspartner wächst

Missverständnisse werden vermieden Diskussion ist entspannter

Niemand muss „recht haben"

Es ist einfacher, den anderen mit seiner Meinung stehen zu lassen, da er sich eh nicht überzeugen lässt

Jeder ist offen für meine Erkenntnisse

Jeder fühlt sich verstanden

In kritischen Situationen wird der Druck rausgenommen

Obwohl es schon Nachmittag ist, ist allen Teilnehmern die Erarbeitung der Alleinstellungsmerkmale für die L-Serie noch wichtig. Daher startet Dana nach dem Kaffee mit sechs Fragen, die sie via Beamer an die Wand wirft.

Mehrwerte der L-Serie

- Was macht uns erfolgreich? Was macht uns aus?
- Worin sind wir besonders gut? Was von den Besonderheiten ist für mich persönlich besonders wichtig?
- Welche Wettbewerber kenne ich und wie machen die es?
- Wo sind wir stärker als der Wettbewerb?
  Worin sind wir besonders gut?
- Was ist aus meiner Sicht ein idealer Kunde?
- Was verbinde ich mit unserem Unternehmen?
  Was hat der Kunde davon, dass ich sein Ansprechpartner bin?

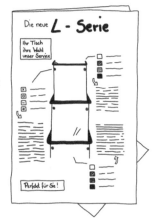

Alle Teilnehmer sollen für sich überlegen, was ihnen dazu einfällt. Die Ergebnisse werden auf Moderationskarten festgehalten.
Alle schreiben fleißig und grübeln. Auch Stephan hängt sich rein. Danach sammelt Dana die Kärtchen mit den Informationen ein und kristallisiert die USPs heraus.
Die Kollegen sind sich einig, dass die L-Serie mit ihren modernen Anschlüssen und der Profilspeicherung einzigartig am Markt ist. Das ist eine gute Ausgangsposition für erfolgreiche Kundengespräche und ein schöner Abschluss für die beiden Tage.
Stephan nickt zufrieden und auch das Feedback der anderen Teilnehmer ist in der Abschlussrunde sehr positiv. Als Stephan dann noch verkündet, dass Dana jedem Vertriebler für ein individuelles Coaching und Feedback eines Kundentermins zur Verfügung steht, freuen sich alle ernsthaft.
Es waren also zwei gelungene Tage für Dana und das WOBB-Team.

Jeder kann noch was lernen

Wie mit Stephan abgesprochen, begleitet Dana die Vertriebler bei ihren Kundenbesuchen als stille Beobachterin. Tim ist einer der Ersten. Dana hat aufgrund seiner Beiträge beim Workshop viel erwartet, aber die Gespräche sind noch nicht wirklich gut. Zwar hört Tim gut zu, lässt Pausen für die Antworten und stellt viele gute Fragen, aber dann macht er häufig nichts aus der Antwort. Noch kritischer ist seine ganze Art: Seine Körperhaltung wirkt arrogant, fast schon herablassend.
Sie hatten sich im Büro des Kunden NOM-Schmid GmbH mit Herrn Knorr, dem Facilitymanager, und seiner Assistentin Frau Grinsch getroffen. Während Tim den Facilitymanager höflich und herzlich begrüßt hat, hat er die Assistentin fast vollständig ignoriert. Gerade mal *guten Tag* hat er gesagt. Ja sicher, sie ist nicht die Entscheiderin, aber wer weiß? Vielleicht hat sie großen Einfluss auf den Entscheider?
Dana schaut auf ihre Notizen:

Protokoll Tim Brückmann, WOBB
Ulm, 05. Juni
Kunde NOM-Schmid GmbH, Facilitymanager Herr Knorr & Assistenz Frau Grinsch

Verkaufsphase	Was? Wie? Wann?
Vorbereitungsphase und Zielsetzung	*Neukunde, insg. 60 Mitarbeiter.* *Stellenausschreibung für 1 Innenvertrieb.* *Werben mit flexibler Kernarbeitszeit und moderner, offener Unternehmenskultur.* *Ziel: Fragen nach Sicht auf Shared Desk und New Work Konzepten.* *Kennenlernen und Bedarfe ermitteln.*

Kontaktphase	*Sehr dünn, ist direkt zum Thema.* ☹ *Assistentin erzählt von den geplanten Werksstudenten, Tim: »Hm, aha.« Und dann sofort: »So, Herr Knorr, wie weit sind Sie mit der Planung für die neuen Büros?« Hat Assistentin völlig ignoriert und zum Teil sogar unterbrochen!!*
Bedarfsanalyse	*Sehr ausführlich.* ☺ *Fragen zu den 3 Säulen waren klar erkennbar. Fragen waren überwiegend offen. Ab und zu eine geschlossene Frage gestellt, da hat es auch gepasst, da es Entscheidungsfragen waren. Macht noch zu wenig aus den Antworten! Hat zum Beispiel ignoriert, dass Herr Knorr selbst zuhause einen modernen Arbeitsplatz eingerichtet hat.*
Präsentation	*Geht nicht auf die Antworten aus der Bedarfsermittlung ein. Nutzt seine guten Ergebnisse aus den Fragen nicht. Sehr kurz, da Bedarf noch nicht klar.* ☹ *Zeigt, dass er zu wenig auf die Antworten eingegangen ist.* **Mehr Empathie!!** *Zeigt kurz den Unternehmenswerdegang und die Referenzen – Passend.* ☺ *Etwas arrogant, lässt sich nicht unterbrechen – mehr auf den Kunden eingehen!! Neigt zu Monologen.*

Verhandlung/ Einwandbehandlung	*Budget wird variable eingestellt.* *Moderne Kultur sehr wichtig.* *Shared Desk schon ab und zu diskutiert, aber noch nicht spruchreif.* *Mehr hinterfragen! – Woran scheitert es, welche Punkte sprechen aus seiner Sicht dafür oder dagegen? Was ist seine persönliche Meinung dazu? Was sind die Argumente der Geschäftsleitung? usw.* *Argumentiert bevor er noch mal hinterfragt.*
Abschluss/ Verabschiedung	*Sachlich.* *To-do: Tim stellt ein paar Links und eine Mail zusammen. Kunde hat keine weiteren To-dos erhalten.* ☹ *Erneuter Kontakt per Telefon in 4 (!) Wochen.* *Zusammenfassung des Gesprächs war gut.* ☺ *Mehr Empathie nötig!* *Tim hat das letzte Wort.* ☹ *Verabschiedet Assistentin nur nebenbei.* ☹
Nachbereitung	*Tim hatte sich mehr erhofft, aber kleine Opportunity ist da.* *Fragen hat er gestellt, hat die Ergebnisse aus den Fragen allerdings nicht wirklich verwertet, z. B. dass Herr Knorr gerne mit New Work Arbeitsplätzen starten will, die Geschäftsleitung allerdings noch nicht überzeugt ist.* *Welche Faktoren sind Ihrer Geschäftsleitung wichtig?* *Was ist der Grund dafür, dass die Geschäftsleitung noch zögert? ...*

| Sonstiges | *Mehr Small Talk, auf Beziehungsebene achten! Den Ball des Kunden besser aufnehmen und Themen zu Ende denken.* |

Ja, die Small-Talk-Phase war eher dürftig. Tims Einstieg war sehr schnell und direkt. Einige Kunden haben nun mal das Bedürfnis, sich zunächst durch eine oberflächliche und nicht zielführende Plauderei kennenzulernen. Tim hat das einfach übergangen und die Gelegenheit verpasst, die Beziehungsebene aufzubauen und etwas über den Menschen Knorr zu erfahren. Auch hieran muss sie mit ihm arbeiten. *Da sind einige Verbesserungsmöglichkeiten*, denkt Dana und packt ihre Tasche, um zur WOBB zu fahren.

Den Meetingraum kennt Dana mittlerweile schon gut. Sie begrüßt von Weitem Marlene und Stephan und betritt mit Tim den Raum. Als beide sich auf die Feedback-Regeln geeinigt haben, schaut Tim sie erwartungsvoll an und Dana beginnt mit dem Gespräch. Nachdem sie die positiven Aspekte hervorgehoben hat, macht Dana ihn darauf aufmerksam, dass auch Gesprächsteile, die nicht direkt abschlussorientiert sind (wie z. B. Small Talk), eine wichtige Funktion haben: Sie sind die Grundlage für eine langfristige vertrauensvolle Beziehung.

»Weißt du, Tim, du möchtest doch gerne dein Gegenüber motivieren, dir mehr zu erzählen. Wie gelingt es anderen, dich zum Sprechen zu motivieren? Wann gibst du gerne Antworten?«, fragt Dana.
Tim lacht: »Ich rede immer gern. Mich muss man nicht motivieren.«
»Na gut, wir können es auch anders formulieren: Wie reagierst du selbst, wenn du das Gefühl hast, es will dir jemand eine Lösung aufdrängen?«
»Na, dann ziehe ich mich zurück. Wahrscheinlich werde ich sogar bockig und stimme aus Prinzip nicht mehr zu.«

»Das kann ich mir gut vorstellen. Wenn wir nur auf den Abschluss gedrängt werden, dann verursacht das in uns ein komisches Gefühl und wir werden misstrauisch. Deshalb ist es wichtig, dass du als Vertriebler an passenden Stellen Zeit investierst und geistreiche, interessante Beiträge zu Themen lieferst, die nichts mit dem Verkauf an sich zu tun haben. Natürlich ohne dass du dir in diesen Plaudereien die Zügel aus der Hand nehmen lässt. Aber das kriegst du hin. Du bist super in der Lage, immer wieder auf das Kernthema zurückzukommen, wenn der Partner Nebensächlichkeiten zu sehr ausbreitet. Was könnte denn neben Small Talk noch helfen?«

Tim überlegt: »Hmm, zuhören?«

»Ja. Du hast viele super Fragen gestellt, allerdings oft die Antworten nicht wirklich verwertet. Ich erinnere mich zum Beispiel daran, dass Herr Knorr gerne mit New-Work-Arbeitsplätzen starten will, die Geschäftsleitung allerdings noch nicht überzeugt ist. Hier hätte ich mir gewünscht, dass du den Punkt aufnimmst und darauf aufbauend weiterfragst: *Was ist der Grund dafür, dass die Geschäftsleitung noch zögert? Welche Faktoren sind Ihrer Geschäftsleitung wichtig?* Den Ball des Kunden besser aufnehmen und Themen zu Ende denken, auch das zeigt dem Kunden deinen Respekt und deine Neugierde.«

»Ich dachte, das hätte ich. Gut, dass du mir das sagst! Dann kann ich wieder bewusst darauf achten. Kann auch ein bisschen die Aufregung gewesen sein«, versucht Tim zu relativieren.

»Wie bereits gesagt, du hast super Fragen gestellt und deine Bedarfsanalyse war wirklich gut. Hier sind wir schon eher bei der Kür. Was mir wirklich Sorgen macht ist, wie du Frau Grinsch behandelt hast.«

Tim schaut Dana überrascht an. »Die Assistentin?«

»Ja, genau. Ich hatte das Gefühl, dass du sie fast vollständig ignoriert hast. Das kam mir sehr unhöflich vor. Mein Eindruck war, sie fühlte sich nicht wahrgenommen, nur nebenbei begrüßt und ein-, zweimal hast du ihre Einwände sogar ignoriert. Das fühlte sich für Frau Grinsch wenig wertschätzend an.«

»Okay ... Ist mir gar nicht aufgefallen. Ich habe mich halt auf Herrn Knorr konzentriert, weil er doch der Entscheider ist.«

»Was, wenn Frau Grinsch einen maßgeblichen Einfluss auf Herrn Knorr oder die Geschäftsleitung hat?«

»Hmm.« In Tims Kopf arbeitet es. Er kann sich kaum an die Assistentin erinnern. Was war nur mit ihr gewesen?

Dana lässt den Gedanken bei Tim nachwirken und fährt dann fort: »Zusätzlich möchte ich dich bitten, auf deinen Tonfall und die Lautstärke zu achten. Ich habe dich als dominant und straight wahrgenommen. Der Kunde wirkte manchmal etwas eingeschüchtert und klein neben dir. Es würde zum Beispiel helfen, das Wort *Ich* durch *Wir* oder *Das bedeutet für Sie* zu ersetzen.«

»Hmm, das verstehe ich. Wahrscheinlich bin ich manchmal wirklich etwas forsch. Hast du noch mehr Tipps?«

Dana reagiert mit einer weiteren Frage: »Wann akzeptierst du eine Lösung am schnellsten?«

Tim grübelt wieder. »Vielleicht, wenn ich die Wahl habe.«

»Genau, vermeide das Wort *Muss*. Gib deinem Gegenüber mehr Raum. Höre aktiv zu, fasse zusammen. Wiederhole die Worte des anderen in deinen eigenen Worten. Und vor allem: Halte dich bewusst mit deiner Meinung zurück und frage erst den anderen nach seiner Meinung oder seinen Lösungsvorschlägen. Und nicht immer das letzte Wort haben«, zwinkert Dana.

Tim versteht auch das. Es ist für ihn leider nicht das erste Mal, dass er so was gesagt bekommt. Aber die Veränderung ist schwierig und wahrscheinlich hat sich sein Kommunikationsstil durch den Druck, Erfolge zu erzielen, auch wieder verschärft. Er schreibt sich die Tipps von Dana auf und nimmt sich fest vor, wieder mehr auf seinen Ton und die Wortwahl zu achten.

Bevor sie Stephan zum Abschlussgespräch dazu bitten, fassen sie noch mal gemeinsam die wichtigsten Punkte zusammen und priorisieren diese.

Dann kommt Stephan dazu.

Tim berichtet, was ihm das Coaching gebracht hat und welche Erkenntnisse er daraus gewonnen hat. Dana bittet Stephan, Tim jetzt nachhaltig zu unterstützen. Sie schlägt vor, in den 1:1-Terminen von Tim und Stephan gemeinsam die Vororttermine von Tim zu besprechen. Sie sollen erörtern, was besonders gut oder besonders schlecht gelaufen ist und ob Tim sein vorbereitetes Ziel erreicht hat.

»Dabei könnt ihr gemeinsam darauf achten, ob das Ergebnis etwas mit Tims Verhalten hinsichtlich Dominanz und das Eingehen auf das Gegenüber zu tun hat«, meint Dana.

»Das kriegen wir hin!«, zeigt sich Stephan zuversichtlich.

Tim verabschiedet sich. In seinem Kopf arbeitet es. Da hat er so viel gefragt und jetzt doch so viele Punkte nicht beachtet. Das kratzt an seinem Ego.

Auch Stephan geht nachdenklich aus diesem Termin. Bislang hat er die 1:1-Gespräche mit seinen Leuten vor allem genutzt, um Zahlen, Daten und andere Fakten zu wälzen und auch das eine oder andere Mal, um Druck zu machen, wenn es nicht lief. Mit Tim jetzt wirklich an den Fällen und seinem Verhalten zu arbeiten, ist neu für ihn.

***

Ein paar Tage später sitzt Dana über ihren Notizen vom Vorortkundentermin mit Peter. Sie hat mit ihm den Kunden Sera Hochbau in Bühl besucht. Eigentlich war der Termin ganz erfolgreich. Peter darf ein Angebot über zehn Tische der M-Serie erstellen und Danas Bauch sagt, der Kunde wird diese auch kaufen. Aber das Gespräch war alles andere als gut. Es gab schlichtweg keine Bedarfsanalyse. Peter hat immer wieder Annahmen getroffen und diese in seinem großen Redefluss auch ausgedrückt.

Protokoll Peter Schmidt, WOBB
Bühl, 02. Juni
Kunde Sera Hochbau, Geschäftsführer Herr Wagner

Verkaufsphase	Was? Wie? Wann?
Vorbereitungsphase und Zielsetzung	*35 Mitarbeiter in der Verwaltung.* *Letztes Jahr 3 Tische gekauft.* *Ziel: Platzierung von 12 weiteren Tischen, deren Abschreibung abläuft.* *Fragen nach Sicht zu Shared Desk und New Work Konzepten – von mir ergänzt.*
Kontaktphase	*Gute Beziehung, fast freundschaftlich.* *Kennen sich, Small Talk über Familie und Kaninchenzuchtverein.* ☺
Bedarfsanalyse	*Keine.* ☹ *Ist direkt in den Präsentationsmodus gegangen.* Annahmen!!

Präsentation	*Viel zu viel.* *Monologisiert und zeigt kompletten Katalog in allen Details – 13 Min. Monolog.* ☹ *Hat sich bei Zwischenfragen des Kunden z. T. Die Führung nehmen lassen und dann viel und ausführlich geantwortet, vom Stock aufs Stöckchen.* *Hat die Fragen des Kunden nicht weiter hinterfragt, aus welchem Grund gerade jetzt diese Frage? Was ist der Hintergrund für die Frage?* *Nicht auf weiterführende Fragen eingegangen und Fragen auch mal nach hinten geschoben!* *Kunde: »Wie ist der Preis für einen Tisch?« Peter hat den Preis für das Produkt und auch für artnahe Artikel genannt und Zusammenstellung erläutert. Hat hier noch nicht gepasst, deshalb besser: »Das ist eine wichtige Frage. Geben Sie mir noch mal ein paar Informationen, dann gehen wir gerne auf den Preis ein.«* *Kunden antworten lassen!*
Verhandlung/ Einwandbehandlung	»Wie wir schon letztes Jahr besprochen haben ...« »Haben Sie doch sicherlich keine wirklichen Veränderungen. Daher habe ich Ihnen schon mal M1 rausgesucht. Dies passt ideal in ihre Preisvorstellung und farblich gut zu den 3 Tischen, die sie bereits haben.« Annahmen!!

Abschluss/ Verabschiedung	*Freundschaftlich.* *Peter nimmt sich Aufgabe mit, Angebot über 10 Tische M1 zu erstellen.* *Kunde hat keine Aufgabe.* *Zusammenfassung des Gesprächs war gut.* ☺
Nachbereitung	*Peter ist sehr zufrieden mit Gespräch, sieht es als vollen Erfolg.*
Sonstiges	*Shared Desk zwar thematisiert, aber geframed als neumodischen Scheiß.* *Trifft Annahme: Kunde findet es nicht gut und drückt seine negative Haltung in Art und Weise der Ansprache und Körperhaltung aus.*

Morgen beim Feedbackgespräch muss sie dringend mit Peter über die Bedarfsanalyse, gutes Fragen und die 30-70-Formel sprechen: 30 % Redeanteil Vertriebler, 70 % Kunde! Bei Peter war das mehr als umgekehrt. *Oh mein Gott, hat der viel geredet! Der hat gar nicht wieder aufgehört.* Inhaltlich war es sehr gut und Peter hatte viele ausgezeichnete Argumente, aber der Kunde kam einfach nicht zu Wort. Auch hat sich Peter alle Möglichkeiten Richtung Raumkonzepte oder andere Upsellings verbaut, weil er schlichtweg nicht gefragt hat. Wirklich schade.

Und wenn Peter dann mal gefragt hat, hat er oft gleich weitergesprochen. Er muss dringend lernen, nicht nur die Frage zu stellen, sondern auch die Pause auszuhalten. *Nicht weiterreden, sondern einfach mal die Klappe halten und Antwort abwarten! Ich muss ihm den Bis-10-Zählen-Trick erklären.*

Das wird ein harter Weg mit Peter. Die Frage wird auch sein, ob er will. Bei seiner Erfahrung kann die Bedarfsanalyse für ihn nicht neu sein. Augenscheinlich hat sich da was eingeschlichen und Peter muss aus seiner Komfortzone raus und wieder neu lernen, zu fragen und offen zu sein für sein Gegenüber. *Ein hartes Stück Arbeit! Ich fürchte, das Thema empathisches Zuhören kann ich mir sparen.*

Dana seufzt und druckt ein Merkblatt für Peter aus.

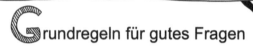

Grundregeln für gutes Fragen

- Planen Sie Ihre Fragen.
- Stecken Sie die Erwartungen ab - und bitten Sie um die Erlaubnis, Fragen stellen zu dürfen.
- Stellen Sie sicher, dass genügend Zeit verfügbar ist.
- Hören Sie zu - Zuhören ist eine Frage der Wahl und der Konzentration!
- Stellen Sie immer nur eine Frage zur gleichen Zeit.
- Nutzen Sie die Kraft der Stille – Pausen aushalten.
- Drücken Sie sich verständlich aus.
- Graben Sie tiefer (Was sind die Auswirkungen?), nach allgemeinen folgen spezifische Fragen.
- Stellen Sie Fragen auch mal invers.
- Unterbrechen sie den Kunden nicht!
- Seien Sie dankbar - Wertschätzen Sie jede Antwort! Honorieren und wiederholen Sie mit eigenen Worten die Antwort des Gesprächspartners, und stellen Sie darauf aufbauend die nächste Frage => Spiegeln durch Umformulieren.
- Unterscheiden Sie bewusst zwischen offenen und geschlossenen Fragen.
- Gehen Sie vorsichtig mit der „Warum"-Frage um – besser ist „Wie" und „Was".
- Achten Sie auf ein ausgewogenes Geben und Nehmen.
- Machen Sie Notizen und schreiben Sie mit.

Sie entschließt sich, auch das Thema *Annahmen* und *negatives Framing* wegzulassen. Der wichtigste Feedbackpunkt soll nicht untergehen. Wenn Peter versteht, mehr Fragen zu stellen, ist das ein wichtiger erster Schritt.

Wie befürchtet ist das Gespräch mit Peter nicht einfach. Dana startet mit einem Lächeln und den Feedbackregeln:

- Feedback ist ein Geschenk – der Feedback-Nehmer kann es nehmen, aber auch lassen.
- Der Feedback-Nehmer entscheidet, was aus dem Feedback wird.
- Der Feedback-Geber freut sich über ein *Danke*, denn jedes Feedback ist eine Chance, die eigenen blinden Flecken besser zu erkennen und es gehört Mut und Vorüberlegung des Feedback-Gebers dazu, es zu adressieren.
- Fragen stellen, wenn das Feedback nicht verstanden wird.
- Alles Besprochene bleibt im Raum.
- Keine Rechtfertigungen.

Trotzdem sitzt Peter ihr breitbeinig und mit verschränkten Armen gegenüber. Sie fragt, ob es okay ist, wenn sie ihm ihre Eindrücke schildert. Peter nickt, aber seine Körperhaltung ist weiter abweisend.
Behutsam beginnt Dana ihre Eindrücke zu nennen. Peter hört zu, kann es aber nicht lassen, sich zu verteidigen: »Das mache ich sonst ganz anders ... Das war ja wie eine Art Prüfungssituation, so was liegt mir gar nicht ... Sonst höre ich viel mehr zu und lasse den Kunden viel mehr reden ... Der Kunde hat ja klar gesagt, dass ich ihn gut kenne, und deswegen musste ich gar nicht so viel nachfragen ... Wir hatten ja nur eine Stunde Zeit, deshalb konnte ich gar nicht so viele Fragen stellen ...«

Dana bleibt ruhig und versucht durch Fragen, mit ihm gemeinsam herauszufinden, was er denn jetzt eigentlich vom Kunden erfahren hat: »Wer trifft denn die Entscheidung beim Kunden? Welche Rolle spielt Herr Wagner in diesem Entscheidungsprozess? Wer ist im Entscheidungsprozess noch involviert? Wie plant das Unternehmen, sich in Zukunft hinsichtlich New Work aufzustellen? Welche Infos hast du also vom Kunden neu erhalten, die ihm ein Bild über seine Organisation und seine Pläne für die Zukunft geben?«

Mit der Zeit löst sich die rechtfertigende Haltung von Peter. Er wird lockerer und beginnt nachzufragen, stimmt ab und an sogar zu: »Stimmt. Das habe ich nicht mehr überprüft, sondern bin einfach davon ausgegangen, dass das ja schon immer so war in diesem Unternehmen.«

Daraufhin erarbeitet Dana mit Peter noch mal Fragen, die er dem Kunden hätte stellen können.

»Wie gut kannst du mit den Fragen leben?«, versucht Dana danach, die Atmosphäre weiter zu lockern.

»Wird schon gehen. So schwer ist es ja auch nicht. Eigentlich kenne ich das alles schon, bin ja schließlich schon fast zehn Jahre in dem Job. Muss mich nur wieder mehr konzentrieren.«

»Natürlich kannst du das, Peter! Ich glaube an dich. Weißt du, es ist auch das gute Recht des Kunden, bestimmte Dinge noch mal selbst zu formulieren. Dadurch wird dem Kunden bewusst, dass es um ihn geht und nur um ihn!« Dana setzt bewusst eine Pause. »Unsere Erfahrungen zu Antworten von Kunden spielen uns da oft einen Streich. Weil wir manche Dinge schon so oft gehört und ja auch so viel Erfahrung haben, setzen wir einfach voraus, dass es bei dem Kunden genauso ist, wie beim Kunden zuvor. Wir vergessen dabei, dass es doch auch Kunden gibt, bei denen der Grund woanders liegt! Am Ende ist es doch für euch beide ein gutes Gefühl, wenn klar ist, dass ihr dieselben Informationen habt.«

»Ja, du hast ja recht.«

»Gut. Ich habe hier noch ein Merkblatt mit den Grundregeln des guten Fragens für dich und zum Schluss noch mein ultimativer Supertrick.« Dana lacht und steckt auch Peter damit an: »Willst du ihn hören?« Peter nickt, jetzt sieht sie Spannung in seinem Gesicht. »Pausen aushalten kann jeder lernen. Der einfachste Weg ist, im Kopf bis zehn zu zählen. Also eine Frage stellen und dann zählen, atmen und zuhören! Kriegst du hin, oder?«

Peter lacht: »Bis zehn zählen? Kriege ich hin!«

Auch am Ende dieses Gesprächs bittet Dana Stephan dazu, um zu prüfen, an welchen Stellen er Peter in der Nachhaltigkeit unterstützen kann. Dana bittet Peter, selbst darzustellen, was er aus dem Coaching mitgenommen hat.

Peter berichtet, dass er zu wenige Informationen vom Kunden erfragt hat, seine Präsentationsphase allerdings sehr gut läuft. Er will zukünftig darauf achten, sich im Vorfeld Gedanken über den Kunden zu machen und sich vorher Fragen zu notieren, die er dann stellen will.

Stephan nickt reserviert und beide vereinbaren, dass sie in ihrem 1:1-Termin nun regelmäßig die Vorbereitung von Peter prüfen werden, um Fragen zu ergänzen und in der Woche drauf dann die Ergebnisse gemeinsam anzuschauen. So wird durch die Regelmäßigkeit eine Veränderung der alten Routinen möglich.

Dana ist ganz zufrieden mit den Ergebnissen, auch wenn sie gespannt ist, was Peter daraus macht.

Nach dem Meeting bleibt Stephan noch bei Dana. »Frau Bucher«, beginnt er.

Dana fällt ihm ins Wort: »Wir können auch gerne *Du* sagen. Das erleichtert die Kommunikation. Und schließlich warst du doch auch bei dem Workshop dabei. Okay?«

»Danke, gerne. Also, Dana, ich wollte dich fragen, ob ich dich für meine eigene Entwicklung und Unterstützung buchen kann. Ich habe das Gefühl, bislang zu wenig für die Befähigung meiner Leute getan zu haben, und könnte noch den einen oder anderen Tipp gebrauchen.«

»Natürlich ist das möglich und eine wirklich gute Idee«, erwidert Dana. »Was sind die Themen, die dir besonders unter den Nägeln brennen?«

»Na ja, es geht los mit Peter. Ich kann es gar nicht richtig beschreiben, aber wenn er da ist, ist immer so eine Stimmung im Raum ... Wir werden alle unproduktiv. Ich habe tatsächlich schon überlegt ihn anzuweisen, nicht mehr ins Büro zu kommen, aber das ist ja auch keine Lösung. Vielen Dank übrigens für den Tipp mit den sieben Motiven. Ich habe mich hingesetzt und darüber nachgedacht und für jeden Kollegen etwas notiert. Das war richtig gut. Aber auch Tim macht mir Sorgen. Da geht nichts vorwärts und ich weiß nicht, woran es liegt. Und da gibt es noch andere Kollegen, die auch alle keine L-Serie verkaufen. Irgendwie ist der Wurm drin und wenn ich daran denke, dass ich mich jetzt regelmäßig mit Peter hinsetzen soll, um seine Kunden durchzusprechen ... Ich weiß nicht ...« Stephan schüttelt den Kopf. »Bisher habe ich halt eher situativ geführt. Wenn etwas war, habe ich reagiert. Aber hier scheint es mehr zu brauchen.«

Dana gibt ihr Bestes, sich ihre Freude nicht anmerken zu lassen. Hinter ihrer ruhigen und professionellen Fassade ist sie unheimlich stolz – auf sich und auf Stephan: »Hmm, verstehe. Veränderung braucht einen transformativen Führungsstil und das ist mehr, als nur zu reagieren. Aber das kriegen wir hin. Schau mal bitte in deinen Kalender, wann du einen Zwei-Stunden-Slot für mich hast, dann bereiten wir die Gespräche mit Peter mal in Form eines Rollenspiels vor. Bis Ende dieser Woche erhältst du dann ein Angebot von mir für dein Führungscoaching und dann kannst du das direkt beauftragen.«

***

Stephan hat zeitnah einen Termin für Dana gefunden. Beide haben viel Spaß und lachen viel, als Dana in der Rolle von Peter alle negativen Sätze auspackt, die auch Stephan schon so oft gehört hat. Aber neben dem Scherzen merkt Stephan auch, dass er noch viel zu lernen hat. Ziel ist es, dass er mit seiner Gesprächsstruktur im Coaching Peter motivieren kann, mehr Fragen zu stellen beziehungsweise überhaupt erst mal über die Fragen nachzudenken. Das klingt viel einfacher, als es ist, muss Stephan sich eingestehen. Um es zu üben, nehmen sich Dana und Stephan dann einen Kunden als Fall, den Peter demnächst sowieso besuchen wird. Sie bereiten ihre Rollen für das Gespräch mit Peter vor. Dana begibt sich dabei bewusst in die Rolle von jemandem, der die Motive *Status* und *Sicherheit* hat und appelliert an Stephan, dies auch in seiner Ansprache zu berücksichtigen. Dabei hilft es sehr, dass Stephan sich bereits Gedanken zu den sieben Motiven gemacht hat. Für diese beiden Motive heißt das: bisherige Erfolge wertschätzen und ausdrücken, dass die Geschäftsführung sicher zu schätzen weiß, wenn ein langjähriger, erfahrener Kollege Erfolge mit dem aktuellen Produkt haben wird und Veränderungen mitgeht.
Im Rollenspiel wird leider sofort klar, dass Stephan zu schnell ungeduldig wird und immer wieder in die Falle tappt, Fragen vorzugeben. Es fällt ihm unglaublich schwer, sein Gegenüber mitdenken zu lassen. So muss Dana ihn immer wieder ermahnen, nichts vorzugeben, sondern durch Fragen zu lenken: »Es sollen nicht deine Fragen auf dem Zettel von Peter stehen, sondern Peters Fragen an den Kunden! Dazu gehört es, Peter zu ermutigen, weiterzudenken: *Was könntest du noch fragen? Was genau hat dir der Kunde gesagt? Könnte es sein, dass dies eine Annahme ist, oder hast du dies konkret hinterfragt? Wann genau?*«

»Ich weiß!«, grummelt Stephan, »es kommt immer einfach so …«
Zwei Sätze weiter passiert es wieder. Stephan trifft wieder eine Annahme: »Das ist doch logisch, das muss Peter doch wissen!« Dana hebt die Hand und Stephan weiß, was los ist. »Passende Fragen stellen!«, fordert er sich selbst auf und überlegt: »Was ist der Grund dafür, dass du es bislang so machst?«
»Sehr gut. Noch eine?«
»Was könnte dir dabei helfen, noch mehr Details vom Kunden zu bekommen?«
»Ja, wunderbar. Ich habe auch noch eine: *Welche Frage würde noch mal ein ganz anderes Bild vom Kunden geben?*«, ergänzt Dana.
Stephan lächelt, die konkrete Arbeit am Rollenspiel hilft ihm sehr. So vergehen schnell zwei intensive Stunden. Zum Abschluss schreibt sich Stephan auf einen kleinen Merkzettel:

Meine Ratschläge sind dann und wann nicht ganz so hilfreich, wie ich denke… ☺

Ich akzeptiere, dass ich nichts weiß… ☺

→ FRAGEN, FRAGEN, FRAGEN, BEOBACHTEN & FEEDBACK GEBEN

„Jede/r ist Spezialist/in für die Herausforderungen, die ihn/sie etwas angehen."

Mühsam ernährt sich das Eichhörnchen

Im Büro sitzen sie heute zu dritt. Durch Zufall sind Peter und Tim gleichzeitig da. Beide horchen verstohlen und etwas neidisch auf Marlene. Schon wieder hängt sie am Telefon und spricht über moderne Arbeitswelten und wie es gelingt, heutzutage neue Mitarbeiter zu gewinnen. Am Ende vereinbart sie einen Termin für Tim für nächsten Donnerstag ganz in der Nähe des Büros.
Peter schaut etwas irritiert. Tim grinst, kritzelt *Dankeschön* auf einen Zettel und legt ihn auf dem Weg zum Kaffeeautomaten vor Marlene auf den Schreibtisch. Während Peter die Szene beobachtet, wird ihm bewusst, dass er gar keine Termine von ihr erhält.
Er schluckt und geht zu Marlene. »Hi, du machst das wirklich toll. Klingt echt gut, wie du mit den Kunden sprichst. Sag mal, ich habe bisher keinen Termin von dir bekommen. Hat das einen Grund?«
Marlene schaut Peter ein wenig verlegen an: »Du wolltest meine Leads nicht, hattest keine Zeit und den Paris-Kunden habe ich dann auch Tim gegeben. Da dachte ich, du willst nicht. Aber ich kann gern aktiv in dein Vertriebsgebiet telefonieren. Kein Stress.«
Mit dieser Antwort gibt sich Peter zufrieden.
Marlene bekommt ein schlechtes Gewissen, aber auch Wut auf Peter. Noch weiß sie nicht, wie sie damit umgehen soll und verdrängt das Gefühl erst mal.

***

Kurz darauf findet das Gespräch mit der *4803 Parfüm United* zwischen Tim und Frau Amermann statt. Wie sich herausstellt, steckt deutlich mehr dahinter, als Marlene im ersten Telefonat erfahren hat. Die *4803 Parfüm* wird in die DACH-Region expandieren und baut elf weitere Standorte in Deutschland, einen zusätzlich in Wien und einen in Stans auf. In Stuttgart wird gestartet und es wurden auch schon erste Mitarbeiter für die Verwaltung eingestellt. Diese sitzen aktuell noch im Homeoffice, das ist allerdings nur eine Notlösung. Schnellstmöglich sollen alle Mitarbeiter an ihren Standorten zusammenkommen und zusammenarbeiten. Daher ist Frau Amermann ein Konzept mit geteilten Arbeitsplätzen so wichtig, um die maximale Flexibilität zu gewährleisten. Sie rechnet in Stuttgart mit zehn festen und weiteren 7–15 Kollegen, die ab und zu da sind. Hierbei handelt es sich vor allem um Promoter, Designer, Kollegen aus dem Marketing und andere Kreative.

Tim ist ganz überrascht, als Frau Amermann ihm erzählt, dass sie bereits an den meisten neuen Standorten die Gebäude angemietet hat. Sie zeigt Tim Fotos und Entwürfe. Manche Ausstellungsräume sind schon eingerichtet, alles schaut sehr modern aus. Die Designräume lassen sich in Fotostudios umbauen, da wurde an nichts gespart.

Jetzt geht es Frau Amermann vor allem darum, die Computerarbeitsplätze adäquat auszustatten. Dafür gibt es jeweils einen eigenen Raum, in dem abseits vom Trubel am PC mit großen Monitoren gearbeitet werden kann.

Tim ist ganz begeistert und sieht sofort das große Potenzial. »Ich bedanke mich sehr für den ausführlichen Einblick in Ihre Pläne und bin mir sicher, dass wir Sie hierbei umfassend unterstützen können. Wie wollen Sie weiter vorgehen?«

Frau Amermann antwortet, dass sie möglichst zügig einen Einblick in das angebotene Mobiliar und mögliche zusätzliche Dinge erhalten möchte. Wie genau, das weiß sie noch nicht.

Tim schlägt vor: »Ich schlage Ihnen vor, dass wir nicht nur über Möbel sprechen, sondern dass wir Sie mit einem Konzept begleiten. Dazu bringe ich gern bei unserem nächsten Treffen unseren

Sebastian Wunder mit. Er ist Innenarchitekt und hat super Ideen, wie genau wir Ihre Ziele verwirklichen können. Und ich freue mich sehr, wenn unser Treffen bei uns in der WOBB stattfindet. WOBB bedeutet: Work Office Balance Büromöbelmanufaktur – also ganz passend zu Ihren Wünschen. Finden Sie nicht? Auf jeden Fall haben wir einen großen Showroom, indem Sie alle Möbel, insbesondere unserer L-Serie sehen und ausprobieren können. In Kombination mit Sebastian Wunder wird dieses Meeting Sie auf jeden Fall Ihrem Ziel näherbringen. Ist das für Sie ein passender nächster Schritt?« Frau Amermann stimmt zu und sie vereinbaren einen Termin.

***

Im nächsten Teammeeting erzählt Tim von seiner Opportunity bei *4803 Parfüm*. Er erhält viel Lob von seinen Kollegen.
Peter beißt sich auf die Unterlippe. Verdammt, das wäre eigentlich sein Deal gewesen. Er tröstet sich mit dem Gedanken, dass man sich nicht freuen soll, solange der Bär noch nicht erlegt und das Fell noch nicht zerteilt ist. Da kann noch so viel schief gehen. Klingt auch nach viel Arbeit und jetzt soll Tim erst mal zeigen, dass er das auch hinkriegt. Mit verschränkten Armen lässt er das Meeting an sich vorbeiziehen.

***

Als Marlene ein paar Tage später am frühen Morgen in die Kaffeeküche kommt, hört sie gerade noch, wie eine Kollegin aus dem Controlling zu einem Vertriebskollegen sagt: »Hast du gehört, wie er über Tim spricht?« Das Gespräch verstummt.

Marlene schaut kurz zu den beiden und fragt: »Über wen redet Ihr?«
»Ach, über Peter. Er regt sich immer über alles auf und neidet jedem alles. Jetzt wo Tim diesen großen Fisch an der Angel hat, ist es noch schlimmer geworden. Er hat doch glattweg gesagt, dass es eigentlich sein Deal sei, weil du doch ursprünglich ihm das Lead gegeben hast, du aber unbedingt Tim fördern willst und deshalb Tim den Kunden bekommen hat. Was für ein Idiot! Als ob er all die Informationen rausbekommen hätte mit seiner Art.«
Marlene weiß vor Schock gar nichts zu sagen.
Der Kollege fährt fort: »Ich dachte immer, seine Zahlen wären so gut.«
Die Kollegin aus dem Controlling bestätigt: »Ja, so wie ich es gesehen habe, sind sie in Ordnung. Aber in letzter Zeit auch nur noch gerade so und die neuen KPIs für die Löwen erfüllt er gar nicht. Na gut, aber da steht er ja nicht alleine da …«
Die Runde löst sich auf. Marlene nimmt ihren Kaffee und kehrt zurück an den Schreibtisch. Sie ist wirklich sauer auf Peter. Warum klärt er das nicht mit ihr, sondern macht sie in der Firma schlecht? Am Schreibtisch sitzend nimmt Marlene einen Schluck Kaffee. Er schmeckt nicht, der Appetit ist ihr vergangen. Da wird sie in ihren Gedanken unterbrochen, als Peter an ihrem Platz vorbeiläuft und »Guten Morgen« murmelt.
Sie ringt mit sich. Einfach zurückgrüßen und es ist erledigt. Alles andere bringt nur Probleme und wäre unprofessionell. Marlene öffnet den Mund, um etwas Bedeutungsloses zu entgegnen, doch da bricht es aus ihr heraus: »Für dich anscheinend schon, wenn man so über Kollegen herziehen kann«, zischt sie.
Peter erstarrt in seiner Bewegung und dreht sich zu ihr um. Die Röte seiner Wangen verrät, dass er sich ertappt fühlt. Die Wut in Marlene will, dass sie weiterstichelt, es ihm heimzahlt, aber ihre Vernunft hält kühn dagegen. Noch gibt es keinen Sieger in diesem Kampf.

»Was meinst du?«, fragt Peter.

»Mir wurde zugetragen, wie du über mich und Tim herziehst. Es ist mir egal, was du über mich denkst, aber dass du böse Gerüchte verbreitest und herumerzählst, ich wäre unfair und unkollegial, das ist echt gemein.« Verbissen dreht Marlene ihre Tasse in den Händen und starrt in die schwarze Flüssigkeit.

»Das war ein Gespräch unter Kollegen. Jetzt nimm dir das doch nicht zu Herzen.« Gönnerhaft versucht Peter, die Situation zu beruhigen.

In diesem Moment gewinnt die Wut in Marlene den Kampf: »Das brauche ich auch gar nicht! Ich brauche kein schlechtes Gewissen zu haben! Ich versuche nur, ein gutes Teamklima zu schaffen und meinen Job zu machen. Wenn du die Kunden nicht willst, wenn du dich weigerst, dich auch nur mit der L-Serie zu beschäftigen, dann ist das nicht mein Problem. Aber wenn du behauptest, ich würde Tim – aus welchen Gründen auch immer – bevorzugen, dann geht es gegen mich persönlich und meinen guten Ruf in der Firma«, erklärt sie gefährlich ruhig.

»Wie bitte?« Peters gespielte Ruhe weicht der Entrüstung. »Tu nicht so unschuldig!«, schleudert er ihr entgegen.

»Tue ich nicht!«

»Paris?« Er blitzt sie nun ebenfalls wütend an. »Du hast den Kunden Tim gegeben, um dich bei ihm beliebt zu machen. Ihr jungen, hormongesteuerten Leute seid doch alle gleich. Euch fehlt total die Erfahrung und Rationalität!«

»Du wolltest Paris nicht!« Marlene schnappt nach Luft: »Du hast doch den Kunden abgelehnt! Ich habe ihn Tim zugeteilt, weil er ein fähiger Vertriebler ist und noch nicht so viele Kunden hat. Nur weil du keinen Bock hast, verlieren wir doch keinen Kunden!«

»Vielleicht habe ich mich geirrt. Aber es war *mein* Kunde in *meinem* Gebiet. Du hast das Lead doch absichtlich so klein beschrieben, damit ich ihn erst mal ablehne, damit du sofort an deinen geliebten

Tim weiterreichen kannst. Tim weiß doch gar nicht, wie man das händelt.«

»Du hast auch mal angefangen. Ich glaube sehr wohl, dass er das schafft. Er bemüht sich wenigstens!«

Peter funkelt wütend und wirft ihr entgegen: »Oder du willst ihn einfach nur rumbekommen. Was ist denn die Gegenleistung, junge Dame? Ein Restaurantbesuch? Ein neues Kleid? Oder doch nur ein netter Plausch in der Küche?« Peter ist sich bewusst, dass das unter der Gürtellinie war, aber er konnte nicht anders. Der Frust über die aktuelle Situation bahnte sich seinen Weg nach draußen und er konnte ihn nicht stoppen.

»Tut mir leid, das so direkt sagen zu müssen, aber du bist ein Arsch, Peter!« Mit hochrotem Kopf eilt Marlene hinaus.

Sie rennt fast Stephan um, der gerade das Büro betritt.

Er spürt sofort die dicke Luft. »Alles okay?«, fragt er.

Marlene faucht ihn an: »Alles gut.«

Peter reagiert gar nicht.

Puh, hier scheint es aber ordentlich gekracht zu haben. Na ja, es sind erwachsene Menschen, das wird sich schon regeln, denkt Stephan und setzt sich an seinen Schreibtisch.

Peter sitzt betroffen an seinem Platz und starrt mit leerem Blick auf den Monitor. Das war heftig. Die anderen nehmen ihn nicht ernst, halten ihn für stehengeblieben. Aha! Denen wird er es schon zeigen. Seine Zahlen stimmen schließlich. Außerdem hat er mehr Erfahrung als sie alle zusammen. Warum sollte also er derjenige sein, der falschliegt? Das macht doch gar keinen Sinn. Heute wird er sich im Büro nicht mehr konzentrieren können, also packt er seine Tasche und fährt nach Hause.

Als Marlene sich beruhigt hat, tut es ihr leid, sich so hinreißen lassen zu haben. Vielleicht sollte sie Peter noch mal eine Chance geben und ihm doch ein paar Leads zuteilen. Schließlich will sie nicht, dass noch mehr Streit und Missgunst im Team entsteht.

***

Ein paar Tage später hat Marlene tatsächlich zwei Kunden in der Nähe von Peters Wohnort und vereinbart zwei Termine für ihn. Peter bedankt sich dann auch sofort.

Als Peter bei den Kunden vorfährt, stellt er fest, dass es doch nicht so einfach ist. Im ersten Unternehmen empfängt ihn der Facilitymanager und *Mädchen für alles*, wie er sich selbst nennt. Es gibt zwölf Mitarbeiter, alle arbeiten in kleinen Büros mit festen PC-Arbeitsplätzen. Die Stühle sind nagelneu. Das wird schwierig, hier etwas zu platzieren. Der Facilitymanager lässt sich verschiedene Aufsteller und Schrankmodelle zeigen und will dann alles Weitere mit seinem Chef besprechen. Na toll.
Im zweiten Unternehmen ist es noch schlimmer. Ein junger Mann kommt Peter schüchtern entgegen. Wie sich herausstellt, jobbt er gerade als Werkstudent beim Geschäftsführer und schreibt seine Bachelorarbeit über New Work. Natürlich ist er sehr interessiert, welche Konzepte es da gibt und wie die L-Serie hier unterstützen kann. Peter kann kaum höflich bleiben. Er beantwortet alle Fragen, aber da ist kein Geschäft drin!
Wütend fährt er ins Büro.

Als Marlene ihn sieht, fragt sie gleich freudestrahlend: »Wie waren deine Termine?«
»Na ja, so richtig gut war es nicht. Gerade der letzte, da hast du mich voll reingeritten. Es war ein Werkstudent, der seine Bachelorarbeit

über New Work schreibt. Er hatte tausend Fragen, aber rauskommen wird da nichts. Sinnlos vertane Zeit. Aber trotzdem danke.«
Marlene ist mindestens genauso enttäuscht wie Peter.

Später hört Marlene durch Zufall, wie Stephan und Peter sich über die Kundenbesuche unterhalten.
Stephan überlegt laut: »Vielleicht sollten wir die Ziele für Marlene konkretisieren und eine Erfolgsquote definieren. Nicht nur die Anzahl der Termine, sondern auch die Ergebnisse und wer am Tisch sitzt. Also wir messen die BANT-Kriterien.«
Marlene zuckt. Irgendwie empfindet sie es als unfair, dass sie jetzt bestraft werden soll, wenn die Vertriebler nichts auf die Reihe kriegen. Das ist gemein. Sie wollte es auf kollegiale Art noch mal versuchen mit Peter, aber jetzt ist endgültig Schluss damit. Ihr Bauch grummelt.
Was hatte Stephan noch mal gesagt? BANT. – Das hatte sie doch im Vertriebstraining mit Dana besprochen. Sie schaut sich das Lead im CRM noch mal an und tatsächlich steht unter den Stichworten:
B – Budget: vorhanden
A – Entscheider: arbeitet für die Geschäftsleitung
Gut, der Kunde hatte nur gesagt, dass er für die Geschäftsleitung arbeitet. Verdammt! Hier hätte ich nachfragen müssen: *Was genau machen Sie für die Geschäftsleitung? Wer wird sonst noch bei der Einführung von New Work involviert sein?*
Und dann noch:
N – Need: Interesse an New Work
T – Time: in diesem Jahr
Okay, im Nachhinein ist das nicht wirklich viel. Ich muss mehr fragen. – Auswirkungsfragen: *Was sind die Gründe dafür, dass Sie New Work einführen wollen? Was wollen Sie erreichen? Was haben Sie bereits unternommen?*

Marlene wird sauer auf sich selbst. Klar hat sie gefragt, aber jetzt, als sie ihre eigenen Antworten liest, merkt sie, dass sie wohl etwas zu optimistisch war. Aber auf der anderen Seite hat auch Peter eine Verantwortung, wenn er die Oppty übernimmt. Er muss die doch wohl hinterfragen? Marlene notiert sich ihre Fragen und schreibt anschließend Dana eine Mail, ob sie nicht zusammen noch mal die BANT-Kriterien wiederholen können.

***

Und so sitzen die Woche drauf Tim, Peter, Marlene und zwei weitere Kollegen mit Dana im Meetingraum und erarbeiten gemeinsam folgende Fragen zu den BANT-Kriterien:

B = 💰 Budget:

- Um Ihre Qualitätsanforderungen in das richtige Verhältnis zur Lösungsdefinition bringen zu können und um zeitintensive Schleifen zu vermeiden: Wie sieht Ihr Budgetrahmen für Ihr Projekt aus?
- Welcher Anteil des Budgets ist für … vorgesehen?
- Wie viel haben Sie in der Vergangenheit für ähnliche Lösungen ausgegeben?
- Unter welchen Umständen würde Ihr Chef einer nicht budgetierten Lösung zustimmen?
- Wie sieht der typische Prozess der Budgetbereitstellung für eine Lösung aus, die außerhalb Ihres ursprünglichen Budgets liegt?

A = 👔 Entscheider:

- Wie sieht der Entscheidungsprozess aus?
- Wer hat sich in Ihrem Unternehmen als Erster entschieden, eine Lösung zu finden?
- Wer neben Ihnen entscheidet über die endgültige Lösung?
- Anhand welcher Kriterien entscheiden Sie?
- Wenn verschiedene Lösungen die gleiche Funktionalität zum gleichen Preis bieten, wie entscheiden Sie dann?
- Welche Mitarbeiter außerhalb des fachlichen Entscheidungsprozesses könnten die Entscheidung noch beeinflussen?
- Welche Bedenken könnten diese Ihrer Meinung nach haben? Wie sollten wir Ihrer Meinung nach damit umgehen?

N = ❗ Need:

- Was sind Ihre wichtigsten Unternehmensziele?
- Was genau suchen Sie?
- Aus welchem Grund ist das so wichtig für Sie?
- Was sind die größten Herausforderungen, denen Sie derzeit (zum Thema XXX) gegenüberstehen?
- Wie wirkt sich das auf Sie persönlich aus?
- Wie sollte Ihrer Meinung nach eine optimale Lösung aussehen?
- Was sind die wahrscheinlichen Folgen für Sie, wenn das Problem nicht gelöst wird? (Nichts tun?)
- Was sind Ihre Muss-Anforderungen und welche sind Kann-Anforderungen?
- Was hat Sie bisher daran gehindert, etwas dagegen zu unternehmen?

- Was ist Ihrer Meinung nach das größte Hindernis für die Erreichung Ihrer Ziele?
- Welche Teams/Abteilungen wären davon betroffen / würden davon profitieren?

 Timeline:

- Wann brauchen Sie eine Lösung?
- Wie sieht Ihr Zeitplan aus, um die Ergebnisse zu erreichen?
- Was ist der Grund für diesen Zeitrahmen?
- Wie lange sind Sie schon mit diesem Problem konfrontiert?
- Was hat Sie dazu bewogen, dieses Problem *jetzt* lösen zu wollen?
- Wer hat den Zeitrahmen festgelegt?
- Was könnte Sie daran hindern, die gewünschte Lösung innerhalb des vorgegebenen Zeitrahmens zu erreichen?
- Was würde es für Sie/Ihr Unternehmen bedeuten, wenn der Zeitrahmen deutlich verkürzt werden könnte?
- Wie sehen Ihre nächsten Schritte aus? (Meilenstein Plan!)

Die Stimmung im Raum ist produktiv und konzentriert. Marlene merkt richtig, wie alle mitdenken. Ursprünglich hatte sie ernsthaft überlegt, wie sie verhindern kann, dass Peter am Meeting teilnimmt, aber dann hat sie sich zusammengerissen, schließlich war ja gerade bei den Leads für Peter einiges schiefgegangen.
Und tatsächlich brachte sich Peter heute engagiert ein. Zum ersten Mal hat Marlene das Gefühl, dass es sich hier um ein richtiges Team handelt, das gemeinsam ein Ziel verfolgt. Ein gutes Gefühl.
Da bringt Peter noch einen weiteren Aspekt: »Wenn der Kunde eigentlich fest in der Hand meines Konkurrenten ist, dann liegt es doch nahe, dass er nur ein Vergleichsangebot möchte. Da muss man doch gar nicht erst hin!«

Tim und Marlene grinsen sich an und rufen laut »Annahme!«
Alle Lachen, außer Peter.
Dana meint: »Du hast recht, natürlich interessieren uns auch eventuelle Risiken. Wir wollen ja nirgends Aufwand reinstecken, wenn der Kampf eh schon verloren ist. Aber wir müssen aufpassen, nicht aufgrund von Annahmen vorschnell aufzugeben. Also bleibt auch hier nur, eventuelle Risiken durch Fragen zu evaluieren.«
Gemeinsam erstellen sie dazu eine weitere Fragen-Liste:

- Was sehen Sie als Hinderungsgrund an?
- Was könnte Sie hindern, die Lösung einzusetzen?
- Was für andere Produkte / Lösungen haben Sie sich noch angeschaut?
- An welche anderen Alternativen Angebote/Lösungen denken Sie?
- Wie viele Mitbewerber haben Sie evaluiert?
- Wer sind unsere Wettbewerber?
- Wer führt derzeit die Gruppe der Wettbewerber an?
- Mit welchem der anderen Anbieter haben Sie bereits Verträge?
- Wenn ja, wann ist die Verlängerung fällig? Gibt es eine Stornogebühr?
- Was ist der Grund dafür, dass Sie gerade jetzt einen Wechsel des Lieferanten/Partners in Betracht ziehen?
- Was möchten Sie in Zusammenarbeit mit dem neuen Partner verbessern?
- Wo sehen Sie die Risiken bei der Auswahl des neuen Partners?
- Wo sehen Sie uns im Vergleich zum Wettbewerb?

Es scheint gar kein Ende zu nehmen. Wer hätte gedacht, dass ihnen so viel einfällt?

Immer klarer wird der Gruppe, wie wichtig die Vorqualifikation von Marlene ist. Ohne Innendienst und Terminvereinbarungen kann sich der Außendienst nicht auf seine Aufgabe – nämlich die Präsenz beim Kunden – qualifiziert vorbereiten, da die Zeit fehlt. Eine klare Rollendefinition von Marlene und den Außendienstlern macht also mehr als Sinn, um den Markt schneller zu bearbeiten und die Potenziale zu erkennen. Gemeinsam einigt sich die Gruppe, jede Opportunity zu prüfen und gegebenenfalls selbst beim Kunden nachzufragen oder Marlene zu bitten, noch mal zu hinterfragen, falls ihr Gefühl zu positiv war. Das ist ein guter Plan.

Als Stephan davon erfährt, freut er sich sehr über das Engagement seiner Leute. Nein, die Ziele für Marlene muss er nicht anziehen, das würde sie wahrscheinlich eher demotivieren. Schließlich ist Marlene jemand, der sich wohlfühlen möchte, das heißt, sie will, dass die Termine für beide Seiten gut sind: den Vertriebler und den Kunden. Er lächelt in sich hinein und lobt sich selbst: *Gut, dass ich mir über das Motiv von Marlene Gedanken gemacht habe. Vor ein paar Wochen hätte ich das bestimmt noch nicht so einschätzen können und wer weiß, was ich dann kaputtgemacht hätte?* So langsam wird Stephan die Bedeutung seiner Gespräche mit Dana immer klarer.

Nach dem Meeting mit Dana und den anderen kämpft Marlene mit sich. Durch Zufall ist sie bei *XING* auf einen Mitarbeiter in leitender Position bei der MSG GmbH getroffen, den Peter eigentlich kennen müsste. Soll sie die Gelegenheit nutzen und basierend auf den persönlichen Verbindungen einen Termin für Peter vereinbaren? Eigentlich wollte sie nach dem Theater mit den letzten Leads nie wieder was an Peter übergeben. Auf der anderen Seite hat er sich bei den BANT-Kriterien engagiert mit eingebracht und die MSG GmbH ist ein großes, sogar international aufgestelltes Unternehmen. Es

produziert und handelt mit qualitativ hochwertigen Schrauben für Industriekunden. Marlene hatte in den letzten Wochen sowohl über die Zentrale versucht, an den Facilitymanager heranzukommen, als auch über die Personalabteilung. Beides war ihr aber nicht gelungen. Immer wurde ihr gesagt *Wir stellen nicht durch* oder *Keiner da*. Nebenbei hatte sie noch via *LinkedIn* und *Xing* ein, zwei Kontakte angefragt, aber auch da keine Reaktion. Nur ein Ralf Weniger hat ihre Kontaktanfrage akzeptiert. Er bezeichnet sich als *Centerleiter Service Desk* und als Marlene etwas intensiver recherchierte, sah sie die Verbindung zu Peter: Die beiden haben gemeinsam ihre Ausbildung zum Schreiner im selben Betrieb absolviert. Was für ein Zufall! Soll Marlene die Gelegenheit nutzen?
Sie gibt sich einen Ruck und lässt ihre Professionalität siegen. Sie bittet Herrn Weniger um ein Telefonat mit Verweis auf Peter und tatsächlich: Herr Weniger stimmt sofort zu. In dem Telefonat erzählt Herr Weniger Marlene, dass er aktuell Herausforderungen hat, weil sie in seiner Abteilung gerade von festen Arbeitsplätzen auf Shared Desk umstellen. Seine Abteilung ist das Pilotprojekt für das ganze Unternehmen. Er will sich sehr gern mit Peter treffen und sich anschauen, was die WOBB GmbH zu bieten hat.
Wie gut, dass ich über meinen Schatten gesprungen bin. Klingt doch nach einer echten Chance!, denkt Marlene und schaut sich ihre Aufzeichnungen an:

BANT:
B und T: Vorhanden. Herr Weniger hat ein Projekt und das soll in den nächsten drei Monaten abgeschlossen werden. Er sprach von einem mittleren fünfstelligen Betrag, der hierfür eingeplant ist.
A: Herr Weniger ist Abteilungsleiter und hat ein starkes Wort mitzusprechen. Die Entscheidung wird dann gemeinsam mit dem Deutschlandchef getroffen.

N: Pilotprojekt: 35 Festarbeitsplätze in einem neuen Büro auf 25 Arbeitsplätze reduzieren. Beziehungsebene wahrscheinlich sehr gut, weil alte Bekannte.

Doch, das passt, findet Marlene und ruft Peter an, um ihm die gute Nachricht mitzuteilen. Peter erinnert sich auch sofort an Ralf und freut sich sehr über den Termin. So ein Glück muss man erst mal haben.

***

Diesmal haben sich Stephan und Dana einen ganzen Nachmittag Zeit genommen. Sie treffen sich in Danas Büro. Es ist erstaunlich gemütlich eingerichtet für seine Größe. Ein großes, grünes Ecksofa lädt zu spannenden Diskussionen ein und der stilvolle hölzerne Besprechungstisch in der Mitte des Raumes bietet genügend Platz für ausführliche Brainstormings und Notizstapel. Für eventuelle Vorträge prangt an der Wand eine interaktive Tafel. Stephan bekommt bei diesem Anblick direkt Lust loszulegen.
Dana hatte recht. Für die Themen, die heute auf der Agenda stehen, ist es empfehlenswert, aus der gewohnten Umgebung auszubrechen, damit das Gesagte auch wirken und verarbeitet werden kann, und zwar jenseits des Alltäglichen.
Sie wollen über Führung sprechen und so fragt Dana Stephan auch gleich zum Auftakt, was er eigentlich unter Führung versteht.
Stephan formuliert zögerlich: »Na ja, ich als Vorgesetzter habe erst mal die Verantwortung für die Zahlen. Ich führe meine Mitarbeiter, helfe ihnen mit meinem Wissen und meiner Erfahrung und bin bestimmt auch irgendwie Vorbild. Also versuche ich, selbst zu verkaufen und auch die L-Serie zu platzieren – als Vorbild. Und natürlich unterstütze ich auch beim Kunden.«

Dana nickt und fährt fort: »Super, danke. Hier ist schon einiges drin: Vorbild, Know-how-Transfer, Verantwortung, Controlling und Führung. Die Herausforderung ist, dass wir mit *führen* immer zumeist meinen, dass wir andere führen, so von oben nach unten. Stimmt's?«

Stephan nickt.

Dana fährt fort: »Das impliziert aber auch, dass du als Führungskraft immer der Held sein musst. Der Held, der in der Lage sein muss, alles Wesentliche selbst zu machen. Und das wiederum führt dazu, dass wir Lösungsansätze vorgeben. Damit arbeiten wir aber im System und nicht am System!« Sie sieht Stephan an. Er guckt etwas irritiert, daher fragt Dana: »Du magst Fußball?«

»Wer mag das nicht?«, grinst Stephan.

»Dann lass uns das als Beispiel nehmen! Ein guter Fußballtrainer ist nicht zwingend der beste Fußballspieler. Stimmts?«

»Ähm, jaaa ...«

»Der Job des Trainers ist es, die Mannschaft so aufzustellen, dass jeder Profi sein Bestes gibt und weiß, was er zu tun hat. Wie genau der Einzelne es umsetzt, entscheidet aber jeder Spieler für sich. Ich starte mal die interaktive Tafel und dann überlegen wir gemeinsam, was eigentlich die Aufgaben eines Fußballtrainers sind. Fällt dir was ein?«

Nach einer Weile haben sie gemeinsam ein Bild entwickelt.

»Insgesamt gilt die Maxime: So viel Selbststeuerung und Selbstverantwortung wie möglich, so wenig Führungseingriffe von oben und außen wie nötig. Und dabei ist es wichtig zu berücksichtigen, dass jeder Spieler im Team etwas anderes von seiner Führungskraft braucht. Je nach Reifegrad des jeweiligen Spielers, seinen Erfahrungen, seinen Motiven und seiner Einstellung. Wenn du am System arbeitest, statt im System, dann heißt das, dass du das System beobachtest, bei Fehlern dafür sorgst, dass die direkt Betroffenen die

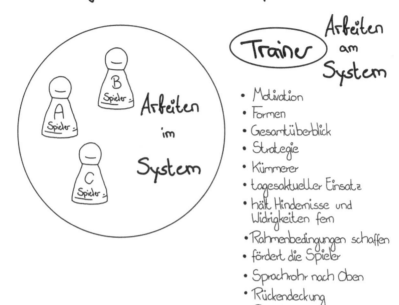

Situation richtig analysieren und die passenden Konsequenzen ziehen, um zu lernen, sich selbst immer kompetenter einzuschätzen und sich selbst zu steuern – auch gerade in unerwarteten und unbekannten Situationen.«

Bei Stephan rattert es: »Das heißt ja aber im Umkehrschluss, ich muss den Kollegen *nur*«, Stephan malt virtuelle Anführungszeichen in die Luft, »meine Erwartungshaltung klar machen und dann können diese entsprechend ihren Stärken ihre eigene Vertriebstechnik optimieren.«

»Ja!« Dana stimmt lächelnd zu. »Deine Aufgabe ist es, den Mitarbeiter zu befähigen, zu coachen und ihm nicht die Lösung vorzugeben. Genau wie wir es in der Vorbereitung für die Gespräche mit Peter geübt haben.«

Stephan nickt leicht, als er seine Gedanken ordnet und dann meint: »Jetzt ist nur noch spannend, wie ich das hinkriege. Also: Wie kann ich die Erwartungshaltung sauber klären?«
Dana schaut ihn an, sagt aber nichts.
Stephan überlegt vor sich hin murmelnd weiter: »Erwartungshaltung formulieren ... Ich habe mal gelernt, das immer positiv zu formulieren: *Ich wünsche mir ...*«
Wieder stimmt Dana zu: »Unbedingt positiv formulieren! Vorher mach dir vor allem auch klar, was deine Erwartung ist. Das ist deine Hausaufgabe. Okay?«
Stephan nickt und notiert sich die Aufgabe in seiner To-do-Liste.
Dann macht Dana weiter: »Jetzt lass uns noch mal schauen, wie wir deine Eins-zu-eins-Gespräche gestalten können!«
Und so erarbeiten beide im intensiven Austausch eine Vorlage für Stephans Mitarbeitergespräche.

Im 1:1 Gespräch:

- Struktur, Vorbereitung, Zielsetzung!
- Thematisch und terminlich aufteilen (heute ½ Stunde und danach nächste Gespräche mit anderem Zielthema)
- Ggf. Einleitung und Regeln zum Feedback
    a. Feedback ist ein Geschenk – der Feedbacknehmer kann es nehmen, aber auch lassen.
    b. Der Feedback-Nehmer entscheidet, was aus dem Feedback wird.
    c. Fragen stellen, wenn das Feedback nicht verstanden wird.
    d. Alles besprochene bleibt im Raum.
    e. Keine Rechtfertigung.

- Matching – Reflexion: »*Auftrag verloren*«, »*Forecast falsch*«, »*Blöd gelaufen, oder?* « »*Ich finde es auch schade..* «
- Einstieg ins Gespräch: »*Ich möchte nochmal mit Dir darüber reden...*«
  NICHT: »*Wollen wir nochmal reden*« – Mitarbeiter hat doch eigentlich keine Wahl, daher wäre es Suggestion
- Rahmen schaffen, damit Mitarbeiter, weiß, woran er ist und nicht auf das große ABER wartet. Zum Beispiel: »*Dies wird heute ein sehr erfreuliches Gespräch.* «
- Offene Fragen, weniger ist mehr!
- Thema: offene Fragen, direkte, geschlossene Fragen meiden! Nicht suggerieren, sondern Perspektive ändern
  »*Wie würde der Kunde Dich beschreiben?*«
  »*Was würde mir der Kunde über den Vorgang erzählen?*«
  »*Was würde der Kunde sagen, weshalb er nicht gekauft hat?*«
  NICHT: »*Hat Dir die Vorlage/Folie geholfen?*«, sondern »*Was hat Dir an der Folie geholfen? Wie genau?*«
  »*Welche Kategorie würdest Du streichen? Aus welchem Grund?*«
  NICHT: »*Hast Du das verstanden?*«, sondern »*Was war für Dich jetzt das wesentliche?*«
- unsere Unternehmensstärken hervorheben, Fokus auf die L-Serie, auf Raumkonzepte
- Nachfragen:
  »*Was interessiert Dich?, »Welche Interessen hast Du? «, »Was machst Du genau?*«
- Motivation / Begründung - warum müssen wir das tun:
Achtung! NICHT: »*ICH muss dem Vorstand erklären, dass...*« = Distanz und mein Problem, sondern »*wir müssen,...* «, »*es ist unser Job...* « bzw. bezugnehmen auf die 7 Motive.

> Hinterfragen, tiefer gehende Fragen
> *»Sag mal, was machst Du jetzt anders?«, »Was hast Du Dir jetzt vorgenommen?«, »Was hast Du jetzt mitgenommen?«*
> - Zusammenfassen und Danken.

Auch für das Vertriebs-/Teammeeting erarbeiten beide Ideen, wie Stephan diese interaktiver gestalten kann.

> **Offene Runde:**
>
> »*Stellt Euch vor:* Wir haben im August 20.000 Stück der L-Serie verkauft. Was haben wir gemacht? Wie haben wir das geschafft?«
>
> Wertschätzung:
> - Leistungsaufbau
> - Entwicklung der Gesprächsführung und des Inhaltes
> - Gruppenarbeit / Feedback untereinander
>
> Visualisieren:
> - die wichtigsten Fakten/ Erkenntnisse / Beschlüsse aufs Flipchart schreiben
>
> Fragen:
> - den einzelnen ansprechen, jeden mitnehmen
>   *»Was hast Du jetzt mitgenommen?«*
>   *»Was ist für Dich das wesentliche?«*
>   *»Wie fühlst Du dich vorbereitet für die Praxis?«*
>   *»Was brauchst Du, um am ... mit ... gut zu starten?«*

> Struktur und Fakten:
> - dem Einzelnen wenig Spielraum zum Interpretieren geben, Nachfragen und empathisch zuhörend wiederholen
> - 7 (+2) Infos kann sich der Mensch nur merken
> - Change braucht Zeit, Step-by-Step

Mit diesen Vorbereitungen fühlt Stephan einen neuen Drive. Er fährt zufrieden nach Hause und lässt wie von Dana empfohlen die Themen sacken. Endlich mal wieder joggen gehen, das hat er schon viel zu lange nicht mehr gemacht.

Gut gedacht, ist noch nicht gut gemacht

Wie erwartet war Sebastian, der die Rolle des Solution-Sales-Managers bei WOBB hat, sofort Feuer und Flamme, als Tim ihm von *4803 Parfüm* erzählte. Auf jeden Fall würde er Tim bei diesem Termin unterstützen. Auch Dana wollte dabei sein und das Meeting beobachten.

Und so sitzen die drei ein paar Tage später nach einem kurzen Rundgang durch die WOBB GmbH Frau Amermann im Meetingbereich des Showrooms gegenüber. Frau Amermann erklärt: »Die Büros sollen von den Designern, die mal schnell ihre Emails checken wollen, über die Fotografen, die ihre Fotos prüfen und bearbeiten möchten, bis hin zur Verwaltung oder dem Management genutzt werden können. Neben einigen Verwaltungsangestellten, die fast immer da sind, werden die anderen eher sporadisch zu Besuch sein.«

Nach den vielen Denkanstößen der letzten Woche fragt Tim nach: »Danke für die Informationen. Was genau ist Ihre Aufgabe als Projektleiterin?«

»Ich bin verantwortlich für den gesamten Aufbau und die Entwicklung der Standorte. Ich kümmere mich eigentlich um alles, vom Fotostudio bis zum Verwaltungsbüro. Dabei greife ich natürlich auf Experten aus verschiedenen Abteilungen zurück.«

»Können Sie mir noch sagen, wie dann die Entscheidungsfindung aussieht?«, fragt Tim weiter.

Frau Amermann lächelt. »Na ja, normalerweise spreche ich mit zwei bis drei Anbietern und entscheide dann. Wenn es nur um den Möbelkauf geht, entscheide ich einfach selbst. Wenn das Konzept umfangreicher ist, dann schaut auch unser CEO, Herr Dutschke, gern noch mal drüber. Aktuell schwanke ich aber noch, ob ich für die Verwaltungsbüros die Möbel kaufe, miete oder das komplette Raumkonzept einem

Architekten übergebe. Letzteres hätte den Vorteil, dass ich alles abgeben kann. Ehrlich gesagt weiß ich aktuell gar nicht, wo mir der Kopf steht. Es gibt so viele Details zu klären und wir versuchen gerade alles auf einmal.«

Kaum hat Frau Amermann noch mal ein paar Details zu den neuen Standorten erläutert, da legt Sebastian plötzlich los. Man sieht richtig, wie die Ideen für Farben, Trennwände, Schalldämmung, Integration der Tische und eine Bar mit Kaffeeecke in seinem Kopf entstehen. Zuerst begeistert er Frau Amermann und Tim mit seinen sprudelnden Ideen, aber bald merkt Tim, dass Frau Amermann immer ruhiger wird. Während Sebastian weiter aufdreht, werden die Kommentare von Frau Amermann einsilbiger. Hat sie nicht gerade noch gesagt, dass ihr alles zu viel wird? Gerade 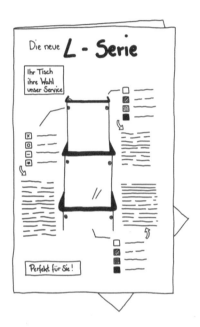 zeigt Sebastian Frau Amermann ein Foto von den Beinen eines höhenverstellbaren Tisches und erläutert, dass es die Gummis und Schrauben in verschiedenen Farben gibt und fragt, welche sie denn am liebsten mag.

Tim schaut Dana an und Dana macht eine Geste, dass er dazwischen gehen soll. Also atmet Tim tief ein und unterbricht Sebastian: »Ich fürchte, das wird gerade etwas viel. Ich möchte das Gespräch nicht abwürgen. Frau Amermann, haben Sie noch Fragen oder Gedanken, die Ihnen wichtig sind?«

Frau Amermann schüttelt den Kopf.

»Dann schlage ich vor, wir erarbeiten Ihnen Vorschläge, die Sie sich dann in Ruhe anschauen können. Kurz und knackig arbeiten wir

Ihnen zwei, drei Ideen etwas detaillierter aus. Mein Ziel ist es, dass Sie unsere Kompetenz erkennen und uns das ganze Projekt für alle dreizehn Standorte anvertrauen.«

Frau Amermann nickt erleichtert und ergänzt: »Sehr gern. Ach so, wenn Sie noch ein paar Referenzen zu diesem Thema hätten und beilegen könnten, wäre das sicherlich von Vorteil.«

Tim sieht einen Schatten auf Sebastians Gesicht. Das mit den Referenzen scheint ein Problem zu sein.

Sie verabschieden sich von Frau Amermann. Tim ist wütend auf Sebastian und holt erst mal einen Kaffee.

Kurz darauf sitzen Sebastian, Tim und Dana noch einmal zusammen. Dana fragt beide nach ihren Eindrücken. Sebastian ist immer noch Feuer und Flamme und kann sich kaum konzentrieren. Er hatte den Eindruck, dass Frau Amermann super interessiert war, und hätte ihr gern noch mehr gezeigt. Tim dagegen ist etwas verhaltener und drückt sein Gefühl aus, dass Frau Amermann überfahren war.

»Den Eindruck hatte ich leider auch. Woran könnte es gelegen haben?«, richtet Dana ihre Frage an beide.

Tim grübelt und antwortet dann: »Ich habe Sebastian als Experten mitgenommen und er hat dann übernommen und sich total in den Details verrannt.«

»Eh, du wolltest doch, dass ich viel einbringe und wir zeigen, was wir alles können!«, hält Sebastian dagegen.

»Ja, aber nicht so. Du hast Frau Amermann totgequatscht! Da kann doch keiner mehr folgen!«

»Dann kannst du es ja das nächste Mal alleine machen!«, faucht Sebastian zurück.

Dana geht dazwischen. »Ihr habt beide recht. Details, Bilder und Begeisterung sind wichtig, um zu zeigen, was ihr könnt. Aber natürlich darf es nicht zu viel werden und der Kunde muss im Mittelpunkt

bleiben. Lasst uns überlegen, wie ihr es hättet anders machen können. Wem gehört eigentlich der Kunde?«
»Mir!« Die Antwort von Tim kam schnell und bestimmt.
»Genau, der Kunde gehört dem Vertrieb!«, stimmt Dana zu: »Tim, du musst also als Moderator das Gespräch führen und den Kunden im Auge behalten. Du lenkst das Gespräch. Wenn Tim also eingreift und sagt: *Danke, Sebastian. Lassen Sie uns jetzt noch mal über die Installation sprechen. Wer wird unser Ansprechpartner vor Ort sein?*, dann musst du, Sebastian, aufhören zu präsentieren. Das heißt aber auch, ihr müsst vorher diese Unterbrechungen thematisieren, sodass Sebastian die Signale auch sofort erkennt. Es wäre besser gewesen, wenn ihr im Vorfeld eine Rollenklärung gemacht hättet, also dass Tim immer wieder Punkte zusammenfassen wird und Sebastian sich an die Spielregeln von Tim hält. Tim erteilt das Wort und nimmt es auch wieder – immer mit Blick auf die Reaktionen des Kunden.«
Beide nicken.
Tim ärgert sich, auf die Idee hätte er auch selbst kommen können. Das passiert ihm nicht noch mal, dass er ohne Absprache und Rollenklärung mit einem Kollegen in ein Kundenmeeting geht.

***

Mit der Zeit ist für Marlene der Kaltakquiseanteil an ihrer Arbeit schon tägliche Routine geworden. Sie hat ihren Stil gefunden, kennt ihre Ziele und arbeitet diszipliniert ihre Wiedervorlagen ab, indem sie ihre Blöcke auch wirklich strikt einhält. Auch hat sie eine konsequente Strategie, welchen Kunden sie wie anspricht und in welcher Reihenfolge sie vorgeht. Zuerst wählt sie die Kunden an, die bewusst auf Wiedervorlage liegen, weil sie im letzten Telefonat positiv reagiert haben beziehungsweise Marlene für diesen Tag einen Anruf versprochen hat. Da sind die Chancen am größten. Dann folgen die Webinarteilnehmer und die Leads aus dem algorithmenbasierten Tool, um hier die konkreten beziehungsweise zeitlich passenden Anhaltspunkte zu nutzen, bevor sich das Zeitfenster wieder schließt. Dann die Kunden, die sie noch nicht erreicht oder die sie sich für die Akquise herausgesucht hat. Das klappt sehr gut.

Nur die Absagen tun immer noch weh. Gerade wenn der potenzielle Kunde wirklich vielversprechend ausschaut, das Unternehmen gut zur WOBB passen würde, im Gespräch die Beziehungsebene gestimmt hat, dann hat sie innerlich das Gefühl versagt zu haben, wenn ihr Ansprechpartner eine weitere Beratung explizit ablehnt oder weit in die Zukunft verschiebt. Manchmal kann sie auch gar nicht mehr weitertelefonieren, so schnürt sich ihr Bauch zusammen. Sie hatte darüber auch mal mit Tim und anderen Vertrieblern gesprochen und alle sagten dasselbe: Es ist ein widerliches Gefühl, ein Nein zu kassieren. Alle Menschen wollen gemocht werden und fürchten Ablehnung. Tim meinte, da helfen nur eine gesunde Resilienz und die Fähigkeit, sich auf die Sachebene zu konzentrieren. Aber das ist leichter gesagt als getan. Dana hatte ja auch gesagt, dass im Vertrieb immer dem Fleißigen recht gegeben wird, aber so einfach ist es nicht. Theoretisch soll Marlene sich denken: *Prima, wieder ein Nein. Jedes Nein bringt mich dem Ja näher!* Dennoch bleibt ein komisches Gefühl!

Ein anderer, etwas erfahrener Kollege aus dem Team hatte ihr beim Mittagessen versichert: »Wichtig beim Loslassen ist, dass ich als Vertriebler weiß, warum ich den Pitch verloren habe. So kann ich noch mal prüfen, welchen Anteil ich selbst daran habe und ob ich meinen Verkaufsprozess noch mal nachschärfen muss. Manchmal stecken halt auch einfach nur externe Faktoren dahinter, die ich nicht beeinflussen kann. Zum Beispiel, dass der Entscheider mit

jemandem vom Wettbewerb befreundet ist oder jemandem noch einen Gefallen schuldet. Ich habe neulich einen Pitch gewonnen, bei dem mir der Kunde klar gesagt hat, dass ich es wegen meiner Persönlichkeit geschafft habe. Auch das ist doch schön. Wahrscheinlich liegt es manchmal auch einfach nur daran, dass der Kunde einfach ein *besseres Bauchgefühl* mit jemandem hat.«
Das versteht Marlene, ihr Gefühl bleibt aber und sie wird trotzdem noch mal Dana fragen.

Es ist mal wieder Coachingzeit und weil die letzten Gesprächsanalysen so gut gelaufen sind, hat Dana vorgeschlagen, noch einen theoretischen Block einzuschieben. Zufällig ist Tim auch im Büro und hat leider wieder wenig zu tun, also fragt er, ob er dabei sein darf, und so sitzen die drei im Meetingraum.
Marlene nutzt gleich die Chance, Dana nach ihrer Meinung zu fragen und erzählt von ihrer Herausforderung mit Absagen und den Aussagen ihrer Kollegen zu diesem Thema. Auch Tim gibt zu, dass er manchmal mehrere Nächte davon träumt, wenn der Kunde ihm einen Korb gegeben hat.
Dana entgegnet: »Deine Kollegen haben vollkommen recht. Es hilft euch sehr, wenn ihr wisst, warum ihr verloren habt, dann könnt ihr auch loslassen. Es kann was Externes sein oder auch an euch liegen. Daher ist eure Reflexion in der Nachbereitungsphase so wichtig, um zu prüfen, wie ihr euren Verkaufsprozess noch verbessern könnt, wo ihr *nachschleifen* müsst.«
»Könnte ich nicht auch den Kunden fragen?«, meint Tim.
»Natürlich. Die Frage ist vollkommen legitim: *Was hätte ich anders machen können?*«, erwidert Dana und ergänzt: »Besonders wichtig ist, auch bei Absagen die Tür immer offenzulassen. Bedankt euch für die Ehrlichkeit mit der Bitte, bei der nächsten Kaufentscheidung wieder ein Angebot abgeben zu dürfen.«

Tim nickt. »Ich habe immer noch Schwierigkeiten, wenn der Kunde mir erzählt, dass er über neue Büromöbel und auch über Shared Desk nachdenkt. Dann aber passiert gar nichts. Ich bleibe dran, aber es wird immer wieder verschleppt und ich kriege ihn einfach nicht zu fassen.«

»Ja, das kenne ich auch«, pflichtet Marlene bei. »Manchmal geht der Kunde dann auch gar nicht mehr ans Telefon, lässt sich verleugnen und so. Ich denk dann immer: *Aber du hast doch gesagt, du willst!* Der Schmerz war da.«

Dana wartet kurz ab und antwortet dann: »Es könnte daran liegen, dass es zwar ein Problem gibt, aber es tut nicht ausreichend weh. Der Schmerz ist nicht groß genug. Probleme gibt es viele. Erst ein persönlicher Schmerz lässt uns wirklich kaufen. Ihr kennt bestimmt das Problem, mit dem Rauchen aufzuhören. Man müsste aufhören, weil es ungesund ist. Okay, das ist ein Problem. Aber das reicht in der Regel nicht, um aufzuhören, erst wenn die Leute wirklich einen echten Schmerz haben wie eine zu amputierende Zehe, dann schaffen sie es, wirklich aufzuhören. So ist es hier auch. Erst der Schmerz als Auswirkung eines Problems lässt kaufen. Ein Schmerz ist zudem immer persönlich, es gibt keinen Unternehmensschmerz. Daher müssen wir fragen: Wie wirkt sich das auf dich persönlich aus? Wir als Verkäufer können nicht wissen, ob es für den anderen ein Problem oder Schmerz ist!« Dana hält kurz inne und fragt dann: »Wenn der Kunde euch sagt: Die Möbel in unseren Büros sind schon ziemlich alt. Ist das ein Problem oder ein persönlicher Schmerz?«

»Eher ein Problem«, meint Marlene nachdenklich. »Schmerz wäre ja, wenn er deswegen Rückenprobleme hat.«

»Genau!«, bekräftigt Tim. »Oder wenn ein Bewerber ihm nach dem Unternehmensrundgang absagt, weil er die alten Dinger gesehen hat.«

Dana springt dazwischen: »Nein! Vorsicht! Ist das schon ein persönlicher Schmerz?«

Tim schaut sie an und lacht: »Hmm, weiß nicht. Wenn du so fragst, wahrscheinlich nicht.«

»Was wäre dann zum Beispiel ein persönlicher Schmerz beim Absagen der Bewerber?«

»Na, dass er keine Leute findet und deswegen ständig Überstunden machen muss.«

»Oder nicht mehr weiß, wohin mit seinen Kunden, und deswegen die Ziele nicht erreicht und weniger Geld kriegt«, ergänzt Marlene.

»Genau!«, bestätigt Dana. »Das ist dann der persönliche Schmerz. Die Absage der Bewerber ist erst einmal nur ein Problem. Typisch sind auch Aussagen von Kunden wie *Mein Kollege ist krank* oder *Wir finden keine Leute*. Das sind erst mal nur Probleme. Der persönliche Schmerz ist: *Ich muss doppelt so viel arbeiten.* Noch ein Beispiel. Der Kunde sagt: *Ich muss viel reisen.* Das ist ein Problem. Was könnte der Schmerz sein?«

Tim überlegt nicht lange: »Ich kann meine Familie nicht sehen, schaffe es nicht, meine Kinder zum Fußballtraining zu fahren, obwohl ich es meiner Frau versprochen habe. Das ist dann der Schmerz.«

»Genau«, fährt Dana fort, »und hier hängt es. Erst der persönliche Schmerz führt tatsächlich dazu, dass Kunden auch wirklich etwas verändern wollen. Und jetzt schließt sich auch der Kreis, warum die Beziehungsebene so wichtig ist: Die persönlichen Schmerzen erfahrt ihr vom Kunden erst mit einer guten Beziehungsebene und durch viele Fragen.«

»Ich könnte es aber auch forcieren, indem ich zum Beispiel Denkanstöße setze, oder?«, schlägt Tim vor. »Ich denke da zum Beispiel an: *Wenn wir das Projekt nicht zeitnah umsetzen, könnte es Ihnen dann passieren, dass einige Ihrer Mitarbeiter kündigen?* Oder

Manche meiner Kunden hatten dann das Problem, dass aufgrund der alten Möbel Bewerber abgesagt haben und dann hatten sie noch mehr zu tun.«

»Ja, Tim, das ist möglich, aber auch schwierig, weil es schnell eine Unterstellung ist. Besser ist, wirklich zu fragen«, erwidert Dana. »Um den Schmerz zu bestätigen oder abzusichern, helfen uns sogenannte Beweis- und Auswirkungsfragen. Diese führen uns zum persönlichen Schmerz des Ansprechpartners. Fallen euch welche ein?« Die drei sind kreativ und tragen viele mögliche Fragen zusammen:

- *Wie zufrieden sind Sie mit …?*
- *Wo sehen Sie Optimierungsbedarf mit/bei …?*
- *Inwieweit sind Sie mit der derzeitigen Lösung zufrieden?*
- *Wo sehen Sie Themen in diesem Bereich, die optimiert werden sollen?*
- *Woran machen Sie fest …?*
- *Wie messen Sie …?*
- *Anhand welcher Kriterien belegen Sie, dass …?*
- *An welchen Indikatoren messen Sie, dass …?*
- *Wie dokumentieren Sie, dass …?*
- *Was würde sich verändern, wenn …?*
- *Was wurde/wird von … beeinflusst?*
- *Was passiert, wenn Sie nichts tun?*
- *Welche Folgen hatte … / ergeben sich?*
- *Was sind/waren die Konsequenzen?*
- *Was hat Sie bisher daran gehindert … anzugehen?*

Zusammenfassend schließt Dana das Meeting: »Im Workshop haben wir viele Fragen zur Bedarfsanalyse erarbeitet. Zunächst müssen wir den Kunden verstehen, um ihm dann im Anschluss konkrete Vorschläge zur weiteren Vorgehensweise unterbreiten zu können.

Die Beweis- und Auswirkungsfragen, die wir soeben erstellt haben, ergänzen diese Basis und helfen uns, den echten, persönlichen Schmerz des Ansprechpartners zu erfassen und abzusichern. Denn nur der persönliche Schmerz führt auch zum Kauf. Um das Ganze zu systematisieren, helfen wiederum die drei Säulen von Tim: Basis, Strategie und Prozesse. Bei der Strategie geht es um das Ziel des Kunden. Die Informationen zu den Prozessen helfen uns, den Kunden auf seinem Weg zu begleiten und zu unterstützen. Ergänzt wird das mit den Faktoren von BANT, die wir letztens durchgegangen sind. Entscheidend ist, dass ihr im Verlauf eures Gesprächs in der Lage seid, die Gesprächsführung und somit den Überblick zu behalten. Dadurch vermeidet ihr es, euch in Details zu verlieren, Annahmen zu treffen und wesentliche Informationen zu vergessen. Ich hoffe, das hat euer System noch mal verbessert. Wichtig ist vor allem, dass ihr euch ein umfassendes Bild vom Kunden macht und nichts vergesst. Ich muss jetzt leider weiter. Vielen Dank für eure aktive Mitarbeit. Vergesst bitte nicht, die für euch passenden Fragen in eurem Leitfaden zu ergänzen.«

Nach all dem Input von Dana nimmt sich Tim abends ein Bier, seine Notizen und überlegt: *Was weiß ich eigentlich über den Kunden 4803 Parfüm?* Er macht sich dazu ein paar Notizen.

> **Was ist das Problem?**
> Die Verwaltungsräume mit Möbeln ausstatten
> möglichst flexibel
> Tische einfach für verschiedene Zwecke und Mitarbeitertypen nutzbar machen
> Tische einfach von Standort zu Standort transportieren können
> 11 Standorte in Deutschland, 1 in der Schweiz, 1 in Wien
> ↳ á 20 Tische

Okay, soweit so gut. Aber ist das auch der persönliche Schmerz von Frau Amermann?, denkt Tim. *Nein, natürlich nicht.* Er schreibt weiter:

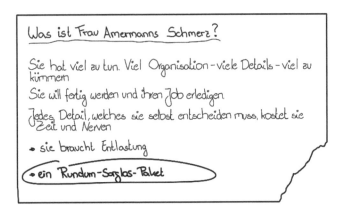

Natürlich, das ist die Lösung! Nicht drei ausgearbeitete, detaillierte Varianten mit tausend Optionen wie Sebastian es vorschlägt, sondern drei einfache, runde Konzepte ohne viele Möglichkeiten. Es geht gar nicht um die Tische, sondern um das Rundum-sorglos-Paket. Er kringelt das Wort fett ein und nimmt einen großen Schluck Bier und scrollt in seinen Unterlagen auf dem Tablet.
Wir müssen das Angebot dringend überarbeiten.

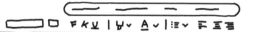

Kunden seinen Nutzen formulieren lassen und ihn darin bestärken!

Niemals davon ausgehen, dass ein potenzieller Kunde ein Feature leicht mit seinem Nutzen in Verbindung bringt!

Erkenne Probleme und Schmerz und dann:
  „Ich habe verstanden, dass Sie folgendes Problem lösen wollen..."

Meine Lösung kann folgendes (Features - WAS)
↷
dass bringt folgende Vorteile (WIE)
↷
und bedeutet für Sie (!) = Nutzen (WARUM)

Sein Blick fällt auf seine Unterlagen. »Daran kann ich mich doch orientieren! Welche Punkte sind noch offen vom BANT?«

»Also über das Budget haben wir noch gar nicht gesprochen.« Tim durchsucht seine Unterlagen auf seinem Tablet. Wie könnte er noch mal nach dem Budget fragen? Das hatten sie doch mit Dana und Marlene und den anderen erarbeitet. Er findet folgende Stichworte:

Nach Budget fragen

Einfach tun → nicht abwimmel lassen!
- Korridore setzen (um die 1000€ oder 100.000€)
- Framen → Das geht so bei 8000 los" + Reaktion abwarten
- Ein guter Grund für Budget ist die Qualität, damit ich deine Erwartung auch treffe

↳ auch hier wieder an Geben und Nehmen denken:

„Um ihre Qualitätsanforderung in das richtige Verhältnis zur Lösungsdefiniton bringen zu können... welchen Budgetrahmen können Sie mir nennen, um zeitintensive Schleifen zu vermeiden?"

„Welcher Anteil Ihres Budgets ist dafür vorgesehen?"

„Wie viel haben Sie in der Vergangenheit für ähnliche Lösungen
ausgegeben?"

„Unter welchen Umständen würde Ihr Chef einer nicht budgetierten Lösung zustimmen?"

„Wie sieht der typische Prozess der Budgetbereitstellung für eine Lösung
aus, welcher auerhalb Ihres ursprünglichen Budget liegt?"

Na, die erste Frage ist doch perfekt für Frau Amermann.

> Offene Fragen:
>
> Welchen Budgetrahmen können Sie mir nennen, um zeitintensive Schleifen zu vermeiden?
>
> Wie viele Mitbewerber haben wir?
>
> Wer sind unsere Wettbewerber?

Sein Blick fällt auf *Risiken/Mitwettbewerb*. Stimmt, da fehlt auch noch was! Wer spielt mit? Er notiert weitere Fragen.
Sehr zufrieden schaut Tim auf seinen Zettel. Und um gleich Fakten zu schaffen, öffnet er das CRM und pflegt die Informationen in der Opportunity ein.
Zufrieden mit sich und seinem Plan geht Tim ins Bett.

***

Am nächsten Morgen nimmt Tim im Büro seinen Zettel zur Hand. Gar nicht so einfach, sich zu trauen, diese Fragen zu stellen. Ist es nicht vielleicht doch unhöflich? Er atmet tief ein und wählt Frau Amermanns Nummer.
»Hallo Herr Brückmann. Was macht mein Angebot?«, kommt Frau Amermann gleich zur Sache.
»Ich werde es Ihnen wie versprochen morgen zusenden. Sie können sich auf uns verlassen. Ich habe nur noch zwei kleine Fragen, die ich bisher vergessen hatte. Um zeitintensive Schleifen zu vermeiden:

Welchen Budgetrahmen haben Sie pro Verwaltungsbüro mit zwanzig Arbeitsplätzen geplant?«

Frau Amermann überlegt kurz und meint dann: »Tja, in Summe habe ich pro Standort hundertfünfzigtausend Euro. Ein Viertel davon ist auf jeden Fall für den Verwaltungsbereich nötig.«

»Vielen Dank für diese offene Aussage. Das hilft mir sehr weiter. Sie hatten ja gesagt, dass Sie sich mehrere Anbieter anschauen. Wie viele Mitbewerber haben wir denn?«

Frau Amermann lacht: »Direkte Frage, direkte Antwort: noch einen. Der Dritte ist de facto schon raus.«

»Möchten Sie mir auch noch verraten, wer es ist?«

»Warum nicht. Es ist die ALM. Die machen das gar nicht schlecht.«

Tim staunt, dass Frau Amermann so offen ist. Er kennt die ALM. Ein starker Konkurrent aus dem norddeutschen Raum. Tim beißt sich auf die Zunge: Jetzt nur nicht werten! Keine Kommentierung. Aber er traut sich, noch eine Frage an Frau Amermann draufzusetzen: »Welche Unterscheidungsmerkmale sehen Sie denn aktuell im Vergleich zu uns?«

»Jetzt wird es mir zu viel. Die Gedanken mache ich mir, wenn ich alles vorliegen habe. Dann dürfen Sie mich gern noch mal fragen, aber jetzt muss ich erst mal weiter. Ich freue mich auf Ihr Angebot, Herr Brückmann.«

Tim freut sich trotzdem. Dana wäre stolz auf ihn. Es war viel einfacher als gedacht.

Aber das mit der ALM ist ein Brett. Die ALM ist spezialisiert auf Raumkonzepte und wirklich gut in der Art und Weise, wie sie Büros ausstatten, in denen sich die Mitarbeiter wohlfühlen. Sogar der Name drückte es aus: *ALM – Arbeiten und Leben mit modernen Möbeln.* Von Martin, dem Vertriebsleiter in NRW, weiß Tim, dass dieser schon einige Deals an die ALM verloren hat. »Ausgerechnet die! Habe ich da überhaupt eine Chance? Noch dazu haben wir keine

Referenzen. Vielleicht sollte ich gleich aufhören und gar nicht erst so viel Arbeit investieren?« Aber dafür ist Tim nicht der Typ. *Kenne den Mitwettbewerb, aber lass dich nicht einschüchtern. Es kochen schließlich alle nur mit Wasser!*
Mit dieser Motivation macht er sich an die Arbeit, das Angebot zu überarbeiten.

Spannung im Büro

Heute ist die Stimmung im Büro gedrückt. Wahrscheinlich liegt es an Peter, der heute mal da ist. Er sitzt mit genervtem Blick an seinem Platz und starrt auf den Monitor. Marlene merkt richtig, wie sie das bedrückt und auch an ihrer Arbeit hindert. Wie soll man motiviert arbeiten, wenn einem ein solcher Grummelkopf gegenübersitzt?

Als Peter aufsteht, um sich einen Kaffee zu holen, folgt ihm Marlene und spricht ihn an: »Sag mal, warum bist du eigentlich immer so genervt? Deine Zahlen sind doch gut, du hast tolle Bestandskunden und jede Menge Potenzial.«

»Ach komm! Dieser ganze Scheiß mit den Löwen. *Löwen bringen uns nach vorn. Das Mammut stirbt aus.* Das ist doch lächerlich. Ich habe jahrelang mein Geld mit der M-Serie verdient und werde jetzt nicht damit aufhören!«, höhnt Peter.

Marlene lässt sich nicht beirren: »Die Löwen sind doch ganz gut. Haben einen echten Mehrwert für den Kunden. Unserem Unternehmen geht es gut. Du solltest froh sein, hier arbeiten zu dürfen! Aber du, du ziehst immer nur ein Gesicht! Wenn dich hier alles ankotzt, dann geh doch woanders hin, aber versau uns nicht die Stimmung!«

»Ich versaue die Stimmung? Wenn hier einer die Stimmung versaut, dann ist es Stephan mit seinen neuen KPIs. Dort liegt das Problem!«, fährt Peter sie an.

Marlene kann nicht anders: »Ich sag dir was: Mich kotzt das an! Das Problem ist nicht Stephan, sondern du bist es! Entweder du sagst gar nichts oder Negatives. Immer wenn du da bist, geht die Stimmung in den Keller. Ich habe echt Schwierigkeiten, mich hier zu konzentrieren und enthusiastisch ans Telefon zu gehen, wenn du da bist. Mir wäre es lieber, du bleibst zu Hause!«

Jetzt wird Peter wütend: »Das muss ich mir von einer Innendienstlerin nicht sagen lassen! So spricht man mit mir nicht! Was bildest du dir eigentlich ein?« Er stapft zurück ins Büro, packt seine Sachen und geht.

Marlene hat Dampf abgelassen, aber als sie Peter wütend davoneilen sieht, kommt wieder ihr schlechtes Gewissen hoch. Sie hat sich hinreißen lassen. *Was sagt meine Mama immer? Schlafe eine Nacht darüber und dann sprich das Thema mit dem Betroffenen sachlich an, aber kläre es. Mach dir im Vorfeld Notizen, wie du vorgehen willst.* Sie aber lässt ihren Emotionen so einfach ihren Lauf! Sie könnte sich ohrfeigen, so sehr ärgert sie sich.

Als Marlene wieder das Büro betritt, trifft ihr Blick Stephan. »Was ist passiert?«, fragt er.

Sie schildert kurz und immer noch emotionaler als gewollt den Streit mit Peter, dann schnappt sie sich ihre Jacke und geht erst mal Mittag essen. Sie muss sich beruhigen.

Stephan dagegen sitzt nun allein im Büro und starrt vor sich hin. Schon wieder dicke Luft zwischen Marlene und Peter. Was soll er nur machen? Es ignorieren wie beim letzten Mal? Was würde Dana sagen? Wahrscheinlich würde sie raten, dass er es mit Peter thematisieren soll. Er hört förmlich, wie sie feststellt, dass diese Konflikte immer mehr eskalieren, wenn sie nicht geklärt werden. Ein rosa Elefant im Raum behindert jede produktive Arbeitsatmosphäre. »Okay, also dann, spreche ich mal mit Peter«, entschließt er sich.

Zuallererst nimmt er die Checkliste für erfolgreiche Feedbackgespräche von Dana zur Hand und überfliegt sie. Dann beginnt er sie auszufüllen:

Schritte für ein erfolgreiches Feedback-Gespräch	WAS? WIE?
Das Thema konkret benennen	Wann *heute 11:30 Uhr* ist mir was? *Auseinandersetzung, heftiger Wortwechsel mit persönlichen Verletzungen* mit wem *Marlene und Peter* aufgefallen? Das habe ICH wahrgenommen: *Beide stinkig und emotional betroffen.* Das hat bei mir .... verursacht/ausgelöst, hat auf mich .... gewirkt - *gedrückte Stimmung im Büro (auch schon vor dem Streit)* - *weniger Energie*
Was sind meine Ziele / Wünsche in dem Gespräch	Mein Ziel konkret ist ... *Peter zu sensibilisieren für den Job von Marlene, Wertschätzung ihrer Arbeit mehr Unterstützung im Team* *mehr einbringen von Peter* *weniger negative Energie* Und soll bis zum .... erreicht werden Mein Ziel ist messbar durch .... Deswegen ist mein Ziel (aus meiner Sicht) auch für den anderen Beteiligten akzeptabel .... Ich empfehle für die Zielerreichung ....
Der passende Rahmen für das Feedback	Mein Vorschlag für das Feedbackgespräch, Datum *morgen 9 Uhr.* An folgendem Ort: *Meetingraum.*

Einverständnis des Feedback-Nehmers einholen	Ich erfrage so nach dem Einverständnis für das Feedbackgespräch: *Gestern hat mir Marlene erzählt, dass ihr euch gestritten habt, und auch mir ist die gedrückte Stimmung im Büro aufgefallen. Ist es okay, wenn ich dir hierzu Feedback gebe?*
Die Vermittlung zum Beginn des Feedbackgesprächs	Ich möchte mit dir gerne *die nächste Stunde* über das Thema *Wertschätzung der Kollegin im Innendienst* reden. Hier die Punkte aus dem ersten Abschnitt der Checkliste »Thema konkret benennen« einsetzen. Ich möchte das Feedback-Gespräch gerne führen, weil ich mit dir das ………….. ansprechen/verändern/lösen will. Das ist für mich wichtig, weil *Wir letztlich alle an einem Strang ziehen. Das Unternehmensziel ist, mehr von der L-Serie zu verkaufen. Dafür haben wir Marlene und euch als Außendienstler. Nur gemeinsam können wir die ambitionierten Ziele erreichen. Dazu ist eine positive, kreative Arbeitsatmosphäre so wichtig.*
Fragen im Feedback-Gespräch	Mit folgenden Fragen will ich den Feedbacknehmer in den Prozess mit einbeziehen *Wie würde es dir gehen, wenn du deinem Kollegen helfen willst und immer abgewiesen wirst?* *Was kannst du tun, um wieder mit Marlene klarzukommen?* *Wie wirst du in solchen Situationen zukünftig reagieren?* *Was kann dir dabei helfen?*

Die Klärung	Wir haben folgende Ziele gemeinsam festgelegt ....
	Dafür planen wir folgende Maßnahmen ....
	Diese werden wir so (Termine, Milestones ...) nachhaltig sichern ....
Sonstiges	

Nach dieser umfassenden Vorbereitung lädt Stephan Peter für morgen zum Feedbackgespräch ins Büro ein. Er ist zwar aufgeregt, als er *Senden* drückt, aber er fühlt sich auch gut vorbereitet.

***

Und tatsächlich, das Meeting mit Peter am nächsten Tag verläuft sehr gut. Peter versteht Stephans Punkt und macht fast einen erleichterten Eindruck, dass das Thema auf den Tisch kommt. Er verspricht, sich zusammenzunehmen und mehr einzubringen. Insbesondere in den Teammeetings nimmt er sich vor zu überlegen, wie er seine Punkte ausdrückt, anstatt nur negativ loszumaulen. Auf Marlene will er freundlicher zugehen. Messbar wird es für ihn, wenn er mehr Leads bekommt. Zudem will er zukünftig versuchen, mit Marlene Unstimmigkeiten und dicke Luft professionell zu klären und weniger aus der Emotion heraus handeln. Beide hoffen, dass diese positivere Einstellung die Stimmung im Büro hebt. Schließlich verbringt man viel Zeit gemeinsam und eigentlich haben doch alle das gleiche Ziel.

Die moderne Welt

»Upps. Sagt mal, hat jemand von euch Erfahrungen mit Online-Meetings?« Tim ruft laut ins Büro und unterbricht damit die konzentrierte Stille.

Peter schaut kurz auf und verdreht die Augen, hält sich aber zurück. Stephan und Marlene schauen Tim interessiert an und gehen zu ihm.

»Vorletzte Woche ist doch unser Angebot an die *4803 Parfüm* rausgegangen und jetzt hat Frau Amermann mir einen Termin eingestellt. Es geht endlich in die heiße Phase!« Tim strahlt. »Es nehmen teil: Frau Amermann, Herr Dutschke, CEO, und noch eine Frau Hahnenfuß aus der Personalabteilung. Und das alles soll online stattfinden, weil Herr Dutschke in Paris sitzt. Puh. Sie wollen mit uns unser Angebot durchgehen und haben wohl noch ein paar Detailfragen. Krass!«

»Das kriegen wir schon hin«, sagt Stephan. »Ich bestelle dir gleich eine gute Kamera. An dem Meeting will ich teilnehmen. Der Deal ist zu fett, als dass du das alleine machen kannst. Du schaust dir im Internet mal an, was wir alles bei einem Onlinemeeting beachten müssen. So schwer ist das nicht.«

»Ich kann auch gern vorher mit dir einen Testlauf machen, Tim. Dann probieren wir mal zusammen die verschiedenen Knöpfe aus und wie das mit dem Freigeben und so funktioniert« bietet Marlene an.

»Danke. Eine gute Idee. Das machen wir.«

***

Am nächsten Tag kommt Tim mit einer Liste ins Büro: *Verhaltensregeln für Videokonferenzen*. Er zeigt seinen Fund stolz Marlene und Stephan.

Auch in der Mittagspause ist die bevorstehende Videokonferenz für ihn noch das vorherrschende Thema. Eine größere Runde hat sich versammelt und als Tim von seinen Verhaltensregeln spricht, beginnt Gekicher und Gelache. Viele haben schon Erfahrungen mit Videokonferenzen gemacht und erzählen lustige Geschichte von Heiligenscheinen über Köpfen und Missverständnissen durch schlechte Tonqualität. Ein Kollege erzählt von seinen Gedanken zu den Inhalten eines unaufgeräumten Regals im Hintergrund eines Gesprächspartners. Eine andere Kollegin setzt noch einen drauf und berichtet von ihrem Gespräch mit einem Kunden im Homeoffice. Mitten im Gespräch, während die Kamera an war, erschien seine Frau im Hintergrund und wechselte ihre Oberbekleidung. Sie hatte nicht geahnt, dass sie im Kamerabereich war. Der Gesprächspartner hatte es nicht bemerkt und die Kollegin hat die ganze Zeit überlegt, ob sie ihn drauf ansprechen soll.

Das Gelächter ist laut und herzlich.

Da flüstert eine Kollegin zu ihrer Nachbarin: »Macht ihr echt immer die Kamera an?« Und fügt etwas schüchtern dazu: »Ich habe mich das noch nie getraut.«

»Also ich finde es auch unangenehm. Ich sag immer, dass meine Bandbreite nicht reicht«, stimmt jemand ihr kleinlaut zu.

Und ein anderer ergänzt: »Ich weiß, was ihr meint. Wir machen jetzt seit über einem Jahr unser Teammeeting nur noch online, weil wir ja Teammitglieder in anderen Regionen haben. Ob ihr es glaubt oder nicht: Ich habe die meisten noch nie live gesehen. Die Kamera hatten wir anfangs während der Teammeetings nie an. War zwar immer komisch, so ins Dunkle zu sprechen, aber hat sich so eingeschlichen.«

»Wie viel seid ihr im Team? Bei großen Meetings ist das mit der Kamera ja tatsächlich manchmal nicht nötig.«

»Wir sind nur fünf Leute, aber trotzdem. Dann kam ein Kollege mal

dazu und meinte, wir sollten alle die Kamera anmachen. Und tatsächlich, der Unterschied war krass. Da ist mir erst mal aufgefallen, wie sich manche verändert haben und wie wichtig es eigentlich ist, den anderen zu sehen, seine Mimik, seine Ausstrahlung ...«
»Ich könnte mir gut vorstellen, dass es auch viel einfacher ist, die Beziehung zu halten, wenn man den anderen sieht und auch mal sagen kann, dass er gerade besonders gut oder erschöpft aussieht!«
»Unbedingt, wir sind uns wieder viel nähergekommen und unserer Beziehungsebene hat es echt gutgetan.«
»Seht ihr«, mischt sich Tim ein, »das ist genau, was die auch in diesen Verhaltensregeln sagen. Und gerade im Vertrieb geht es doch vor allem um Beziehungen. Ich mache die Kamera auf jeden Fall an.«
Ein Kollege ergänzt mit vollem Mund: »Mach ich immer, dann kann ich mir auch ein Bild vom Kunden machen.«
»Fordert ihr den Kunden auch direkt dazu auf?«
»Warum nicht? Ist doch eigentlich mein Gespräch, dann kann ich ihn ja auch bitten, die Kamera anzumachen«, überlegt Tim. »Wenn er nicht will, okay. Ich lasse meine Kamera trotzdem an. Ist zwar komisch, aber ich als Vertriebler habe nichts zu verbergen. Das soll der Kunde ruhig spüren!«
Schade, dass die Pause zu Ende geht und die Leute sich wieder verstreuen. Das Thema Videokonferenz ist ein viel diskutiertes und auch sehr lustiges Thema, stellt Tim fest. Er ist gespannt auf seinen Termin.

Peter trifft sich heute mit dem alten Ausbildungskollegen, Ralf Weniger, den Marlene für ihn reaktiviert hat. Die MSG GmbH handelt und produziert qualitativ hochwertige Schrauben für Industriekunden weltweit und ist international aufgestellt. Ralf ist Centerleiter

Service-Desk und die Stimmung zwischen den beiden gleich sehr gut. Sie schwelgen kurz in alten Zeiten und dann erklärt Ralf ihm seine Herausforderungen mit dem neuen Büro.

Die Anforderungen sind schon sehr konkret. Die neuen Räume sind bereits angemietet, es geht um die Ausstattung und ein Gestaltungskonzept. Beides soll sehr zeitnah umgesetzt werden.

Peter zeigt die L-Serie, benennt die Vorteile und Ralf ist ganz begeistert. Sofort einigen sich beide, gleich Anfang nächster Woche einen Workshop mit dem Fachexperten aus Solution Sales und ein, zwei Mitarbeitern von Ralf zu machen, um Ideen für den Raum zu kreieren und ein Angebot vorbereiten zu können.

***

Endlich hat Peter im Teammeeting auch mal einen Fall zum Vorstellen. Alle jubeln und Stephan ist froh, dass Peter diesmal etwas Positives beiträgt. Auch bei den Kundenfällen von anderen Kollegen hat Peter heute ein paar gute Nachfragen und Anregungen.

Eine gute Opportunity, ein ernstes Feedbackgespräch und schon scheint sich der Wind zu drehen. *Ist das wirklich so einfach?*, fragt sich Stephan.

***

Der Workshop bei der MSG GmbH ist sehr intensiv. Zwei MSG-Mitarbeiter, Ralf, Peter und Sebastian, sitzen drei Stunden zusammen. Peter muss aufpassen, zwischendurch nicht den Faden zu verlieren, weil Sebastian so unglaublich viele gute Ideen hat. Es ist schon erstaunlich, wie viel man bei so einem Raumkonzept beachten und

betrachten kann. Anschließend haben Peter und Sebastian eine große To-do-Liste.
»Das sind mindestens zwei Tage Arbeit und das Konzept soll bis Ende der Woche stehen. Kriegen wir das hin?«, fragt Peter.
Sebastian grinst und meint: »Da muss ich halt mal eine Nachtschicht einlegen. Das passt schon.«

Auf der Heimfahrt verpufft langsam das euphorische Gefühl von Peter. Was für ein Tag! Es war äußerst spannend, er hat viel gelernt, aber es war auch wirklich viel. Irgendwie beschleicht Peter ein komisches Gefühl. Er kann nicht bestimmen was, aber sein Bauch ist komisch ...
»Verdammt! – Ich habe meine Ausfahrt verpasst!«
Das ist ihm schon lange nicht mehr passiert, dass er so in Gedanken war.

***

Sebastian hält sein Versprechen und schreibt das Konzept fertig. Fast 20 Seiten sind es geworden. Neben den vielen Ideen von Sebastian ist das Angebot auch deswegen so lang, weil es eine neue Vorlage gibt, an die sich jetzt alle halten müssen.
Das war auch wieder eine von Stephans neuen Ideen. Er hat Fragen und Strukturen vorgegeben, um die Angebote strukturell und grafisch zu vereinheitlichen und den Vertrieblern eine Hilfestellung zu geben. Das Ganze hat er in eine Formularvorlage integriert, die Peter jetzt ausfüllen muss.

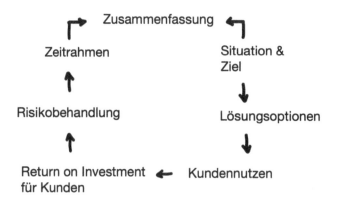

Peter ist von dieser Struktur nicht überzeugt. Es fällt ihm ganz schön schwer, die einzelnen Punkte zu befüllen. Die Ist-Situation ist relativ klar: 35 bestehende Schreibtischarbeitsplätze sollen im neuen Büro zu 25 Shared Desks werden. Die Lösung hat Sebastian in allen Einzelheiten und drei Varianten im Konzept für den Kunden dargelegt. Aber was ist der Nutzen und ROI für den Kunden?

Peter versucht, sich an die Gespräche mit Ralf zu erinnern, aber viel fällt ihm nicht ein. Irgendwie will Ralf sich profilieren und ist unglaublich stolz darauf, die Pilotabteilung zu sein. Aber das kann man ja so nicht schreiben. Auch über die Risiken denkt er nach, *welche könnten das sein?* Peter saugt sich ein paar Sätze aus dem Finger und sendet das Angebot pünktlich an Ralf.

Geschafft – Ein Gefühl von Stolz auf seine Arbeit ergreift Peter.

***

Ein paar Tage später hat Ralf immer noch nicht auf das Angebot reagiert. Peter greift zum Telefon.
Eine Kollegin von Ralf geht ran und sagt, dass dieser aktuell im Meeting sei, sie ihm aber einen Rückruf ausrichtet.

Okay. Ein paar Tage später hat Ralf noch nicht zurückgerufen. Erneut versucht es Peter, hat aber wieder keinen Erfolg. So langsam wird er ungeduldig. Erst war alles so dringend und jetzt lässt ihn Ralf hängen?
Er schreibt eine höfliche Mail.

Kurz darauf erhält er von Ralf die Antwort, dass es gerade unglaublich viel zu tun gibt und er sich bitte gedulden soll. Wenigstens etwas. Es heißt warten.

Zwei Wochen später versucht Peter erneut Kontakt aufzunehmen. Wieder geht die Kollegin ran und sagt, Ralf sei nicht da. Peter hat das untrügliche Gefühl, dass Ralf sich verleugnen lässt. Aber wieso?

Eine Woche später hat Peter die Antwort. Er erhält eine Email von Ralf:

Hallo Peter,
vielen Dank für dein Angebot. Nach reiflicher Überlegung haben wir uns für das Konzept eines Mitwettbewerbers entschieden. Euer Angebot hat uns sehr gefallen, aber kleinere Nuancen sowie unsere positiven Erfahrungen in der Vergangenheit mit dem Mitwettbewerb haben den Ausschlag gegeben. Auf jeden Fall werden wir euch bei der nächsten Anfrage berücksichtigen.
Viele Grüße, Ralf.
PS: Liebe Grüße an deine Frau.

Peter ist wie vom Donner gerührt. Das gibt es doch nicht! Dieser Idiot ... Wie kann er nur!
Er atmet tief ein, bringt seine Emotionen unter Kontrolle und greift zum Telefon. Tatsächlich geht Ralf diesmal ran. Peter bedankt sich

für die Absage und fragt dann direkt, wer der Wettbewerber ist. Ralf eiert etwas herum, aber schließlich gibt er den Namen preis und es stellt sich heraus, dass die anderen bereits seit Monaten in der Konzepterstellung involviert waren. »Versteh mich nicht falsch. Ihr habt eine tolle Show abgeliefert. Eure Lösungsalternativen waren wirklich super. Aber du musst auch verstehen, dass die anderen jetzt schon so viel Energie reingesteckt hatten. Und die beiden Geschäftsführer kennen sich halt auch schon eine Weile ... Da war nichts mehr zu machen«, versucht Ralf zu trösten.
Peter wird klar: Er war von Anfang an nur der Vergleichspartner. Sie hatten vor lauter Euphorie vergessen, den Wettbewerb und die Beziehungen vom Wettbewerb zum Kunden zu betrachten. Wie soll er das nur Stephan erklären?

***

Nach dem Fiasko mit Peters Kunden hat Stephan Dana gebeten, das Thema *Entscheider* noch mal zu wiederholen beziehungsweise zu schulen. Leider war es nicht das erste Mal, dass so etwas passierte. Er hat das auch schon von anderen gehört. Daher hat er das monatliche Vertriebsmeeting verlängert und Dana drei Stunden eingeräumt.
Also sitzen jetzt alle Vertriebler und auch Marlene im Meetingraum und schauen Dana erwartungsvoll an.
Dana startet mit einem kurzen Refresh des letzten Workshops:
- Welche Phasen kenne ich noch aus dem Verkaufsprozess?
- Wie steige ich in meine Telefonate/Verkaufsgespräche bei einem Neukunden ein?
- Welche Fragearten kenne ich und wann setze ich sie ein? Bitte ein Beispiel.

B = 💼
A = 👔
N = ❗
T = 🕒

Danach geht es weiter mit BANT.
Die Kriterien sitzen richtig gut, sodass Dana mit der Vertiefung der *Authority* fortfahren kann: »Was sind Fragen, wie ihr den Entscheider und Entscheidungsprozess sauber ermitteln könnt?«, will sie wissen und schreibt die Antworten auf.
Das Flipchart füllt sich schnell:

A – Authority

- Wie sieht der Entscheidungsprozess aus?
- Wie werden Kaufentscheidungen für Produkte getroffen?
- Wer hat sich in Ihrem Unternehmen als Erstes entschieden, eine Lösung zu finden?
- Wer neben Ihnen, entscheidet über die endgültige Lösung?
- Anhand welcher Kriterien entscheiden Sie?
- Wer sind neben Ihnen die einflussreichsten Entscheider?
- Wenn verschiedene Lösungen die gleiche Funktionalität zum gleichen Preis bieten, wie würden Sie entscheiden?
- Welches Ihrer Ziele hat die höchste Priorität?
- Wenn Sie allein die Entscheidung treffen würden, wie würde sie ausfallen?
- Welche Mitarbeiter außerhalb des technischen Entscheidungsprozesses könnten die Entscheidung noch beeinflussen?

- Warum sind diese Mitarbeiter/Abteilungen involviert?
- Welche Bedenken könnten sie Ihrer Meinung nach haben?
- Wie sollten sie Ihrer Meinung nach damit umgehen?

»Hat jemand schon einmal diese Fragen gestellt? Wenn ja, was sind eure Erfahrungen?«

Die Diskussion ist angeregt und die Beispiele vielfältig. Auch Tim bringt sich ein und erklärt, dass bei *4803 Parfüm* jetzt schon drei Ansprechpartner mit im Boot sind. Er geht davon aus, dass er damit alle Entscheider kennt, versucht er sich zu profilieren.

Dana nimmt alle Kommentare wertschätzend entgegen und leitet auf ihr Modell über: »Ihr habt bestimmt schon mal gehört, dass laut Mercuri International über alle Branchen im Schnitt sechs bis sieben Kontakte beim Kunden über mich als Lieferanten entscheiden. Daher ist es essenziell zu wissen: Kenne ich diese sechs Kontakte und wie nehmen diese mich und mein Unternehmen wahr?«

Tim unterbricht sie: »Dafür muss ich doch eigentlich auch die Funktion meiner Ansprechpartner kennen.«

»Ja«, antwortet Dana, »und es macht auch Sinn, sich vorher mal Gedanken zu deren üblichen Herausforderungen zu machen, um dann passende Fragen zu stellen. So wird mir ein Vertriebsmitarbeiter oder sagen wir ein IT-Administrator eher wenig Auskunft über die strategischen Ziele und Herausforderungen seines Unternehmens geben können. Wahrscheinlich ist hier auch das Argument Kosteneinsparung weniger passend. Der Kollege hat vielleicht Sorge um seinen Arbeitsplatz oder er hat einfach viel zu viel auf dem Tisch, sodass Kosten für ihn persönlich kein Schmerz sind. Hier sind wir auch wieder bei den Themen *Problem* und *Schmerz*. Ihr erinnert euch?«

Tim und Marlene nicken, sie können sich an die Beispiele von Dana erinnern. Auch einige Kollegen nicken, andere schauen eher etwas hilflos.

Daher geht Dana noch mal kurz darauf ein: »Schmerzen sind immer persönlich. Probleme treten auf und führen noch nicht zwingend zu persönlichen Schmerzen bei unserem Entscheider. Seine Herausforderungen oder Probleme teilt uns der Entscheider meist schnell mit. Die konkreten Auswirkungen auf ihn persönlich muss ich erst eruieren, um seinen Nutzen herauszuarbeiten. Probleme kaufen noch nicht, sondern erst der persönliche Schmerz kauft. Aber zurück zu unserem Thema: Wenn wir nun die strategischen Ziele eines Unternehmens herausfinden wollen, wen fragen wir?«

»Die Geschäftsführung, das sogenannte C-Level«, antwortet ein Kollege.

Marlene meldet sich: »Aber wie kann ich die Ebene der Mitarbeitenden übergehen? Ich kann doch nicht einfach sagen: *Geben Sie mir mal Ihren Chef!*«

Dana lacht: »Das stimmt, aber du kannst jedem deiner Ansprechpartner die passenden Fragen stellen. Bei meinem Beispiel mit dem IT-Administrator kannst du fragen, wer denn noch an der Entscheidung über die neue Software beteiligt und wie dessen Name ist. Und sicherlich bekommst du auch ein paar spannende Informationen über den IST-Zustand der IT oder des Büros. Es ist wie ein Puzzle, das sich mit jedem Gespräch zusammensetzt. Für den Fall, dass es absolut nicht möglich sein sollte, den Namen der Entscheider zu erhalten, helfen Fragen wie: *Was brauchen Sie noch, um Ihren Vorgesetzten zu überzeugen? Mit welchen Einwänden rechnen Sie bei Ihrem Vorgesetzten? Was ist Ihrem Vorgesetzten besonders wichtig? Nach welchen Kriterien entscheidet Ihr Vorgesetzter in der Regel?*«

»Nicht so schnell, bitte. Ich will die Sätze mitschreiben!«, unterbricht Marlene Danas Redefluss.

Dana hält inne und wiederholt die Sätze noch mal langsamer, dann fährt sie fort: »Dieser indirekte Weg ist aber nicht optimal und sollte möglichst vermieden werden, da ihr die Argumentation über Dritte nicht wirklich kontrollieren könnt. Ihr wisst nicht, wie der Vermittler angesehen ist und wie er seine Argumente vorträgt. Besser ist immer, einen gemeinsamen Termin mit dem Vorgesetzten zu forcieren. Aber bevor wir weiter diskutieren, möchte ich euch erst einmal einen Überblick geben, wer in der Regel überhaupt in welcher Rolle bei einem Auftrag mitspricht. Dazu möchte ich euch das Modell I-WEEKA vorstellen.« Sie entrollt ein vorbereitetes Plakat und heftet es an die Wand.

I = Start

Initiator:
- Spürt den Schmerz oft zuerst und initiiert darauf den Entscheidungsprozess.

W =

Wächter:
- Kann Auftrag nicht vergeben, aber entscheidet, welcher Anbieter im Rennen bleibt.
- Tritt häufig wie ein Entscheider auf.

E =

Entscheider:
- In vielen großen Unternehmen ein Gremium.
- In kleineren Unternehmen oft die Geschäftsleitung.
- Kann jederzeit den Entscheidungsprozess abkürzen oder verlängern.
- Trifft die Entscheidung und vergibt den Auftrag, häufig in Rücksprache mit Wächter.

$E_i =$ **Einflussnehmer:**
- Können überall im Unternehmen und außerhalb des Unternehmens tätig sein.
- Oft auch externe Berater, Freunde und Bekannte vom Entscheider.
- Kann auch der Fachexperte sein.

$K =$  **Käufer:**
- Disponent oder Einkäufer.
- Kommt erst am Ende des Entscheidungsprozesses zum Einsatz.
- Häufig auch Einflussnehmer.

$A =$ **Anwender:**
- Spürt den Schmerz oft zuerst.
- Nutzt am Ende das Produkt oder die Dienstleistung.
- Häufig auch Einflussnehmer oder Initiator.

Nachdem Dana IWEEKA erklärt hat, legen alle eine kurze Pause ein. Als sie wieder mit frisch gefüllten Tassen und Gläsern an ihrem Platz sitzen, fordert Dana die Gruppe auf: »Lasst uns mal für New Work und die L-Serie überlegen, wer denn welche Rolle spielen kann. Der Initiator zum Beispiel. Tim, wer ist bei 4803 Parfüm United der Initiator?«
Tim antwortet sofort: »Der Geschäftsführer. Er möchte neue Büros eröffnen und in die DACH-Region expandieren.«
»Ja, sehr gut. Wer könnte die Initiatorenrolle in anderen Unternehmen innehaben?«

Gleich mehrere Kollegen melden sich: »Es kann auch die Personalabteilung sein, die alte Büros auffrischen möchte.«
»Oder das Facility-Management, das mit Shared Desk Kosten einsparen will ...«
»Oder auch mal ein Teamleiter, der negatives Feedback von einem Bewerber über die Raumausstattung bekommen hat.«
Dana lächelt zufrieden und übernimmt wieder: »Ihr seht, es gibt viele Möglichkeiten. Der Wächter oder die Wächterin sitzen im Facility-Management, im Einkauf oder in der Projektleitung. Was sind typische Entscheider?«
Ein Vertriebskollege ruft rein: »Der Geschäftsführer, manchmal auch der Facilitymanager selber.«
»Genau, danke. Und wer sind typische Einflussnehmer?«
Derselbe Kollege fühlt sich angesprochen und fährt fort: »Na ja, eigentlich können das alle sein, aber vor allem so was wie Architekten, Teamleiter, Abteilungsleiter, Fachexperten mit ihren persönlichen Geschmäckern und Erfahrungen, der Golfkumpel, aber auch so Nachbargeschichten. Ich kenne einige Kunden, die mir sagen, sie kaufen Modell XY, weil der Nachbar gute Erfahrungen damit gemacht hat. Ich habe es aber auch schon umgekehrt erlebt: Ein Getränkehändler hat mir direkt ins Gesicht gesagt, dass er keine grauen Möbel will, das würde ihn zu sehr an die Firma seiner Ex-Frau erinnern.«
Alle lachen.
»Genau, Einflussnehmer können so ziemlich alle sein. Die Käufer sitzen zumeist in der Einkaufsabteilung und die Anwender sind in der Regel die Mitarbeitenden des Unternehmens«, schließt Dana die Aufzählung ab und fährt fort: »Es ist essenziell, alle Entscheider, deren Herausforderungen und persönliche Schmerzen zu kennen. Erinnert ihr euch an unseren letzten Workshop, als wir in der Rolle des Autoverkäufers so schöne Fragen in der Bedarfsanalyse zusammengetragen haben?«

Alle lachen und nicken.

»Hier passt das Beispiel ebenfalls. Der Verkäufer ermittelt die Bedarfe seines Kunden, ein Mann in den besten Jahren, und unterhält sich über PS und die neusten Features im Sportwagen. Aber die Entscheidung trifft dann wer? Genau, die Ehefrau. Und was ist ihr Need?« Dana macht eine kurze Pause. »Sie setzt den Kombi durch – wegen der Enkel!«

Sofort entsteht eine heitere Unruhe im Raum. Jeder kennt solche Beispiele.

Als es wieder ruhig wird, fährt Dana fort: »Ihr kennt ja nun alle den Fall von Tim mit der 4803 Parfüm United. Wen genau kennen wir hier?«

Tim zählt auf: »Frau Amermann, Projektleiterin, Herrn Dutschke, CEO, und noch eine Frau Hahnenfuß aus der Personalabteilung.«

»Wer ist nun was in unserer IWEEKA-Methode?«

»Herr Dutschke ist einfach. Er ist der Entscheider«, spricht Tim weiter, »Frau Amermann ist vielleicht die Wächterin, wahrscheinlich auch Käuferin, denn sie hat gesagt, sie zeichnet.«

»Vermutlich aber ist sie die entscheidende Einflussnehmerin?«, wirft ein Kollege ein.

»Das denke ich auch«, stimmt ein anderer zu.

»Aber was ist Frau Hahnenfuß?«, überlegt Tim weiter laut. »Anwenderin? Eher nein. Einflussnehmerin? Sehr wahrscheinlich, vielleicht sogar Wächterin, in Bezug auf das Wohl der Mitarbeiter.«

»Sehr gut, Tim«, lobt Dana ihn. »Kennst du noch mehr in der 4803 Parfüm?«

»Nein, mehr Ansprechpartner habe ich nicht.«

»Okay. Kein Problem. Dann lasst uns jetzt überlegen, wie oft wir die einzelnen Ansprechpartner kontaktieren müssen. Welche Verantwortung haben unsere Ansprechpartner und welchen Herausforderungen begegnen sie? Ich habe hier mal eine Liste, die ich gern mit euch ausfüllen möchte.«

Dana schreibt die einzelnen Punkte aufs Flipchart:

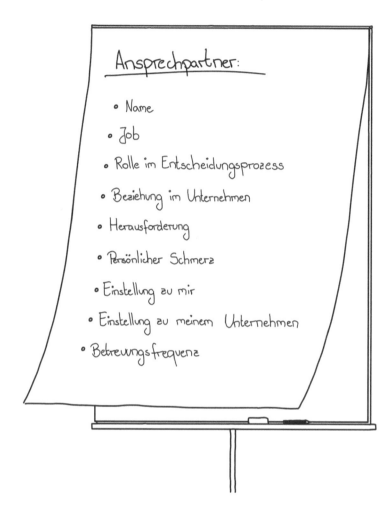

»Tim, ich weiß, du hast dir über diese Punkte für die 4803 Parfüm schon mal Gedanken gemacht. Magst du uns deine Ergebnisse vorstellen?«, fragt Dana.
Tim kramt etwas in seinen Unterlagen: »Für Frau Amermann habe ich mir die Gedanken schon mal gemacht.« Er steht auf und erläutert:

Name: Frau Amermann.
Job: Projektleiterin.
Rolle im Entscheidungsprozess: Käuferin und Wächterin.
Herausforderungen: 4803 Parfüm will in die DACH-Region expandieren und baut elf weitere Standorte in Deutschland, zusätzlich einen in Wien und einen in Stans auf. Frau Amermann ist die Projektleiterin und muss alle Standorte anmieten und ausstatten. In Stuttgart rechnet sie mit zehn festen und weiteren sieben bis fünfzehn Kollegen, die ab und zu da sind. Hierbei handelt es sich vor allem um Promoter, Designer, Marketer und Kreative.
Persönlicher Schmerz: Frau Amermann ist total überlastet, will am liebsten alles in eine Hand geben. Ich hatte sogar schon den Gedanken, dass es ihr vielleicht sehr recht, wäre, dass Gesamtprojekt als Subprojekt komplett abzugeben. Auf jeden Fall muss es fertig werden und sie kann sich nicht in alles involvieren.
Einstellung zu mir: Puh, das ist schwierig. Ich habe nichts Negatives gespürt. Sie war sehr offen zu mir.
Einstellung zu WOBB? Eher neutral. Kennt uns bisher nicht, keine schlechten Erfahrungen gemacht, aber auch keine guten. Deswegen hat sie auch nach Referenzen gefragt.
Betreuungsfrequenz: hoch.«

Während Tim referiert, beginnt Dana eine Organigramm-Vorlage für die *4803 Parfüm* auszufüllen.

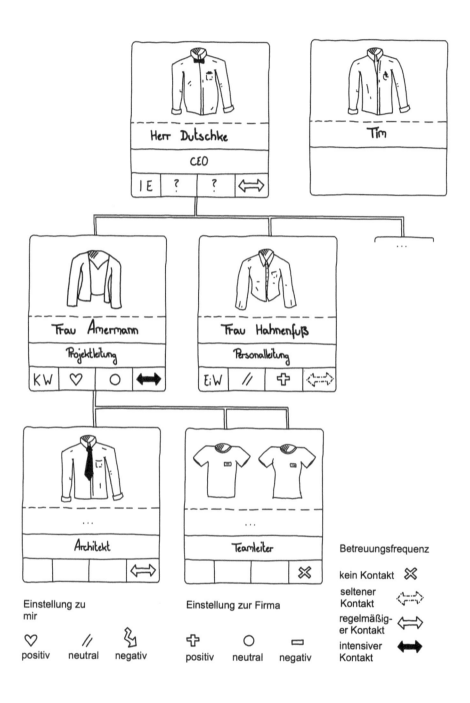

Als Tim endet, lobt sie ihn: »Sehr gut, Tim. Du hast schon wirklich viel herausgefunden und ihr seht, was Tim bereits alles weiß, weil er sich die Zeit genommen hat, die Kundin systematisch zu durchdenken. Für Herrn Dutschke und Frau Hahnenfuß machen wir das auch. Parallel habe ich versucht, die Erkenntnisse von Tim grafisch in einem Organigramm sichtbar zu machen. Man nennt das *Organigramm-Analyse* und es zeigt euch die Beziehungen eurer Ansprechpartner zueinander und auch zu mir als Vertriebler beziehungsweise zu meinem Unternehmen. Ist doch spannend, was uns das alles über den Kunden von Tim zeigt, oder? Und wir sehen auch gleich, was wir noch nicht wissen. Tim, kannst du die Fragen von oben auch für Frau Hahnenfuß und Herrn Dutschke beantworten?«
Tim schaut etwas unsicher. »Nicht wirklich, ich müsste einiges an Annahmen treffen. Ich kenne beide ja noch nicht.«
»Vielen Dank für deine offenen Worte. Natürlich geht es uns oft so, dass wir einiges nicht wissen. Daher müssen wir ja ins Gespräch mit unseren Ansprechpartnern gehen. Das ist, genau wie Tim es gesagt hat, auf jeden Fall besser, als Annahmen zu treffen. Jedoch nicht nur bei der 4803 Parfüm beggenen wir Mitarbeitern aus verschiedenen Abteilungen wie hier Frau Hahnenfuß aus der Personalabteilung. Daher schlage ich vor, jeder von euch nimmt sich jetzt einen Ansprechpartner in seiner Funktion im Unternehmen und überlegt sich dessen typische Anforderungen und Herausforderungen. Wir haben die Personalabteilung, die Geschäftsführung, den Einkauf, das Facility-Management. Wer möchte wen?«
Die Ansprechpartner sind schnell verteilt und alle machen sich an die Arbeit.

Nach 15 Minuten trägt Dana alles in einer Tabelle zusammen.

Geschäftsführung	
Zuständig für	- Unternehmensstrategie, Vision, Mission - Unternehmenswerte - Innovationen - Reputation und Brand am Markt - Wachstum & Gewinnerzielung - Arbeitsplätze schaffen und erhalten
Herausforderungen	- Konkurrenz am Markt, Marktanteile halten oder ausbauen - Unternehmenswert erhalten - Kostendruck, die Balance finden zwischen Investitionen und Sparen - Compliance - Mitarbeiter halten
Mögliche Einstellung zu Shared Desk	- innovativ oder konservativ - kann die Vor- und Nachteile abwägen, weil er seine Mitarbeiter kennt - kostenbewusst - gegebenenfalls technikaffin - Platz & Kosten sparen - Flexibilität und Kreativität sowie Austausch und Informationsfluss fördern - Mitarbeiterzufriedenheit ist wichtig, Mitarbeiter Branding & Image wichtig

Einkauf	
Zuständig für	- Miete vs. Kauf - Kosteneinsparung - preiswert einkaufen - alle Güter passend und in der richtigen Qualität zum richtigen Zeitpunkt beschaffen

Herausforderungen	• Risiken minimieren, dass bestimmt wichtige Rohstoffe nicht oder zu spät geliefert werden • Kostenstruktur muss konkurrenzfähig bleiben • Risiken managen • Vermeiden von unerwarteten Kosten • Rahmenverträge schließen
Mögliche Einstellung zu Shared Desk	• Eher neutral • Sieht es als Investition • Kann ggf. Kosteneinsparung durch geringere Miete u.ä. generieren • Will vielleicht keine Risiken durch technische Probleme und dadurch Zusatzkosten • Will gegebenenfalls keine laufende Kosten durch Service-Verträge oder genau umgekehrt, kalkulierbare allumfassende Serviceverträge • Versucht eher die Aufwände intern zu halten, als extern Kosten zu verursachen

Facility-Management	
Zuständig für	• die Standorte müssen funktionieren • Instandhaltung & Wartung • Koordinierung der Gewerke
Herausforderungen	• Wartung sicherstellen • Mitarbeiter kommen mit allem Möglichen zu ihnen (Shared Desk funktioniert nicht, Tisch zu hoch/niedrig) • ist Hausmeister vor Ort – viele Kleinigkeiten müssen koordiniert werden

Mögliche Einstellung zu Shared Desk	• Budget einhalten • hören viele Sonderwünsche von den Teamleitern • wollen es einfach und preiswert • wollen keinen Ärger mit der Technik und komischen Rückfragen von den Mitarbeitern, weil Shared Desk nicht funktioniert • möglichst wenig Aufwand bei der Betreuung im Nachgang • wenig technikaffin ➔ Service & Wartungsverträge oder Hotline für Mitarbeiter, weil dann weniger Aufwand • mag die Flexibilität, dass Tische von einem Standort zu einem anderen austauschbar sind • eher konservativ

Personalabteilung	
Zuständig für	• Peoplemanagement, Mitarbeiterzufriedenheit • neue Talente einstellen • Mitarbeiterentwicklung • Training & Development • Gehaltsverhandlungen & soziale Benefits • Onboarding von neuen Mitarbeitern
Herausforderungen	• Veränderungen begleiten • Mitarbeiter halten wird schwieriger, Mitarbeiterzufriedenheit sicherstellen • Compliance mit den Gesetzen und Regularien

	- immer schwieriger neue gute Leute zu finden
- Diversity Rechnung tragen
- Work-Life-Balance, Work-Health-Index
- entwickeln und anbieten von sonstigen sozialen Benefits für die Mitarbeiter
Mögliche Einstellung zu Shared Desk	- Wissen, dass sie mit New Work und moderner Ausstattung neue Mitarbeiter anziehen
- Mitarbeiter Branding & Image wichtig
- Mitarbeiterzufriedenheit ist ihnen sehr wichtig
- denken gern in Konzepten
- wollen es schick und rund, eher innovativ
- haben Dinge wie Teamzusammenhalt, Stress, Nachteile für introvertierte Persönlichkeiten, aber auch Austausch, Verbesserung des Informationsaustausches im Blick

»Das ist doch ein toller Überblick, mit dem ihr gut arbeiten könnt. Vielen Dank für euer Engagement. Vergesst bitte nicht, dass diese Gedanken uns helfen, den Personen zu ihrer Funktion passende Fragen zu stellen. Bitte aber nach wie vor keine Annahmen treffen! Auch die Personalabteilung kann mal anders ticken. Das bekommt ihr nur mit Fragen heraus.« Dana bedankt sich bei der Gruppe und fasst noch mal abschließend zusammen: »Was haben wir heute gelernt? Wir haben gelernt, dass es superwichtig ist sicherzustellen, dass ich alle am Entscheidungsprozess involvierten Personen kenne und genau weiß, wer welches Need hat. Ich brauche das Need von <u>allen</u> Entscheidern! Erst dann kann ich die perfekte Lösung offerieren. Damit entlasse ich euch in ein hoffentlich schönes Wochenende und bedanke mich sehr für eure tolle Mitarbeit. Ihr habt wirklich gute Arbeit geleistet. Vielen Dank dafür und gute Heimfahrt.«

Nach dem Meeting bittet Dana Peter, noch zu bleiben. Sie wartet, bis er sitzt, setzt sich ebenfalls und fragt, wie es läuft.
»Na ja, ich musste einen ganz schönen Tiefschlag einstecken. Ein Bekannter von mir hatte eine Anfrage zur Raumgestaltung, fünfundzwanzig Shared Desk der L-Serie und noch einiges mehr. Das Angebot hatte zwanzig Seiten, aber es hat nicht gepasst. Er hat sich für den Mitwettbewerb entschieden, denn den kannte er schon. War irgendwie klar, aber ganz schön unfair. Hätte er mir auch eher sagen können und nicht erst ganze Heerscharen beschäftigen!« Peter seufzt.
Dana fragt nach: »Hattest du Fragen nach dem Mitwettbewerb gestellt?«
Peter schüttelt den Kopf, meint dann aber: »Da war auch diese neue Vorlage für Angebote. Die ist ewig lang und enthält unglaublich viele Punkte. Da muss man sich sonst was aus den Fingern saugen. Wer sich das ausgedacht hat, war noch nie beim Kunden!«
Dana erwidert: »Ich verstehe deinen Ärger über den verlorenen Deal. Stephan hat mir die neue Angebotsvorlage gezeigt und ja, sie ist etwas umfangreich. Ich finde die einzelnen Punkte aber gelungen, weil sie euch als Vertriebler zwingen, euch Gedanken über den Kunden und seinen Nutzen zu machen und die Mehrwerte auch wirklich auszudrücken. Das entspricht doch ziemlich genau dem, was wir über Schmerzen gelernt haben.«
So leicht lässt sich Peter nicht überzeugen: »Ich weiß nicht. Muss man immer alles ändern? Hat doch vorher auch gut funktioniert.

Aber wir müssen ja. Stephan ist der Chef, also nehme ich sie.«
»Das ist nicht die Antwort, die ich hören wollte, aber belassen wir es dabei. Ich wollte mit dir ein anderes Thema besprechen«, wechselt Dana das Thema. »Wie ich hörte, hat es zwischen dir und Marlene bereits mehrmals ganz schön gekracht.«
Peter nickt zögerlich und schaut Dana misstrauisch an. *Was wird das denn jetzt? Hat Stephan jetzt auch noch Dana geschickt, um mir ins Gewissen zu reden?*
»Und da dachte ich, dass es dir vielleicht hilft, wenn ich dir kurz die sogenannte Transaktionsanalyse von Eric Berne zeige. Schon mal was von Eltern-, Erwachsenen- und Kind-Ich gehört?«
»Nein, sagt mir nichts«, murmelt Peter eher desinteressiert und verteidigungsbereit.
»Okay. Wir Menschen agieren nach dieser Theorie immer aus drei Ich-Zuständen heraus: dem Erwachsenen-Ich, dem Eltern-Ich und dem Kind-Ich. Es handelt sich hierbei um Denkmuster, die wir schon in unserer Kindheit geprägt bekommen und die jeder Mensch in sich hat. Wenn ich jetzt aus dem Eltern-Ich jemanden im Kind-Ich anspreche, dann wird dies eher kritisch-autoritär oder vielleicht auch bemutternd oder fürsorglich sein. Diese Art, meine Wortwahl, mein Ton, meine Mimik, meine Gestik führen dann häufig dazu, dass sich der andere angegriffen fühlt. Warte, ich zeige dir dazu eine Grafik.«
Dana zieht ein Buch aus der Tasche und öffnet es an einer markierten Stelle.
»Meistens läuft es dann schief, wenn A aus dem Eltern-Ich mit erhobenem Zeigefinger in B das Kind-Ich anspricht. Dann steigt in B der Trotz auf und er wird sich das in der Regel nicht gefallen lassen. Also wechselt B auch auf die Eltern-Ebene und spricht jetzt A ebenfalls belehrend im Kind-Ich an. Was wiederum A provoziert, er wird es sich nicht gefallen lassen und geht wieder ins Eltern-Ich. Also

reagiert A auch wieder mit dem Eltern-Ich und dadurch entsteht ein Teufelskreis.«

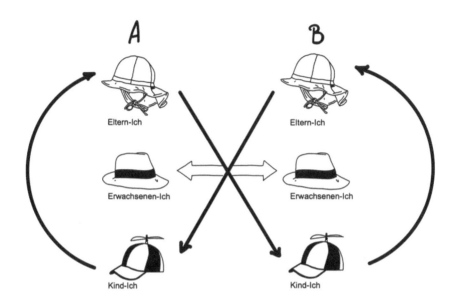

Peter unterbricht Dana: »Das erinnert mich an diese Ohren. Das man Aussagen mit einem Appell-Ohr oder Beziehungs-Ohr und so weiter hören kann.«

»Ganz genau, die vier Seiten einer Nachricht: Sachinhalt, Selbstkundgabe, Beziehungsebene und Appell. Es ist ganz ähnlich, nur das hier bei Eric Berne stärker die Aktion des Senders und auch die Reaktion des Gegenübers betrachtet wird. Im Arbeitsalltag sollten wir uns zu neunzig Prozent unserer Zeit auf der Erwachsenenebene unterhalten. Es sollte möglichst keine Kommunikation von Eltern zu Kind geben. Darf ich dir ein offenes Feedback geben, Peter?«

Peter nickt betroffen.

»Ich nehme dich so wahr, dass du im Eltern-Ich sehr bestimmend und lehrmeisternd wirkst, wenn du dich in Diskussionen einbringst. Deine Reaktion auf dein Gegenüber empfinde ich häufig als leicht herablassend und so beginnt der beschriebene Teufelskreis. Wenn es dir nicht gelingt, auf die Erwachsenenebene zu kommen, dann wird die Diskussion sehr wahrscheinlich mit einer Frontenbildung enden. Und dann ist es ganz natürlich, dass es knallt.«

Peter lässt den Kopf hängen: »Ja, ich weiß. In letzter Zeit knallt es überall. Im Büro, zu Hause. Ich bin einfach total verspannt, alles ändert sich. Kann es denn nicht einfach bleiben?«

Dana reagiert mit einem Empathiestatement, um dann zu motivieren: »Ich verstehe, dass das alles etwas viel ist. Versuch dir die Chance vor Augen zu halten. Du bist doch ein intelligenter Kopf und hast schon viel Erfahrung. Wenn du dich dem Neuen öffnest und es versuchst, dann wird sich der Erfolg von ganz allein einstellen. Die Kunden beißen nicht und werden es dir verzeihen, wenn du aktuell noch nicht jeden Aspekt von New Work und den Löwen kennst. Es ist doch viel wichtiger, mit den Kunden in einen wirklichen Austausch zu kommen, zu erfahren, was sie wirklich bewegt. Dann wird dir auch dein Job wieder mehr Spaß machen! Und wenn man etwas gern macht, dann merken das die anderen und dann kommt der Rest von ganz allein.«

»Du hast ja recht und Marlene meint es auch nur gut. Sie hat mich voll auf dem falschen Fuß erwischt. Ich hoffe, sie gibt mir jetzt auch wieder ein paar Leads.«

»Das wird sie bestimmt tun. Versuche mal darauf zu achten, wie du reagierst. Dir fällt bestimmt auf, wenn der Trotz hochkommt. – Dann brich das Gespräch für den Moment ab und vereinbare einen neuen Termin zur Fortsetzung. Dann kannst du durchatmen und dich sortieren. Das wird die Kommunikation mit den anderen deutlich einfacher machen.«

Peter fährt zerknirscht nach Hause. Im Inneren weiß er, dass er aus seiner Komfortzone raus muss. Egal wie. Entweder durch einen Jobwechsel oder hier bei der WOBB. *Na ja, ist vielleicht einfacher und sicherer bei der WOBB mal den neuen, heißen Scheiß auszuprobieren.* In seinem Bauch rumort es.

***

Am nächsten Morgen sitzt Peter aufgeregt an seinem Schreibtisch zu Hause. Für diese Anrufe braucht er Ruhe und daher wird er heute von zu Hause aus telefonieren. Er will nicht, dass Tim oder Marlene ihm zuhören.
Zuerst will er versuchen, Frau Zwiesel von der Agro AG zu erreichen, schließlich hat diese bereits ein Angebot über zehn Schreibtische und zehn Bürostühle von ihm vorliegen. Er wird nachfragen, wie der aktuelle Stand ist und dann das Thema *New Work und Shared Desk* ansprechen. Mal schauen, was Frau Zwiesel sagt. Viel Hoffnung macht er sich nicht. Wie Peter schon Stephan damals erklärt hat, ist Frau Zwiesel eher etwas altbacken und kann sich unglaublich über die Schwierigkeiten mit der Benutzung ihres Mobiltelefons aufregen, aber einen Versuch ist es wert.
Peter hat Glück, Frau Zwiesel geht sofort ans Telefon. Das Angebot liegt vor, aber die Sache dauert noch. Es kam krankheitsbedingt zu Verzögerung.
»Vielen Dank für Ihre offenen Worte«, fährt Peter fort. »Ich habe heute noch ein anderes Thema, das ich gern mit Ihnen diskutieren möchte. Viele unserer Kunden wechseln von festen Arbeitsplätzen auf ein sogenanntes Shared-Desk-Modell, das heißt, es gibt keine festen Arbeitsplätze mehr, sondern die Mitarbeiter nutzen die Plätze, die gerade frei sind. Hiermit kann man dreißig bis fünfzig Prozent der Schreibtische und damit auch der Kosten einsparen. Was halten Sie davon?« Peter atmet. Er merkt, wie sein Herz klopft.
»Na da sagen Sie etwas, Herr Schmidt. Unsere Geschäftsführung

hat genau dieselben Pläne. Für meine Abteilung habe ich diese Veränderung erst mal abgelehnt, schließlich läuft hier alles reibungslos und unsere Büromöbel sind erst in drei Jahren vollständig abgeschrieben, aber für andere Büros haben wir das tatsächlich diskutiert.«

»Dann muss ich Ihnen unbedingt unsere L-Serie vorstellen. Wir haben einen ganz neuartigen Schreibtisch. Automatisch höhenverstellbar versteht sich, mit Profilspeicherung! Das heißt, wenn Sie morgens ins Büro kommen, geben Sie Ihren Code ein und schon stellt sich der Tisch auf Ihre Größe und Arbeitsvorlieben ein. Zusätzlich bietet der Tisch alle möglichen Anschlüsse …« Peter muss sich selbst bremsen, um nicht alle Funktionen aufzuzählen. Er schaut auf seinen Leitfaden.

Frau Zwiesel reagiert überrascht: »Ich wusste gar nicht, dass Sie so was auch machen. Das ist ja spannend.«

Peter ist jetzt ganz euphorisch. Er nimmt die erste Frage, die er notiert hatte, und fragt, welche Gedanken sich Frau Zwiesel und ihr Team zur langfristigen Sicherstellung der Kompatibilität mit allen technischen Neuerungen gemacht hat. Dann zählt er wie von Dana gelernt bis zehn, kommt aber gar nicht so weit, da antwortet Frau Zwiesel schon. Tatsächlich hat sie so weit noch nicht gedacht. *Gedankenanstoß gesetzt*, freut sich Peter. Auch über den Konkurrenten und dessen Produkte erfährt Peter noch einiges auf Nachfrage. Nachdem sie für nächste Woche einen Vororttermin vereinbart haben, bei dem Peter gleich ein Angebot mitbringen soll, legen beide zufrieden auf.

Peter spürt, dass der Leitfaden ihm geholfen hat. Zufrieden lächelt er in sich hinein. Dann sortiert er seine Notizen und trägt alles ins CRM ein. Er schaut noch mal auf die Notizen aus den Schulungen von Dana. Er hat nichts vergessen. »Sehr gut! So kann es weitergehen«, lobt er sich und nimmt sich gleich den nächsten Kunden vor.

Mit jedem Kunden, den er analysiert, wird es einfacher. Der Leitfaden geht ihm immer mehr in Fleisch und Blut über und die Vorlage mit IWEEKA und BANT hilft ihm, nichts zu vergessen. Sein Herz klopft nicht mehr so aufgeregt und Peter spürt, wie seine Souveränität, aber auch der Spaß am Vertrieb und seinen Kundengesprächen wieder wächst.

***

Auch bei seinem nächsten Vorortbesuch in der folgenden Woche spricht Peter das Thema *Shared Desk* an. Entgegen seiner Erwartung hat sich auch dieser Kunde, der doch immer so konservativ war, schon Gedanken zu diesem Thema gemacht. Zwar hatten sie sich erst einmal dagegen entschieden, um die gewachsenen Teamstrukturen nicht zu stören, aber nächstes Jahr, wenn der Mietvertrag für das Gebäude ausläuft, werden wohl neue Konzepte diskutiert.
Auf dem Weg nach Hause fährt Peter bei seinem Lieblingsitaliener vorbei und holt Pizza für die Familie. Das hat er schon ewig nicht mehr gemacht. Etwas fröstelnd steigt er ins Auto, es ist ein herbstlich kühler Abend und seine Gedanken wandern kurz zurück zu den letzten Monaten. Er war so angespannt gewesen und das hatte sich auch auf die Familie ausgewirkt. Immer wieder gab es Streit wegen irgendwelcher Nichtigkeiten. Aber heute hat sich etwas geändert. Heute wird er sich mit seiner Frau einen gemütlichen Abend machen und mal in Ruhe mit ihr seine Erkenntnisse der letzten Tage besprechen.
Morgen will er einen kleinen Blumenstrauß kaufen und sich bei Marlene entschuldigen. Peter fühlt sich zum ersten Mal seit Wochen wieder gut.

Vorbereitung ist alles

Ende der Woche ist für Tim der große Tag – der Termin mit *4803 Parfüm United*. Draußen fallen schon die ersten Schneeflocken. Tim schaut kurz hinaus in das saubere Weiß und stellt dann Stephan einen zweistündigen Vorbereitungstermin ein, schließlich hatte Stephan ja gebeten, bei dem Termin dabei zu sein. Tim möchte, wie von Dana gelernt, die Rollen klären, die Präsentation durchsprechen und üben.

Als Stephan die Einladung erhält, ist er irritiert: Die Technik funktioniert, die hatten sie doch bereits mit Marlene gecheckt und inhaltlich kann er das Thema aus dem Effeff und bei 40 Grad Fieber! Was soll das? Sein Terminkalender ist so voll! Fast will er absagen, da erinnert er sich an das, was Dana zu Spielertrainer und Trainer gesagt hat. Ist das jetzt der Wunsch von Tim, gecoacht zu werden? »Ich frage Dana«, beschließt er und ruft sie an.
Dana reagiert hocherfreut: »Lass ihn doch kommen! Ich finde es klasse, dass er diesen Termin wünscht. Es ist wichtig, dass ihr die Rollen klärt. Tim sollte die Führung behalten. Die Gefahr ist groß, dass du als Vorgesetzter die Führung übernimmst, dann machst du aber Tim vor dem Kunden klein und du sollst ja den Kunden nicht übernehmen, sondern Tim unterstützen. Tim soll führen, er ist der Moderator, er behält den Kunden im Auge, er fasst Punkte zusammen und er greift ein und lenkt. Das vorher noch mal deutlich zu besprechen, ist wirklich wichtig.«
»Okay, spannend. Was noch?«
»Geht den Fall noch mal durch. Überlegt, welche Fragen vom Kunden kommen könnten und wie ihr darauf optimal reagieren wollt. Wie könnt ihr euch bestmöglich präsentieren? Ich finde es auch eine gute Idee, Folien, die Tim präsentieren will, wirklich mit ihm zu

üben. Nur Übung macht den Meister und für dich ist es eine tolle Gelegenheit, notwendigen Korrekturen vorzunehmen und vor allem Tim wertzuschätzen.«

»Da hast du recht, so weit habe ich noch gar nicht gedacht.«

»Letzter Tipp: Denkt vor allem an eine saubere Vorstellungsrunde. Gerade in Onlinemeetings ist das wichtig und Tim soll A erklären, warum du dabei bist, und B, was seine Verantwortung ist. Erinnerst du dich? Ich hatte in unserer ersten Schulung viel Wert darauf gelegt, dass bereits in der Vorstellung der Satz *Ich verantworte ...* vorkommt, damit dieser Satz auch die Ansprechpartner beim Kunden animiert zu sagen, für was sie sich verantwortlich sehen.«

Stephan macht sich Notizen und ergänzt dann: »Jetzt, da ich darüber nachdenke, sollte ich auch mit ihm besprechen, wo eigentlich unsere Verhandlungsoptionen liegen. Schließlich geht es jetzt in die Verhandlungsphase und da brauchen wir ja eine Verhandlungsober- und -untergrenze. Einen Überblick, was uns wichtig ist, wo wir nachgeben könnten, aber wo wir auch hart bleiben müssen.«

»Ein Forderungskatalog – Verhandlungsspielraum. Sehr guter Gedanke«, pflichtet Dana ihm bei.

»Das machen wir!« Jetzt weiß Stephan genau, was zu tun ist.

Die zwei Stunden mit Tim werden ergiebig, kreativ, wertschätzend und machen beiden wirklich Freude. Ein weiterer Schritt für eine neue Form der Beziehung und Zusammenarbeit ist getan!

***

Heute ist der große Tag. Tim und Stephan fühlen sich gut vorbereitet. Die Technik haben sie intensiv geübt, der Umgang damit sitzt. Die Einleitung ist abgesprochen, der Forderungskatalog und die

Verhandlungsgrenzen sind erstellt und sie haben sich auch Gedanken zu möglichen Einwänden und ihre Reaktion darauf gemacht. Jetzt warten sie gespannt, was kommt.

Da taucht auch schon Frau Amermann in der Videokonferenz auf, kurze Zeit später folgen Herr Dutschke, der CEO, und Frau Hahnenfuß aus der Personalabteilung.

Tim begrüßt alle herzlich und beginnt mit seiner Vorstellung: »Hallo, mein Name ist Tim Brückmann. Ich bin ihr zuständiger Account-Manager und zeichne verantwortlich dafür, dass Sie ein zufriedener Kunde der Work Office Balance Büromöbelmanufaktur GmbH werden. Da Sie uns mit ihrem innovativen Ansatz so wichtig sind, habe ich meinen Vorgesetzten, Herrn Stephan Wilde dazu gebeten. Er kann, wenn gewünscht, auch noch etwas tiefer über die strategische Ausrichtung der WOBB GmbH sprechen und mit seiner Seniorität sicher auch interessante Aspekte beitragen. Stephan, magst du ein paar Worte zu dir sagen, bevor wir mit der Vorstellung von Frau Amermann fortfahren?«

Die Vorstellungsrunde läuft super und anschließend ergreift Tim wieder die Führung: »Sie haben um dieses Gespräch gebeten, da Ihnen unser Angebot vorliegt. Ich hoffe, wir haben Ihre Wünsche getroffen. Sie meinten, Sie hätten Anmerkungen beziehungsweise Rückfragen für uns. Wir sind gespannt, welche Aspekte Ihnen wichtig sind, was Sie gut finden und wo wir noch anpassen sollen. Herr Dutschke, wenn ich Sie bitten darf ...« So übergibt Tim an den CEO und es beginnt ein interessanter Austausch.

Tim ist ganz euphorisch, er merkt, dass er führt, der Kunde aber viel spricht. Alle Ansprechpartner kommen zu Wort, auch Stephan hat wertvolle Beiträge und der Plan, dem CEO zu schmeicheln und jemanden auf Augenhöhe zu bieten, geht vollständig auf.

Als alle Fragen beantwortet sind und Tim genau weiß, wie die Entscheidungsfindung bei der *4803 Parfüm* stattfinden wird, sowie dem Versprechen, nach zwei bis drei Änderungen im Angebot in zwei Wochen eine Entscheidung zu erhalten, fasst Tim noch mal zusammen und beendet mit einer höflichen Verabschiedung die Videokonferenz.

Tim atmet tief ein und aus. Sein Herz schlägt ihm bis zum Hals – es ist ein freudiges Schlagen. Die Vorbereitung hat sich gelohnt. Er schaut hinüber zu Stephan. Dieser sieht sehr zufrieden aus.

»Das ist gut gelaufen, oder?«

Stephan lobt ihn: »Das hast du echt sehr gut gemacht! Und du hast die ganze Zeit Führung gehabt und warst wirklich überzeugend. Tolle Show! Wir haben alles gegeben. Jetzt heißt es Angebot aktualisieren und dann abwarten. Drück uns die Daumen!«

Das Glück ist mit dem Tüchtigen

»Sag mal, reicht die Anzahl der Leads auch für mehrere Personen?«, fragt Stephan ein paar Tage später Marlene.
Beide sind allein im Büro.
»Wieso fragst du das?«, erwidert Marlene verwirrt.
Stephan erhebt sich, lehnt sich an ihren Schreibtisch, schaut sie aufmunternd an und meint: »Ich überlege, ob wir dir nicht noch ein, zwei Leute dazusetzen. Ich sehe den Erfolg, den du mit deiner Arbeit hast, und denke darüber nach, was wir mit mehr Leuten noch erreichen könnten.«
Ein Lächeln huscht über Marlenes Gesicht. Dann überlegt sie laut: »Na ja, Leads haben wir viele und die Termine für die Vertriebler sind wichtig. Ich habe zudem den Eindruck, dass wir auch bei Aufgaben wie Angebotsnachtelefonie und ähnlichen Follow-ups unterstützen könnten. Wie du schon mal ausgeführt hast: Das Thema Shared Desk und Veränderungen in der modernen Arbeitswelt ist ein wirklich heißes Thema am Markt. Wir müssen schnell sein und uns die Opportunities jetzt schnappen. Wenn wir mehr Leute sind, geht es schneller voran.«
»Ja, und für dich wäre es eine tolle Möglichkeit, Führungsaufgaben zu übernehmen, Marlene. Kannst du dir das vorstellen?«
»Klar!« Marlene nickt selbstsicher.
»Ich will nicht zu viel versprechen und muss das erst mit dem Vorstand debattieren. Vielleicht fangen wir auch erst einmal mit einem Werkstudenten an. Aber du machst einen so tollen Job, warum sollten wir nicht versuchen, deine Erfolge zu multiplizieren?«

Peter freut sich. Der Auftrag von der Agro AG ist gekommen. Frau Zwiesel hat nicht nur neue Schreibtische der L-Serie bestellt, sondern auch die Erstellung eines Farbkonzeptes für das Büro in

Neustadt beauftragt. Peter möchte am liebsten tanzen. Stolz leitet er die Mail an Stephan weiter, der ihm sogleich herzlich gratuliert.

Einen kleinen Seitenhieb kann er sich allerdings nicht verkneifen: »Siehst du, Fragen, anstatt Annahmen zu treffen, hilft.«

Peter grinst. Stephan hat ja recht. Niemals hätte er Frau Zwiesel zugetraut, dass sie ein so modernes Thema auf der Agenda hat. Fragen kostet nichts, wie Dana immer sagt.

Der Auftrag hat 40 Prozent mehr eingebracht als das ursprüngliche Angebot für die 10 Schreibtische. Für Peters Zielerreichung ist es zudem ein Riesenschritt, weil es das richtige Produkt ist. »Die Löwen brüllen«, strahlt Peter.

Am Nachmittag sitzt Dana Peter gespannt gegenüber. Er hat sie um ein Treffen gebeten. Gut, dass der Vertrag mit Stephan so flexibel ist, dass die Mitarbeiter auch individuell Zeit für bestimmte Themen mit Dana buchen können. Überraschenderweise hat Peter jetzt genau von diesem Angebot Gebrauch gemacht. *Kein schlechtes Zeichen*, denkt Dana und schaut Peter erwartungsvoll an.

Peter legt los: »Wir hatten doch über die Ansprechpartner beim Kunden gesprochen, welche verschiedene Rollen und Herausforderungen sie haben. Ich habe mir meine Kunden mal angeschaut und kenne auch die ABC-Analysen und so weiter. Aber ich komme einfach nicht vorwärts. Die meisten meiner Kunden kenne ich doch schon ewig und irgendwie sind sie alle wichtig ...« Er zögert etwas. »Ich wollte fragen, ob du mir helfen kannst.«

Dana lächelt freundlich: »Natürlich. Verstehe ich dich richtig, dass du gern deine Kunden klassifizieren und deine Betreuungsfrequenz entsprechend gestalten möchtest?«

Peter nickt: »Ja genau, wenn ich mehr Löwen platzieren und auch die Leads von Marlene gut weiterverfolgen will, muss ich ein paar

Kunden aussortieren und mich neu aufstellen. Aber das ist schwieriger als gedacht«, muss Peter eingestehen.

Dana zeigt Verständnis für seine Situation: »Das verstehe ich vollkommen. Du bist mit den meisten Kunden schon so lange in Kontakt und hast eine super Beziehungsebene zu ihnen. Da fällt es nicht leicht, zu sagen: *Da gehe ich nicht mehr hin*. Das spricht doch auch für dich. Lass uns zuerst ein bisschen in die Theorie eintauchen. Ich nutze gerne die Boston Consulting Matrix ...« Dana beginnt in ihrer Handtasche zu kramen, während sie weiterspricht: »Auch wenn du die schon kennst, aber dann wissen wir, dass wir über ein und dasselbe sprechen, okay?« Sie schaut auf.

»Klar!«, stimmt Peter nun schon hoffnungsvoller zu.

Dana zieht ein Kärtchen aus der Tasche, grinst und meint: »Die hatte ich gerade mit einem anderen Kunden gemalt. Manchmal hat man auch Glück und noch was in der Tasche.« Sie legt ein Kärtchen mit einem Überblick zu Stars auf den Tisch und zählt auf: »Auf der einen Seite haben wir die Wachstumskunden – Stars, Aufsteiger, Topkunden, bei denen was geht, auch in der Zukunft und Richtung Löwen.« Es folgt das nächste Kärtchen und Dana erläutert: »Die Cash Cow, oder auf deutsch: Goldesel. Hier machst du aktuell dein Geschäft, musst hier nur weiter der Verkäufer sein und die Beziehungen gut pflegen. Das sind meist so die Top-vierzig-Kunden.« Dana winkt leicht mit der Hand um das Ungefähre zu unterstreichen.

Question Marks? Potenzialkunden • Kunden mit Potenzial • Kenne ich noch nicht	**Stars** – Aufsteiger • Kunden mit Potenzial • Marktwachstum hoch • Projekte sind in der Pipe • Kenne ich schon + rede mit dem Entscheider • Arbeite aktiv an der Durchdringung des Kunden → Monatlicher Kontakt
Poor Dog • Haben mal gekauft • Wenig Wachstum, wenig Innovation • Nur Betreuung → Abgeben	**Cashcow** • hohe Gewinne • Marktanteil hoch, • Wachstum okay • Umsätze laufen schon • Neue Themen stehen an • Guter Zugang zum Entscheider • Gute Durchdringung des Kunden • A-Kunde → Wöchentlicher Kontakt

»Dann kommen die Potenzialkunden – Question Mark –, die kennst du bisher noch nicht. Hier ist neues Wachstum, das bedeutet, du bist der Entdecker! Und schlussendlich die Verabschiedungskunden: Poor Dogs. Die haben mal gekauft, aber die wachsen nicht. Da wird auch in Zukunft nicht mehr viel gehen. Sie kosten zumeist mehr Energie, als sie letztendlich einbringen, und verbrauchen vor allem deine Zeit. Von denen musst du dich verabschieden.«

»Das sagst du so leicht«, lacht Peter.

»Ja, und wie du schon selbst gesagt hast: Nur so kannst du deinen Alltag planen. Wenn wir für die Topkunden festlegen, wie oft du sie besuchst, dann weißt du auch, wie viel Zeit für die Akquise von Potenzialkunden bleibt. Das ist wie bei einer Flasche: Wenn du zu viele Kunden hast, dann bist du der Flaschenhals und kannst eigentlich auch immer nur ein, zwei Opptys abarbeiten, gerade wenn du mit Sebastian ein echtes Raumkonzept ausarbeiten möchtest. Die anderen Kunden bleiben im Bauch der Flasche stecken. Wenn du beginnst, eine Accountplanung zu machen, dann hast du eine Landkarte vom Kunden. Du hast den Überblick, welcher Kunde gerade wo steht und wie du an und mit ihm arbeiten kannst. Und vielleicht kann dann auch Sebastian als Solution Sales mal drüber schauen und sieht noch die eine oder andere Abkürzung auf dieser Landkarte«, interveniert Dana und fragt weiter: »Wie viele Kunden hast du denn aktuell auf dich verknüpft?«

Peter antwortet: »Hundertdreiundsechzig.«

»Das erscheint mir viel. Man kann normalerweise nicht mehr als hundert wirklich gut vertrieblich meistern.«

»Ich weiß!«, gibt Peter zu.

Dana erkundigt sich weiter: »Wie hoch ist das Potenzial in eurer Region?«

»Stephan spricht immer von dreieinhalbtausend Kunden, bedeutet bei sieben Kollegen für jeden fünfhundert.« Als erfahrener Vertriebler kennt Peter den Markt.

Dana freut sich: »Na, das passt doch. Das heißt, du kennst hundertdreiundsechzig von den fünfhundert Kunden. Bleiben dreihundertsiebenunddreißig Potenzialkunden.«

Peter nickt.

Dana notiert die Zahlen auf einem Zettel und fährt fort: »Für die Top-vierzig-Kunden, die Cashcows, und die Wachstumskunden, die

Stars, legen wir eine Strategie fest, ein Ziel, individuell für jeden Kunden, und eine Kontaktquote – ähnlich einer Accountplanung. Von den Poor Dogs verabschieden wir uns. Ich denke, dein Ziel sollte es sein, etwa die Hälfte auszusortieren.«

»Puh, das ist ganz schön viel«, stöhnt Peter.

»Deswegen sitzen wir doch zusammen«, lächelt Dana motivierend: »Woran erkennen wir Poor Dogs? Da helfen uns wieder die BANT-Kriterien und IWEEKA.«

»Wie ist meine Beziehung zum Kunden? Aber da liegt ja das Problem. Meine Beziehung ist zu allen sehr gut«, wirft Peter ein.

Dana lässt sich nicht beirren: »Ja, die Beziehungsebene ist wichtig, und ja – das ist meist nur ein Bauchgefühl. Aber wir haben auch messbarere Kriterien, wie zum Beispiel die Kontaktrate oder die Loyalität des Kunden. Ich habe hier mal eine Auflistung von Entscheidungsfragen, die uns bestimmt helfen.«

Entscheidungs-Checkliste zur Kundenpriorisierung
- Ist Kunde in der Regel telefonisch erreichbar?
- Kann sich Kunde an zuletzt Gesprochenes / an uns erinnern?
- Antwortet Kunde ehrlich (keine Differenzen zu früheren Aussagen)?
- Antwortet Kunde ausführlich, lässt sich nicht alles aus der Nase ziehen?
- Geht es dem Kunden ausschließlich um den Preis?
- Sagt Kunde ab, wenn er sich für anderes Angebot entschieden hat?
- Ruft Kunde von sich aus an? Antwortet Kunde auf Emails mit Fragen von mir?
- Ist mein Ansprechpartner der Entscheider?
- Sollen seine Themen/Projekte in den nächsten X Monaten umgesetzt werden?

- Gibt es eine starke Partnerbindung zum Bestandspartner?
- Wie groß muss der Preisunterschied sein, damit Kunde zu uns wechselt? Was sind die Wechselkriterien?
- Nagelt der Kunde mir nur komische Themen ans Knie?
- Kommt im schlechtesten Fall eine Minimummarge von X Euro heraus?
- Wie sieht das Wachstumspotenzial des Kunden aus?
- Beschäftigt sich der Kunde mit innovativen Themen oder bleibt er eher stehen?

Danach nehmen Dana und Peter sich die Zeit und schauen sich konkrete Kunden von Peter an, tragen Informationen zusammen und entscheiden gemeinsam, ob es sich um einen Poor Dog, eine Cash Cow oder einen Star handelt.
Peter fällt es wirklich schwer loszulassen. Durch seine hohe persönliche Bindung hat er bei all seinen Kunden eine gute Beziehung, aber die Antworten auf objektiven Fragen nach Potenzial, Aufgeschlossenheit und Wachstum zeigen oft ein anderes Bild. Hier fehlen Peter häufig die Details beziehungsweise hat er diese bisher nicht hinterfragt. So sind die Diskussionen über die einzelnen Kunden zwar heftig, aber mit jedem wird Peter das System klarer. Er merkt, wie die Entscheidungsmatrix hilft und ihm ein objektiveres Bild vermittelt.
Ein Stein fällt ihm vom Herzen und schließlich bedankt sich Peter herzlich bei Dana. Den Rest kann er alleine. Und er wird gleich morgen weiter machen.

***

Stephan betritt Danas Büro und wieder bleibt sein Blick zuerst an dem großen, grünen Ecksofa hängen. *Wirklich eine interessante*

Farbe, denkt er, begibt sich zum Besprechungstisch und nimmt Platz. Seine Stimmung ist deutlich zuversichtlicher als beim letzten Mal. Er freut sich richtig auf das Gespräch mit Dana.

Dana erkundigt sich nach seinen Erfahrungen mit den Einzelterminen mit den Mitarbeitern.

»Na ja, am Anfang war es schon ganz schön holprig«, gibt Stephan zu. »Wahrscheinlich mussten wir uns alle erst daran gewöhnen. Ich hatte jede Woche eine halbe Stunde pro Mitarbeiter geplant. Die ersten Treffen haben sich inhaltlich stark wiederholt und blieben irgendwie allgemein. Daraufhin habe ich dann explizit eingefordert, dass wir wirklich an einem konkreten Kunden arbeiten, den wir für die kommende Woche vorbereiten.«

Dana nickt. »Kann ich mir gut vorstellen, dass gerade Typen wie Peter da eher allgemein geblieben sind. Da muss man dann tiefer rein und nachfragen. Ist dir das gelungen?«

»Ja, ich denke schon. Ich habe dann wirklich in jedem Meeting einen konkreten Kunden mit den Kollegen vorbereitet. War sehr spannend, was da noch so alles ans Tageslicht kam«, grinst Stephan und fährt fort: »Das Problem war dann aber, dass beim nächsten Eins-zu-eins gar keine richtige Zeit war, den vorbereiteten Termin auch zu reflektieren, weil wir ja schon beim nächsten Kunden waren. Und irgendwie war das *Lessons learned* ja Sinn und Zweck der Sache, sonst wäre es ja nur ein Kontrolltermin gewesen. War übrigens spannend, dass Peter mich konkret gefragt hat, ob das jetzt nicht irgendwie in Mikromanagement ausarten würde. Da habe ich ganz schön geschwitzt, ihm zu erklären, dass es doch eine Unterstützung ist und zu seinem Vorteil.«

»Krass, hat er das gesagt? Derweil hatten wir doch genau diese Eins-zu-eins-Gespräche zusammen in unserem Coaching beschlossen. Aber da siehst du mal wieder, dass Veränderung Zeit braucht.«

»Ja genau. Also ich mache es jetzt so, dass wir fünfzehn Minuten lang den letzten Termin nachbesprechen und dann fünfundzwanzig Minuten einen neuen Kunden vorbereiten. Das funktioniert ziemlich gut.«

»Klingt sehr valide«, nickt Dana.

Stephan hängt kurz seinen Gedanken nach und meint dann: »Es war schon auffällig, dass zwei, drei Termine ziemlich gut verliefen, und kaum haben wir es etwas schleifen lassen, wurde die einfachsten Basics wieder vergessen.«

»Ja, Verhaltensveränderung braucht wirklich Zeit. Nach zwei, drei Wochen fällt der Mensch leicht wieder in alte Muster zurück. Das ist wie beim Sport: Man muss wirklich dranbleiben, bis sich die Veränderung so in Fleisch und Blut eingräbt, dass es auch bleibt. Im Durchschnitt dauert es mehr als zwei Monate, bevor ein neues Verhalten automatisch wird. Sechsundsechzig Tage des täglichen Tuns, hat mal jemand ausgerechnet. Aber eine neue Gewohnheit zu bilden, kann je nach Verhalten von Mensch zu Mensch und Umständen stark variieren. Es gibt auch Leute, bei denen dauert es hundert oder zweihundert Tage. Mit anderen Worten: Du brauchst Geduld und musst dich wirklich auf den Einzelnen einstellen.«

»Ja, das mache ich auch. Ich habe schon gemerkt, dass ich bei dem einen oder anderen die Zeit demnächst auch verkürzen kann und bei anderen den Termin eher noch verlängern muss. Aber ehrlich gesagt, es macht ziemlich viel Spaß, so eng an den Fällen dran zu sein. Ich habe wirklich das Gefühl, helfen zu können. Ist alles strukturierter und systematischer. Ich werde demnächst auch einen Teil meiner Kunden an die Kollegen abgeben. Ich schaffe das sonst zeitlich nicht mehr.«

»Das klingt wirklich gut. Wie laufen die Teammeetings?«

»Auch besser. Wir hatten ja schon immer auch einen Slot für aktuelle Kundenfälle. Das waren früher oft Erfolgsberichte. Jetzt habe ich schon manchmal die Kollegen im Eins-zu-eins gebeten, ihren aktuellen Fall einzubringen, wenn es sich um schwierige Fälle handelt oder auch um Fälle, die jeden betreffen könnten. Das Team erarbeitet dann gemeinsam eine Frageliste oder sammelt Ideen für den Umgang mit dem Kunden. Das kommt im Team gut an. Ich habe echt das Gefühl, dass die Kollegen weniger konsumieren und jetzt mehr aktiv dabei sind. Eigentlich logisch, bei so einer Erfolgsmeldung mag man ja nicht kritisch hinterfragen und der Spielverderber sein, aber bei den aktuellen Fällen haben sie Spaß daran, sich gegenseitig zu unterstützen. Neulich kam sogar die Idee auf, das mal im Rollenspiel zu üben. Die Idee kam von einem Vertriebler und sie werden das beim nächsten Mal ausprobieren. Stark, oder?«

»Unbedingt. Wenn ich dir so zuhöre, merke ich richtig, wie du dich verändert hast. Du bist auch viel aufmerksamer geworden. Das ist wirklich schön zu sehen.«

»Ja, ich bin näher dran und weiß viel besser, wo der Einzelne wirklich steht. Ich kriege auch mit, wenn jemand mal einen Hänger hat. Das war gerade bei Tim so. Er hatte gleich zwei Absagen nacheinander kassiert. Da haben wir dann gemeinsam daran gearbeitet, wie er wieder aus dem Tal der Tränen rauskommen kann, und Ideen gefunden, etwas zu verändern. Es ist wirklich schön zu sehen, wie sich die Kollegen entwickeln und wachsen. War mir vorher gar nicht so bewusst, wie wichtig diese Führungsarbeit ist.«

»Welche Punkte fallen dir noch schwer?«

Stephan überlegt ernsthaft: »Hmm, ich fürchte, ich sprudele immer noch mit zu vielen Ideen heraus. Ich weiß genau, dass es wichtig ist, mich zurückzuhalten, aber in dem Moment ... Puh! Ich sitze dann da, kann kaum an mich halten und dann rutscht mir raus, dass wir das Thema doch bereits besprochen hatten. Ich weiß, ich soll das nicht tun, aber wenn die sich gar so blöd anstellen ...«

Stephan sieht Dana mit einem Dackelblick an.

Dana muss lachen., »Jaja, Veränderung braucht Zeit. Aber wenn es dir schon mal auffällt, ist das ein wichtiger erster Schritt! In solchen Momenten hinterfrage: *Wie kann es dir, lieber Mitarbeiter, gelingen, an bestimmte Fragen, Situationen zu denken, wenn das eine oder andere wieder vorkommt?* Der Kollege muss für sich eine passende Lösung finden.«

Stephan notiert sich das. »Ich habe mir übrigens auch Gedanken zu meiner Erwartungshaltung gemacht.«

»Super, lass hören!«

So vergeht die Zeit wieder wie im Flug. Beide gehen mit einem guten Gefühl aus dem Coaching.

Marlene schmunzelt in sich hinein. Gerade ist ihr wieder eingefallen, wie sie letztens im Kindergarten mit einer Mutter gesprochen hatte, die unglücklich in ihrem Job als Sachbearbeiterin war. Da sie einen eloquenten und offenen Eindruck machte, hatte Marlene ihr vorgeschlagen, sich doch im Vertrieb zu bewerben. Marlene war richtig ins Schwärmen geraten: »Im Vertrieb ist man ganz nah am Kunden. Man bekommt unmittelbar Feedback und weiß, was man erreicht hat oder noch verbessern muss. Erfolg spürt man sofort im eigenen Geldbeutel. Nichts ist so abwechslungsreich! Zwar ähneln sich die Probleme der Kunden, aber die Lösung ist immer eine andere und diese zu finden und im Kundengespräch zu entwickeln wird nie langweilig.«

Witzig, wie sich ihre eigene Einstellung geändert hat. Wer hätte gedacht, dass sie sich so reinfuchst und mal so begeistert sein würde. Was man mit der richtigen Methode so alles erreichen kann ...

***

Ein paar Tage später sitzen mal wieder alle im Büro. Die Stimmung ist gut und entspannt. Peter beendet gerade ein Telefongespräch

mit den Worten: »Danke. Vielleicht ein anderes Mal.« Er legt auf. »So ein Mist!«
Tim, Stephan und auch Marlene heben den Kopf.
»Was ist?«, fragt Marlene.
Peter zuckt mit den Achseln. »Ich komme einfach nicht an Herrn Leonard ran. Er spricht mit mir immer nur über Stühle. Meine Tochter würde sagen, die Vibes zwischen uns stimmen nicht.«
»Dann gib ihn doch mir!«, scherzt Tim.
Peter zuckt zusammen, aber Stephan wirft ein: »Na ja, so schlecht ist die Idee von Tim doch gar nicht. Nicht jeder kann mit jedem. Ihr kennt doch die Gaußsche Normalverteilung. Wenn du mit einem von hundert nicht kannst, dann gib ihn doch ab. Probier es mit einem anderen. Wir verbrennen oft viel zu viel Energie in den Randbereichen der Normalverteilung, wo es nie funktionieren wird. Gib diese Kunden ab, statt dich daran aufzuhängen. Konzentriere dich auf diejenigen in der Mitte deiner Normalverteilung. Manchmal kann ein anderer einfach mehr erreichen, weil die Chemie eine andere ist.«
Alle konzentrieren sich wieder auf ihre Aufgaben, aber der Gedanke lässt Peter nicht los. Und so kommt es, dass Peter später Tim zu einem kurzen Treffen zum Thema *Kundentausch* bittet.
Etwas stockend beginnt er: »Ich habe doch mit Dana meine Kunden aussortiert. Manche habe ich einfach abgemanagt. Hier verkaufen wir nur noch reaktiv. Aber bei ein paar habe ich mir überlegt, dass es vielleicht ganz gut wäre, wenn einfach mal jemand anders rangehen würde. Da habe ich an dich gedacht.«
Tim traut seinen Ohren nicht. Übergibt Peter ihm gerade ein paar seiner Bestandskunden? Er meint etwas zögerlich: »Klar, warum eigentlich nicht. Eine gute Idee. Von welchen Kunden sprichst du denn?«
Peter nennt ihm die Namen und Tim schaut parallel ins CRM. Auf

den ersten Blick ist kein Haken zu erkennen. Vielleicht meint es Peter tatsächlich ernst? Es scheint so und so verbleiben beide mit der Absprache, dass Peter in den nächsten Tagen bei drei seiner Kunden Tim als neuen Account-Manager vorstellen wird.

Die Termine finden statt und Tim findet mit seiner Art schnell Anknüpfungspunkte. Daraufhin gibt auch er einen Kunden an Peter ab, bei dem ihm sein Instinkt sagt, dass etwas mehr Seniorität von Vorteil wäre.

Nach dem nächsten Vertriebsmeeting bleiben beide etwas länger und erläutern Stephan ihren Tausch.
»Gaußsche Normalverteilung«, murmelt Stephan: »Guter Plan. Finde ich klasse! Wir sollten alle mit den Kunden arbeiten, die zu uns passen, und uns nicht an Regionsgrenzen aufhängen. Ihr habt Verantwortung übernommen. Super!«

***

»Natürlich, sehr gern!« Stephan legt auf. Gerade war mal wieder ein Vertriebsleitermeeting, diesmal virtuell via Videokonferenz. Seit der Unterstützung von Dana und dem konsequenten Hinterhersein, dass seine Vertriebler auch das CRM pflegen, ist seine Region immer im oberen Drittel bei der Forecastgenauigkeit und Opportunitypflege. Auch der Forecast für die L-Serie sieht viel besser aus und wenn der Parfüm-Deal kommt, dann ist die Teilnahme am 100-%-Club dieses Jahr sicher.
Heute aber wurde er gefragt, ob er für das nächste Meeting nicht mal eine Präsentation vorbereiten kann, wie genau Marlene das mit der Leadgenerierung macht und was das Erfolgsrezept seiner

Region ist. Stephan nimmt das als großes Kompliment und freut sich. Diese Präsentation wird er auch gleich nutzen und weitere Stellen für den Innenvertrieb beantragen.

***

Marlene ist etwas aufgeregt. Heute fängt Florian Schwartz an, ein Werkstudent, der sie beim Telefonieren unterstützen soll. Stephan sagt, das könnte ihr erster Schritt in Richtung Teamleiterkarriere sein. Wie es ihre Art ist, hat sie sich vorbereitet und sich einen Überblick verschafft, was Florian alles braucht, um schnell erfolgreich loslegen zu können. Verständnis des CRMs, Grundlagen für das richtige Telefonieren ... Marlene hat ihre Schulungsunterlagen und Mitschriften von Danas Coachings rausgesucht und wird versuchen, einiges davon an Florian zu vermitteln. *Das kriege ich hin.*

Tim strahlt »Vielen Dank. Sie werden es nicht bereuen!«, er legt den Telefonhörer auf, springt auf und ruft laut ins Büro: »Ich habe den Deal! Frau Amermann hat mich gerade angerufen und gesagt, sie schickt mir heute noch den Auftrag per Email durch.«
Die anderen jubeln.
»Sie hat gesagt, dass sie zum Schluss unsere pragmatische Herangehensweise überzeugt hat. Die ALM war wohl billiger, hatte aber vor allem einen hohen Anteil für die Konzeptionierung veranschlagt. Unsere Tische waren technisch flexibler und hochwertiger, sodass zum Schluss unser Preis-Leistungs-Verhältnis überzeugt hat. Wie geil ist das denn?«
Stephan holt eine Flasche Champagner. Bei solchen Anlässen muss man feiern.

Epilog

Marlene baut im Laufe der Zeit ein eigenes Innendienstteam auf. Was mit dem Werkstudenten Florian begonnen hat, wird mit dem Ziel ausgebaut, jedem Außendienstkollegen einen Innendienstler als Unterstützung zur Seite zu stellen.
Tim bekommt eine Beförderung zum Key-Account-Manager und wird fünfmal in Folge Vertriebler des Jahres.
Peter hat wieder Spaß am Verkaufen. Bestandskunden sind weiterhin mehr sein Ding, aber sein Wechselwille ist weg. Auch zu Hause läuft es wieder besser. Alles macht wieder mehr Freude.
Dana erhält Folgeaufträge für alle Regionen der WOBB und betreut jahrelang das gesamte Vertriebsteam.
Stephan wendet das Gelernte erfolgreich an und wird schließlich Chief Sales Officer.

Handwerkszeug

Der theoretische Teil ist inhaltlich so aufgebaut, dass Sie die Arbeitshilfen gut und praxisorientiert nutzen können. Sie finden zuerst die Gesprächsphasen mit den Tipps und Tricks aus dem Roman für Ihre Nacharbeit, inklusive Modelle und Methoden, die Sie sowohl in Ihrem Verkaufsprozess als auch in Ihrer Führungsarbeit unterstützen. Anschließend folgen Zusatzinformationen zum Thema *Führung*, die wir als hilfreich erachten und die für viele Lebensbereiche nützlich sein können.

> **Achtung:** In den Kästen finden Sie Hinweise zu den Szenen im Roman. Sollten Sie den Roman noch nicht gelesen haben: Spoileralarm!

Die Gesprächsphasen

Ein *W* macht Verkäufer richtig erfolgreich!

 Im ersten Workshop bei der WOBB GmbH geht Dana mit den Vertriebsmitarbeitern die Gesprächsphasen durch, um ein Bewusstsein dafür zu schaffen, dass alle Phasen durchlaufen werden müssen. Man kann und darf als Verkäufer im Alltag keine Phase einfach überspringen, ohne ein hohes Risiko für den Verkaufserfolg einzugehen.

Jedes Vertriebsgespräch durchläuft sieben Phasen, die wir Ihnen im kommenden Teil erläutern und die wir mit hilfreichen Tipps ergänzt haben. Mal wird die eine Phase etwas länger sein, mal die andere, aber versuchen Sie keine zu überspringen. Um Sie zu unterstützen, haben wir Ihnen zudem eine Checkliste mit Fragen pro Phase zusammengestellt, die Ihnen bei der Vorbereitung auf Ihre Verkaufsgespräche helfen wird.

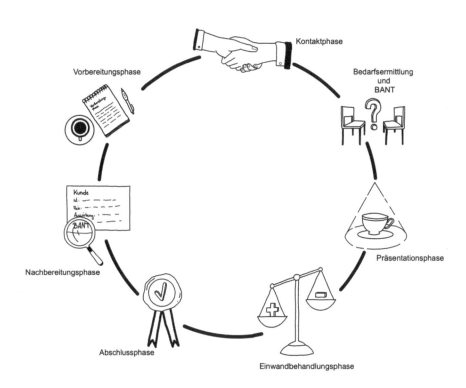

Jedes gute Gespräch benötigt Vorbereitung. Nehmen Sie sich bitte die Zeit und beantworten Sie sich ehrlich die Fragen aus folgender Checkliste. Sie werden sehen, dass Ihr nächstes Verkaufsgespräch noch erfolgreicher verlaufen wird. Nutzen Sie Ihre persönliche Checkliste regelmäßig vor jedem Kundengespräch. Denken Sie daran: Positive Veränderungen brauchen Zeit und Übung.

Nicht alle Fragen lassen sich vor oder im ersten Gespräch beantworten. Planen Sie die offen gebliebenen Fragen für das nächste Gespräch ein.

Gesprächs-phase	Was? Wie? Wann?
Zielsetzung	Was sind meine Ziele für das Gespräch? Was sind die Gründe für mich, dass ich den Kunden für passend halte? Wer sind meine Ansprechpartner im Gespräch? Wer sind meine Wunsch-Ansprechpartner für den Verkauf? Welche Informationen möchte ich erhalten? Wenn mich andere Kollegen zum Termin begleiten: Haben wir unsere Rollen geklärt? Wer macht was beim Kunden? Haben wir Signale zum Unterbrechen vereinbart?
Kontaktphase	Wie will ich in das Gespräch einsteigen? Wie genau stelle ich mich im Termin vor (ggf. Elevator-Pitch)? Welche Informationen über meine Firma und mich sind für den Kunden wichtig?

	Was macht mein Unternehmen besonders für den Kunden? Wie komme ich zu einer positiven Einstellung für das Gespräch? Wie vermittle ich einen emotional positiven Eindruck auf meinen Gesprächspartner?
Bedarfsanalyse	Welche Fragen will/kann ich dem Kunden stellen, um den Bedarf zu konkretisieren? Wie kann ich den Schmerz des Kunden erfragen? Welche Fragen will/kann ich dem Kunden stellen, um Informationen zum Entscheidungsprozess zu erhalten (Rollen und Zeitrahmen)? Was sind wichtige Entscheidungskriterien für den Kunden?
Präsentation	Welche Informationen hat mir der Kunde in der Bedarfsanalyse geliefert? Welchen Nutzen hat mir der Kunde in der Bedarfsanalyse vermittelt und was liegt in seinem Fokus? Welchen Nutzen kann ich, meine Firma, meine Produkte/Dienstleistungen dem Kunden bieten? Wie und mit welcher Sprache vermittle ich dem Kunden seinen individuellen Nutzen? Welche Unterlagen zeige ich dem Kunden?

Verhandlung/Einwandbehandlung	Welche Einwände/Vorwände können im Gespräch auftreten? Wie reagiere ich auf diese Einwände/Vorwände? Wie unterscheide ich Einwände und Vorwände? Wie bekomme ich raus, was hinter einem Einwand/Vorwand steckt? Weshalb bringt der Kunde genau jetzt den Einwand/Vorwand? Welche Alternativen habe ich beziehungsweise gibt es zu meinem präsentierten Vorschlag? Habe ich mir einen Forderungskatalog für die Verhandlung aufgestellt? Kenne ich meine Verhandlungsgrenzen?
Abschluss/Verabschiedung	Wie leite ich den Abschluss ein? Wie reagiere ich positiv auch auf ein Nein? Wie schaffe ich Verbindlichkeit? Wie formuliere ich den gemeinsamen Konsens? Welche Unterlagen überlasse ich dem Kunden? Wie verabschiede ich mich im Erfolgsfall und im Falle einer vertagten Entscheidung? Wie vereinbare ich To-dos und Folgetermine? Wie schaffe ich mit meiner positiven Verabschiedung, auch bei Ablehnung, einen weiteren Kontakt?

Nachbereitung	Welche Informationen will ich ablegen? Wo und in welcher Form will ich sie ablegen (z. B. Struktur)? Wer muss noch informiert werden? Welche Schritte sind bis wann zu erledigen? Waren meine Vorüberlegungen zum Verkaufsgespräch okay oder muss ich sie an der einen oder anderen Stelle überarbeiten? Was hat im Gespräch sehr gut funktioniert? Woran will ich weiterarbeiten? Welche Erkenntnisse baue ich in meinen Leitfaden ein?
Sonstiges	

Die Vorbereitungsphase

Gesprächsvorbereitung und Struktur im Verkaufsprozess

 Gerade für Marlene ist es wichtig zu wissen, wo sie ihre Zielkunden sucht, wer ihre richtigen Ansprechpartner sind und wie Sie diese anspricht. Durch diese Gedanken, einen angepassten Leitfaden und einen sauberen Gesprächseinstieg funktionieren ihre Anrufe viel besser.

Bevor Sie zum Hörer greifen oder das Haus des Kunden betreten, ist es wichtig, sich gut auf den Kunden vorzubereiten. Zu einer professionellen und zielgerichteten Vorbereitung gehört, Informationen über den Kunden und die Ansprechpartner zu sammeln. Diese Informationen finden Sie in sozialen Medien aber auch in speziellen Softwareprodukten, die Informationen für den Vertrieb aufbereiten. Hilfreiche Aspekte sind:
- Branche des Unternehmens
- aktuelle Trends in der Branche
- aktuelle Unternehmensnachrichten
- Größe des Unternehmens
- Anzahl und Lage der Standorte
- aktuelle Stellenanzeigen
- eigene Referenzen, passend zum Kunden
- Historie mit dem Kunden, falls vorhanden
- Ansprechpartner beim Kunden (oft über soziale Medien auffindbar)
- Funktion und Verantwortung des Ansprechpartners

Denken Sie daran: So viel Vorbereitung wie nötig und so wenig wie möglich. Für Kaltakquise empfehlen wir, nicht mehr als fünf Minuten in die Recherche zu investieren.

Die über den Kunden gesammelten Informationen werden Ihnen helfen, sich eine Taktik zum Aufspüren des richtigen Gesprächspartners zurechtzulegen und Anknüpfungspunkte für das Gespräch zu finden. Beantworten Sie sich zuerst die Frage: *Was ist mein Ziel des Anrufs beziehungsweise des Gespräches?*
Orientieren Sie sich hierfür am besten an der SMART-Methode. Wenn Sie Ihr Ziel kennen, dann wird Ihnen das Erarbeiten des Gesprächsleitfadens und das Aufrechterhalten einer Struktur im Gespräch deutlich leichter fallen.

Der Gesprächseinstieg am Telefon ist besonders herausfordernd. In der Regel unterbrechen Sie Ihren Gesprächspartner bei etwas und müssen sowohl seine Aufmerksamkeit erregen als auch schnell folgende Fragen beantworten, die sich jeder Angerufene unbewusst stellt:
- Wer ist das?
- Was will der Anrufer?
- Wie lange dauert es?
- Handelt er in meinem Interesse (oder will er mir nur was verkaufen)?
- Was bringt mir das Gespräch?

Wenn diese Fragen nicht schnell geklärt werden, wird der Gesprächspartner ungeduldig.

Für einen Kundenbesuch vor Ort bereiten Sie am besten immer eine Agenda vor und senden diese auch gerne im Vorfeld an den Kunden, damit auch er sich vorbereiten und gegebenenfalls weitere Personen aus seinem Haus zu Ihrem gemeinsamen Gespräch einladen kann.

Klar ist es wichtig, das Produkt und dessen Vorteile zu kennen, aber vor allem bereiten Sie Fragen vor, deren Antworten Ihnen zeigen werden, wie wichtig welcher Produktvorteil für den Kunden ist.

Machen Sie sich auch kurz Gedanken über den Small Talk und Gesprächseinstieg, denn das stellt einen wichtigen Teil im Beziehungsaufbau dar. Das gilt für den Besuch vor Ort genauso wie am Telefon, denn: *Der Mensch kauft vom Menschen!*

Zu 80 Prozent entscheiden Emotionen, ob der Kunde Vertrauen zu Ihnen aufbauen wird und mit Ihnen im Gespräch bleibt, der Verstand macht nur 20 Prozent aus. Die meisten Unternehmen haben heutzutage keinen echten USP, also kein Alleinstellungsmerkmal mehr. Deshalb ist die Beziehung, die Sie zu Ihrem Ansprechpartner aufbauen, extrem wichtig.

Zuletzt sammeln Sie sich kurz, bevor es tatsächlich losgeht, und stimmen sich auf das Telefonat oder den Termin ein. Der erste Eindruck zählt und dafür haben Sie nur drei bis sieben Sekunden. Daher versetzen Sie sich vorher in die richtige Stimmung:

- Lächeln Sie! Ein Lächeln macht gute Laune.
- Ihre Körperhaltung und die Kleidung (Vorsicht im Homeoffice) zeigen auch Ihre innere Haltung.
- Nehmen Sie sich Zeit für den anderen, sprechen Sie langsam.
- Sprechen Sie klar und deutlich.
- Punkten Sie mit Ihrer Persönlichkeit: Sprachmelodie, Pausen, Dialekt – bleiben Sie Sie selbst!

Ziele setzen mit SMART

Dana erarbeitet Gesprächsziele mit Marlene, damit sie ihre Struktur selbstbewusster einhalten und sich selbst besser reflektieren und damit verbessern kann.

Eine Struktur im Gespräch zu halten, ist viel einfacher, wenn Sie ein Ziel für Ihr Gespräch haben. Wenn Sie Ihr Gesprächsziel kennen, dann können Sie sich im Gespräch daran orientieren und darauf hinarbeiten. Zudem können Sie in der Nachbereitungsphase besser erkennen, ob es ein gutes Gespräch war, jenseits des netten Geplauders: Haben Sie erreicht, was Sie wollten?

Stellen Sie sicher, dass Ihr Ziel SMART ist, also klar und einfach formuliert sowie auf jeden Fall realistisch und für Sie persönlich attraktiv, sonst macht es keinen Spaß.
Machen Sie sich Gedanken, wann für Sie das Ziel erreicht ist. Wann können

Spezifisch: Formuliere deine Ziele so konkret wie möglich.

Messbar: Lege Kriterien fest, die am Ende zeigen, ob du das Ziel erreicht hast.

Attraktiv: Formuliere deine Ziele so, dass du Lust hast, sie zu erreichen.

Realistisch: Das Ziel soll mit deiner Zeit und deinen Mitteln machbar sein.

Terminiert: Dein Ziel sollte eine Deadline haben. Bis wann willst du dein Ziel erreichen?

Sie das Gespräch als erfolgreich bezeichnen? Nur wenn diese Antwort eindeutig ist, haben Sie auch ein messbares Ziel definiert.
Setzen Sie sich zudem auch einen Termin, zu dem Sie Ihr Ziel erreicht haben wollen. Müssen Sie tatsächlich im ersten Gespräch

einen Abschluss machen oder können Sie den Kunden über mehrere Gespräche strukturiert begleiten? Wann brechen Sie ab und stecken Ihre Energie lieber in aussichtsreichere Deals? Als Mensch neigen wir dazu, immer mehr Zeit und Energie zu investieren, wenn wir einmal begonnen haben, weil wir doch schon so viel reingesteckt haben. Aber ein totes Pferd zu reiten, bringt gar nichts. Ein smartes Ziel wird Sie in der Spur halten.

USP – Kurz und knackig

 Erinnern Sie sich, wie schwer es Marlene fällt, die USPs der WOBB GmbH und der Tische im Gesprächseinstieg auf den Punkt zu bringen?

Ein echter USP (Unique Selling Point) ist heute nicht leicht zu finden. Als Alleinstellungsmerkmal wird im Marketing und in der Verkaufspsychologie das herausragende Leistungsmerkmal bezeichnet, durch das sich ein Angebot deutlich vom Wettbewerb abhebt. Durch Marktsättigung und objektive Austauschbarkeit der Produkte erlangt der USP zunehmend an Bedeutung. Deshalb ist es umso wichtiger, sich Gedanken zu machen, was Ihr Unternehmen besonders macht. Was zeichnet Ihr Unternehmen, Ihr Produkt, Ihren Service aus?
Auch wenn es schwierig ist, ein wirkliches Alleinstellungsmerkmal zu finden, machen Sie sich dazu Gedanken. Sammeln Sie positive Fakten und packen Sie hiervon maximal zwei bis drei in Ihre Unternehmensvorstellung. Der *Schon-bald-Kunde* hört zu Beginn und insbesondere im Telefonat sowieso nur Stichpunkte. Also wählen Sie aus, was zu Ihnen passt oder worauf Sie persönlich besonders stolz sind. Achten Sie darauf, dass Ihr Vorstellungssatz am Telefon keinesfalls länger als zehn Sekunden ist.

Für eine kundenzugewandte Formulierung hilft Ihnen der Satz: ... *das bedeutet für Sie, Herr Kunde ...*

Rollenklärung: Wer macht was beim Kunden?

 Das Gespräch von Tim und Sebastian mit Frau Amermann von der *4803 Parfüm* geht fast schief, weil Sebastian zwar enthusiastisch, aber sehr ausschweifend präsentiert und sich in den Details verliert. Die beiden haben vorher keine Zeichen vereinbart und auch ihre Rollen nicht geklärt. Beim entscheidenden Pitch macht es Tim mit Stephan richtig und es funktioniert.

Wenn Sie mit mehreren Kollegen in ein Meeting gehen, klären Sie unbedingt im Vorfeld die Rollen:
- Wer hat welche Rolle im Meeting?
- Wer ist Moderator, wer ist Fachexperte oder Spezialist, wer protokolliert usw.?
- Wem *gehört* der Kunde?

Der Kollege, der im Gespräch die Richtung bestimmt, ist der Moderator und behält den Kunden im Auge. Er fasst Punkte zusammen, greift ein und lenkt.
Thematisieren Sie im Vorfeld auch Unterbrechungen, sodass alle Kollegen die Signale sofort erkennen und dann nicht weiter präsentieren. Der Moderator erteilt das Wort und nimmt es auch wieder – immer mit Blick auf die Reaktionen des Kunden.

Die Kontaktphase – Small Talk

 Tim hat bei seinem Kundenbesuch mit Herrn Knorr die Kontaktphase komplett abgekürzt, den Smalltalk übersprungen und auch noch die Assistentin ignoriert. Damit hat er seiner Beziehungsebene zum Kunden geschadet.

Small Talk ist insbesondere beim Erstkontakt im Vororttermin wichtiger als die meisten denken. Einige Kunden haben das Bedürfnis, sich zunächst durch eine oberflächliche, ungezielte Plauderei kennenzulernen, quasi *zu beschnuppern*. Übergehen Sie diese Gesprächsteile nicht, sondern nutzen Sie die Gelegenheit, die Beziehungsebene aufzubauen und etwas über das Gegenüber zu erfahren. Das ist die Grundlage für eine langfristige und vertrauensvolle Beziehung.

Steigern Sie Ihren Kundenerfolg, indem Sie hier mehr Zeit investieren und ab und zu geistreiche und interessante Beiträge zu Themen liefern, die nichts mit dem Geschäft zu tun haben. Lassen Sie sich dennoch hier nicht die Zügel aus der Hand nehmen und kommen Sie immer wieder zum Kernthema zurück, wenn Ihr Gesprächspartner Nebensächlichkeiten zu sehr ausbreitet.

Wählen Sie auch im Small Talk die Themen mit Bedacht. Also vermeiden Sie politische oder religiöse Themen und bringen Sie keine negativen Aussagen aktiv ein, wie zum Beispiel: *Ich stand bei meiner Anreise 40 Minuten im Stau ...* Vermeiden Sie auch polarisierenden Worte wie *müssen*, oder wie würden Sie den Small Talk empfinden, wenn jemand zu Ihnen sagt: *Sie müssen doch akzeptieren, dass ein Tempolimit Quatsch ist.*

Zudem gilt auch hier: Bleiben Sie Sie selbst in Stimme, Tonfall und Körperhaltung.

Die Zentrale oder das Vorzimmer erobern

 Bei Telefonaten mit der Zentrale zu sprechen, den richtigen Ansprechpartner zu erhalten und auch durchgestellt zu werden, ist für Marlene keine große Herausforderung. Sie ist immer freundlich, klar und selbstsicher in ihrer Ansprache.

Wenn Sie keine direkte Durchwahl zu Ihrem Ansprechpartner haben, sind Sie gezwungen, über die Zentrale anzurufen. Vielen fällt es schwer, sich zum richtigen Ansprechpartner durchzutelefonieren. Dabei gilt auch hier: Der Mensch, mit dem Sie gerade sprechen, ist immer (!) der wichtigste Gesprächspartner. Also begegnen Sie auch der Assistenz oder der Person im Vorzimmer mit großem Respekt. Machen Sie sich diese Person zum Freund. Sie ist auch nur ein Mensch und hat ihre Anweisungen, zum Beispiel Wichtiges von Unwichtigem zu trennen, daher kommen Sie mit einem fachlichen, begründeten Anliegen oft weiter. Kurz, klar und selbstverständlich bitten Sie die Person im Vorzimmer, Sie durchzustellen. Wenn Sie Ihren Ansprechpartner charmant behandeln und inhaltlich klar vorgehen, wird das Vorzimmer für Sie keine Hürde sein.

Sollten Sie einen anderen Gesprächspartner als den gewünschten Ansprechpartner am Telefon haben, versuchen Sie auch hier, Verbindlichkeit zu erzeugen:
- Gibt es einen besonders guten Zeitpunkt ihn zu erreichen (ganz früh morgens, Mittagszeit oder abends)?
- Gibt es einen Kollegen, der zum Thema XXX weiterhelfen kann?
- Haben Sie Einblick in seinen Kalender, um einen Termin zu vereinbaren?

Die Bedarfsermittlung und BANT

Am Anfang hat Marlene bei ihren Leads vergessen, die BANT-Kriterien sauber zu evaluieren. Dies führte dazu, dass sie Termine generiert hat, die Zeitverschwendung für den Außendienst waren und diesen verärgerten. Zudem hatten sie und Tim zwar Bedarfe ermittelt, aber wurden dann vom Kunden vertröstet, da dieser gar keinen echten Schmerz empfunden hat. Das Problem war beim Kunden vorhanden, aber ein Lösungswille hat gefehlt, da der Schmerz des Entscheiders noch nicht hoch genug war. Zwischen Bedarf und Schmerz zu unterscheiden und beides sauber zu evaluieren, haben die zwei durch das Coaching von Dana gelernt.

Wer fragt, der führt! In einer guten Bedarfsermittlung führen Sie den Kunden durch Fragen und ermitteln so den Nutzen des Kunden. Dazu verwenden Sie die Fragen aus Ihrer Vorbereitung (Leitfaden).

In der Bedarfsermittlung ist es Ihre Aufgabe, aktiv und empathisch zuzuhören, sich Notizen zu machen, Unklarheiten zu hinterfragen und den Nutzen des Kunden zu erkennen: Für den Bedarf eines Kunden haben Sie eine Lösung und daraus ergibt sich ein Nutzen. Wichtig dabei ist, zu beachten, dass der Bedarf des Kunden nicht automatisch auch sein Schmerz ist. Ihre Lösung soll den Schmerz des Kunden lösen, also einen Nutzen für ihn persönlich bringen.

Nicht jeder Vorteil eines Produktes oder einer Leistung ist dem Kunden wichtig. Die Herausforderung für Sie als Vertriebler ist es, die Vorteile zu erfragen, die für Ihren speziellen Kunden einen Nutzen darstellen und seinen Schmerz lösen! Um dies zu erreichen, fragen Sie viel und treffen Sie keine Annahmen. Der Kunde selbst muss seinen Nutzen formulieren. Wenn der Nutzen dann auch noch einen Businessbezug hat, sind Sie für die Präsentationsphase gut vorbereitet.

Schmerz vs. Problem
Probleme kaufen nicht – Probleme gibt es viele

Tim beschreibt im Gespräch mit Dana und Marlene, dass Kunden einfach abtauchen, obwohl sie doch vorher eigentlich ein echtes Problem geschildert hatten. Dana erläutert daraufhin den Unterschied zwischen Schmerz und Problem anhand von vielen konkreten Beispielen.

Nur der Schmerz lässt kaufen – Schmerz ist die Auswirkung eines Problems und immer eine persönliche Herausforderung. Es gibt keinen Unternehmensschmerz!

Um den Schmerz zu ermitteln, fragen Sie den Kunden: *Wie wirkt sich ... auf Sie persönlich aus?*

Beweis- und Auswirkungsfragen helfen Ihnen zudem, zum tatsächlichen Schmerz vorzudringen:
- Was würde sich verändern, wenn ...?
- Was wurde/wird von ... beeinflusst?

- Was passiert, wenn Sie nichts tun?
- Welche Folgen hatte/ergeben sich durch ...?
- Was hat Sie bisher daran gehindert ... anzugehen?

Manchmal hilft es, durch Denkanstöße den Schmerz zu forcieren. Dies ist zum Beispiel der Fall, wenn Ihr Autovermieter Sätze fallen lässt wie: *Sie wissen schon, dass, wenn Sie ohne Reifenzusatzversicherung aus Versehen durch ein tiefes Schlagloch fahren, die vollen Kosten an Ihnen hängen bleiben?*

Zusammenfassend gilt: Sie als Verkäufer können nicht wissen, ob es für den anderen ein Problem oder Schmerz ist! Sie können nur fragen.

Grundregeln für gutes Fragen
Mit dem Beachten dieser Grundregeln wird Ihr Gespräch erfolgreich verlaufen. Denken Sie immer an die Erfolgsformel für erfolgreiche Verkaufsgespräche: *30 Prozent Redeanteil für Sie als Verkäufer – 70 Prozent Redeanteil für den Kunden*

 Peter bleibt bei seinem Kundenbesuch bei Herrn Wagner in seinen Annahmen stecken, redet viel zu viel und fragt viel zu wenig. Dana druckt ihm daraufhin die Grundregeln für gutes Fragen aus.

Stecken Sie die Erwartungen ab – und bitten Sie um die Erlaubnis, Fragen stellen zu dürfen
»Frau Schneider, wenn Sie einverstanden sind, werde ich Ihnen gern erst ein paar Fragen stellen, um sicherzugehen, dass ich genau verstehe, was Sie erreichen wollen. Im Anschluss beantworte ich Ihnen

gerne Ihre Fragen zu unserem Lösungsangebot. Wir können dann gemeinsam entscheiden, welche Schritte wir als nächstes unternehmen. Sind Sie damit einverstanden?«

Die Erwartung abzustecken und anzukündigen, dass Sie jetzt einige Fragen stellen werden, klärt Ihr Gespräch und lenkt es in die richtige Richtung. Holen Sie sich die Erlaubnis, Fragen stellen zu dürfen. Erfragen Sie immer als Erstes die Grundsituation sowie das Ziel des Kunden. Dies gilt sowohl bei eingehenden Anfragen wie auch bei Akquisegesprächen am Telefon oder im Vorortgespräch. Hierfür stellen Sie Ihr Lösungsangebot zunächst zurück.

Erst fragen, dann präsentieren! Das ist für viele Vertriebler eine der größten Herausforderungen, denn schließlich lieben Sie Ihr Produkt ja.

Wenn Ihr Kunde versucht, die Führung im Gespräch zu übernehmen, indem er beginnt *Ihnen* Fragen zu stellen, holen Sie sich das Gespräch zurück, zum Beispiel so: »*Diese Frage beantworte ich Ihnen gerne später, da ich vorher gerne noch wissen will ...*«

Sie entscheiden, ob es sich um eine Verständnisfrage handelt oder ob die Frage an der aktuellen Stelle des Gesprächs nicht passt. Es ist *Ihr* Gespräch und *Ihre* Dramaturgie!

Selbstverständlich ist es wichtig, auf die Frage des Kunden dann zu einem späteren Zeitpunkt zurückzukommen und diese nicht zu vergessen.

Stellen Sie sicher, dass genügend Zeit verfügbar ist

In der Hektik können Sie kein gutes Gespräch führen. Achten Sie darauf, dass genug Zeit eingeplant ist. Aber bitte nicht unbedingt durch die Frage am Anfang eines Gespräches: »*Haben Sie etwas Zeit?*« Wir sind alle erwachsen, das heißt, wenn jemand ans Telefon geht, hat er auch Zeit beziehungsweise kann uns sagen, wenn er diese nicht hat. Daher fragen Sie nicht unterwürfig. Sollten allerdings Hintergrundgeräusche darauf hindeuten, dass es laut und stressig ist, dann klären Sie das unbedingt.

Auch im Meeting ist es empfehlenswert, die Zeit abzustecken: »*Wir haben eine Stunde geplant, passt das für alle Anwesenden noch?*« Sie wollen doch nicht von einem vorzeitigen Ende überrascht werden.

Hören Sie zu!
Zuhören ist eine Frage der Konzentration! Achten Sie genau darauf, was und wie es gesagt wird. Beobachten Sie die nonverbale Kommunikation und erfassen Sie dadurch die tatsächliche Bedeutung der Kommunikation Ihrer Gesprächspartner. Gibt es eine Diskrepanz zwischen dem, was Ihr Ansprechpartner sagt, und dem, was Sie wahrnehmen?

Stellen Sie immer nur eine Frage zur gleichen Zeit
Weil wir annehmen, dass der Gesprächspartner die Frage nicht richtig verstanden hat, stellen wir häufig weitere Fragen, die dazu führen, dass die erste Frage in der Regel unbeantwortet bleibt. Oft gibt die zweite Frage dann auch noch eine Antwort vor. Und was passiert dann? Wir Menschen sind oft bequem und nehmen das an, was am einfachsten ist. Sie bekommen also von Ihrem Gesprächspartner eine bequeme, gegebenenfalls vorsuggerierte Antwort. Dadurch nehmen wir uns als Verkäufer die Chance, den wirklichen Nutzen des Kunden zu erkennen. Deswegen immer nur <u>eine</u> Frage stellen – dann atmen und zuhören!

Nutzen Sie die Kraft der Stille – Pausen aushalten
Wir neigen oft dazu, unseren Gesprächspartnern nicht genügend Zeit für die Antwort auf unsere Frage zu lassen, und sind zu ungeduldig. Das gilt insbesondere, wenn wir mit offenen Fragen arbeiten.

Die offene Frage aktiviert den Gesprächspartner zum Nachdenken und dafür braucht er Zeit. Wenn Ihnen dies schwerfällt, zählen Sie im Kopf bis zehn: zählen, atmen, zuhören!

Drücken Sie sich verständlich aus
Stellen Sie Fragen, die leicht verständlich sind. Was schlecht verständlich scheint, formulieren Sie lieber um. Verwenden Sie keine Akronyme. Je klarer Sie Ihre Fragen formulieren, desto besser versteht Ihr Gesprächspartner, welche Informationen er Ihnen geben soll.

Graben Sie tiefer (z. B. mit *Was sind die Auswirkungen?*; nach allgemeinen folgen spezifische Fragen)
Auswirkungsfragen können problem- oder ergebnisbezogen gestellt werden. Die Antworten des Kunden auf solche Fragen geben Ihnen Informationen über die konkreten Folgen der bestehenden Probleme beziehungsweise der angestrebten Ergebnisse und ermöglichen eine Kosten- und Nutzenbetrachtung (ROI). Auswirkungsfragen helfen Ihnen, von *weichen* Faktoren zu den harten und messbaren Fakten zu gelangen. Die Antworten auf diese Fragen zeigen erst wirklich, wie viel den Kunden ein bestehendes Problem kostet beziehungsweise welche Mehrwerte ein zukünftiges Ergebnis für ihn erbringen kann. Nur durch konsequentes tieferes Graben erhalten Sie einen Einblick in alle Bedürfnisse und Auswirkungen beim Kunden. Hat Ihr Kunde wirklich Sorge um sein Business oder will er sich in Ihrem Gespräch nur *weiterbilden*?
Je besser wir die Schmerzen des Kunden greifen können, umso mehr können wir auf das Ziel hinleiten und eine wirklich passende Lösung präsentieren.

Auswirkungsfragen:
- *Was sind die Konsequenzen / konkreten Auswirkungen von ...?*
- *Welches Ziel möchten Sie in 3–5 Jahren erreicht haben?*
- *Was hat Ihre Unzufriedenheit mit dem jetzigen Partner für Auswirkungen?*
- *Was genau tut Ihnen daran besonders weh, dass Ihr bestehender Partner es gerade nicht zeitnah schafft zu ...?*
- *Woran werden Sie erkennen, dass es mit uns besser wird?*
- *Angenommen Sie ändern nichts am Status quo, wozu führt das?*
- *Was würde sich konkret positiv verändern, wenn Sie ... einführen?*

Stellen Sie Fragen auch mal invers
Statt *Was wird dieses Projekt erfolgreich machen?* können Sie auch fragen: *Was würde dazu führen, dass dieses Projekt scheitert?*

Unterbrechen Sie den Kunden nicht
Eine Selbstverständlichkeit, die aber leider im Eifer des Gefechtes oft nicht beachtet wird. Dadurch nehmen Sie sich die Chance auf Zusatzinformationen und darauf, dass der Kunde seinen Nutzen selbst formuliert.

Seien Sie dankbar (Wertschätzen Sie jede Antwort!)
Honorieren Sie mit Ihren eigenen Worten die Antwort des Gesprächspartners und stellen Sie darauf aufbauend die nächste Frage. Dies wird als *Spiegeln durch Umformulieren* bezeichnet. Eine Antwort enthält häufig sehr viele Informationen. Indem Sie das Gesagte mit Ihren eigenen Worten zusammenfassen, geben Sie Ihrem Gesprächspartner zu erkennen, dass Sie ihn richtig verstanden haben. Außerdem ergibt sich für Sie selbst auch noch mal die Möglichkeit, das Gesagte zu strukturieren. Zudem kann Ihr Gegenüber etwas korrigieren, falls Sie ihn doch falsch verstanden haben sollten.

Durch das Honorieren und Wiederholen demonstrieren Sie Interesse am Gesprächspartner und geben ihm zu verstehen, dass er für den positiven Verlauf des Prozesses nützliche Informationen liefert.

Bitte bedenken Sie, dass strukturiertes Fragen immer auf der Antwort der vorhergehenden Frage aufbaut.

Unterscheiden Sie bewusst zwischen offenen und geschlossenen Fragen

Obwohl die meisten Menschen im Vertrieb den Unterschied zwischen offenen und geschlossenen Fragen sowie deren Vor- und Nachteile kennen, wird viel zu wenig bewusst damit gearbeitet.

Die Resultate dieser beiden Fragen sind unterschiedlich und allein deshalb treffen Sie, je nachdem was Sie erreichen wollen, eine bewusste Unterscheidung. Während Sie in der Bedarfsermittlung eher mit offenen Fragen arbeiten, sind in der Abschlussphase eher geschlossene Fragen passend.

Gehen Sie vorsichtig mit der *Warum*-Frage um – besser ist *Wie* und *Was*

Fragen Sie *wie* oder *was* und vermeiden Sie *warum*, *wieso* und *weshalb*.

Die Frage nach den Gründen ist ausgezeichnet, um tiefer zu graben. Allerdings lösen die Fragewörter *warum* und *wieso* Antworten aus, die eine Verteidigung, Rechtfertigung oder Auffassung enthalten. Rechtfertigungen aber zerstören die Atmosphäre im Gespräch. Wenn Sie nicht wollen, dass sich Menschen für ihren Standpunkt verteidigen oder rechtfertigen, oder wenn Sie wollen, dass die Antworten, die Sie erhalten, mehr auf Erfahrungen beruhen, dann sind *wie* und *was* zweckmäßiger.

Ersetzen Sie *Warum ist das für Sie wichtig?* durch:
- *Was ist daran wichtig für Sie?*
- *Inwiefern ist das wichtig für Sie?*
- *Welchen spezifischen Grund gibt es dafür?*

Achten Sie auf ein ausgewogenes Geben und Nehmen
Wenn Sie dem Kunden etwas geben, dann versuchen Sie auch immer, etwas dafür zu erhalten. Wenn Sie etwas geben, ist das ein Nutzen für den Kunden und er wird offener sein, Ihnen etwas zurückzugeben. Erwarten Sie aber nicht, wenn Sie Ihre Informationen freiwillig preisgeben, dass der Kunde sich automatisch revanchiert. Daher überlegen Sie sich vorher, was Sie geben wollen, was Sie dafür vom Kunden erwarten und wie Sie dieses Nehmen ausdrücken. Ein Beispiel: *Klar, ich nehme mir jetzt im geschäftigen Jahresendgeschäft gerne die Zeit für einen Vororttermin bei Ihnen. Darf ich dafür erwarten, dass alle Entscheider an dem Treffen teilnehmen?*

Machen Sie Notizen und schreiben Sie mit
Wenn Sie mitschreiben, konzentrieren Sie sich auf den Kunden und wertschätzen seine Bemerkungen.

Die drei Säulen der Kundenprofilierung

 Sowohl Marlene als auch Tim machen gute Erfahrungen als sie beginnen, die Kundenprofilierung strukturiert durchzugehen und zu dokumentieren. So werden keine Punkte vergessen und sie behalten den Überblick über den Kunden.

Die Kundenprofilierung ist für die Bedarfsermittlung eine sinnvolle Methode. Sie basiert auf drei Säulen:
- Basis
- Strategie
- Prozesse

Das Vorgehen nach diesen drei Säulen hilft Ihnen, die wesentlichen Schritte einer strukturierten Informationsbeschaffung einzuhalten. Zunächst gilt es, den Kunden zu verstehen, um ihm dann im Anschluss konkrete Vorschläge zur weiteren Vorgehensweise zu unterbreiten.

Basis
Die Basisfragen beziehen sich auf das *Ist* im Unternehmen:
- *Wie groß ist Ihr Unternehmen?*
- *Wie viele Mitarbeiter hat es?*
- *An welchen Standorten sind Sie vertreten?*
- *Was nutzen Sie aktuell für ...?*
- *Was setzen Sie momentan ein, um ...?*
- *Welche Hilfsmittel nutzen Sie momentan ...?*
- *Wie wird derzeit ... umgesetzt?*
- *Wie realisieren Sie derzeit ...?*
- *Woher beziehen Sie derzeit ...?*
- *Welche Gedanken haben Sie sich über ... gemacht?*

Um den Schmerz besser zu fassen, fragen Sie zum Beispiel:
- *Wie zufrieden sind Sie mit ...?*
- *Welches sind die größten Herausforderungen, denen Sie derzeit (zum Thema XXX) gegenüberstehen?*
- *Wo sehen Sie Optimierungsbedarf mit/bei ...?*
- *Inwieweit passt die aktuelle Lösung zu Ihren Anforderungen?*

- *Wo sehen Sie Themen in diesem Bereich, die Sie optimieren wollen?*

Beweis und Auswirkungsfragen helfen Ihnen zusätzlich, zum tatsächlichen Schmerz vorzudringen beziehungsweise diesen auch zu überprüfen:
- *Woran machen Sie fest, dass ...?*
- *Wie messen Sie ...?*
- *Anhand welcher Kriterien belegen Sie, dass ...?*
- *An welchen Indikatoren messen Sie, dass ...?*
- *Wie dokumentieren Sie, dass ...?*
- *Was würde sich verändern, wenn ...?*
- *Was wurde/wird von ... beeinflusst?*
- *Was passiert, wenn Sie nichts tun?*
- *Welche Folgen hatte/ergeben sich durch ...?*
- *Was sind/waren die Konsequenzen?*
- *Was hat Sie bisher daran gehindert ... anzugehen?*

Strategie
Bei der Strategie geht es um die Ziele des Kunden:
- *Was planen Sie in den nächsten fünf Jahren?*
- *Wie ist in Zukunft ... geplant?*
- *Nach welchen Kriterien wählen Sie Ihren Partner aus?*
- *Welche Rahmenbedingungen müssen wir bei dem Projekt beachten?*
- *Was möchten Sie mit ... erreichen/bewirken?*
- *Woran werden Sie messen, dass sich etwas verändert/verbessert hat?*
- *Wie viele Mitbewerber sind im Spiel?*

Prozesse

Die Informationen zu den Prozessen helfen Ihnen, den Kunden auf seinem Weg zu begleiten und zu unterstützen:
- *Wie läuft der Entscheidungsprozess in Ihrem Haus ab?*
- *Wen müssen wir zusätzlich einbinden?*
- *Wer entscheidet bei Ihnen, ob ... umgesetzt wird?*
- *Wie wichtig ist es, dass wir den Betriebsrat von Anfang an mit einbinden?*
- *Wie laufen Projekte in Ihrem Haus ab?*
- *Wie läuft der Auswahlprozess für mögliche Partner ab?*
- *An welchen Stellen brauchen Sie Unterstützung von Ihrem Partner?*

Entscheidend ist, dass Sie im Verlauf eines Gesprächs in der Lage sind, die Gesprächsführung und somit den Überblick zu behalten. Dadurch vermeiden Sie es, sich in Details zu verlieren, Annahmen zu treffen und wesentliche Informationen zu vergessen.

BANT(R) Kriterien

 Peter hat die BANT-Kriterien bei seinem Bekannten Herr Weniger von der MSG GmbH nicht sauber evaluiert, hat dann zusammen mit dem Solution Sales viel Aufwand in die Angebotserstellung investiert und an den bereits gesetzten Partner verloren.

Sie wissen erst, ob Sie bei Ihrem Kunden eine echte Opportunity haben, wenn Sie folgende Kriterien klar beantworten können:

BANT(R) heißt:

B = 🪙   **Budget**: Der Interessent muss Budget haben.
- Wie viel kann und will der Kunde ausgeben?

Das Budget ermitteln Sie, indem Sie zum Beispiel fragen:
- *Um Ihre Qualitätsanforderungen in das richtige Verhältnis zur Lösungsdefinition bringen zu können und um zeitintensive Schleifen zu vermeiden: Wie sieht Ihr Budgetrahmen für Ihr Projekt aus?*
- *Welcher Anteil des Budgets ist für ... vorgesehen?*
- *Wie viel haben Sie in der Vergangenheit für ähnliche Lösungen ausgegeben?*
- *Unter welchen Umständen würde Ihr Chef einer nicht budgetierten Lösung zustimmen?*
- *Wie sieht der typische Prozess der Budgetbereitstellung für eine Lösung aus, die außerhalb Ihres ursprünglichen Budgets liegt?*

A =    **Authority/Entscheider:** Ihr Ansprechpartner muss auch die Entscheidungsbefugnis haben.
- Wer ist letztendlich der Entscheidungsträger?
- Wer hat welche Rolle im Entscheidungsprozess?

Sie ermitteln die Verantwortlichkeiten, indem Sie zum Beispiel fragen:
- *Wie sieht der Entscheidungsprozess aus?*
- *Wer hat sich in Ihrem Unternehmen als Erster entschieden, eine Lösung zu finden?*
- *Wer neben Ihnen entscheidet über die endgültige Lösung?*

- *Anhand welcher Kriterien entscheiden Sie?*
- *Wenn verschiedene Lösungen die gleiche Funktionalität zum gleichen Preis bieten, wie entscheiden Sie dann?*
- *Welche Mitarbeiter außerhalb des technischen Entscheidungsprozesses könnten die Entscheidung noch beeinflussen?*
- *Welche Bedenken könnten diese Ihrer Meinung nach haben? Wie sollten wir Ihrer Meinung nach damit umgehen?*

Need/Bedarf: Es muss ein Bedarf beim Kunden bestehen.
- Hat der Kunde einen Schmerz, der sich mit unserem Produkt/Service lösen lässt?

Evaluieren Sie hierfür den Schmerz des Kunden. Dazu helfen Ihnen die Fragen aus der Kundenprofilierung sowie folgende Fragen:
- *Was sind Ihre wichtigsten Unternehmensziele?*
- *Was genau suchen Sie?*
- *Aus welchem Grund ist das so wichtig für Sie?*
- *Was sind die größten Herausforderungen, denen Sie derzeit (zum Thema XXX) gegenüberstehen?*
- *Wie wirkt sich das auf Sie persönlich aus?*
- *Wie sollte Ihrer Meinung nach eine optimale Lösung aussehen?*
- *Was sind die wahrscheinlichen Folgen für Sie, wenn das Problem nicht gelöst wird? (Nichts tun?)*
- *Was sind Ihre Muss-Anforderungen und welche sind Kann-Anforderungen?*
- *Was hat Sie bisher daran gehindert, etwas dagegen zu unternehmen?*
- *Was ist Ihrer Meinung nach das größte Hindernis für die Erreichung Ihrer Ziele?*

- *Welche Teams/Abteilungen wären davon betroffen / würden davon profitieren?*

 **Timeline/Zeitraum:** Es sollte einen Zeitpunkt geben, in dem der Kauf abgeschlossen sein muss (Zwingendes Ereignis).

Die zeitlichen Vorstellungen ermitteln Sie, indem Sie fragen:
- *Wann brauchen Sie eine Lösung?*
- *Wie sieht Ihr Zeitplan aus, um die Ergebnisse zu erreichen?*
- *Was ist der Grund für diesen Zeitrahmen?*
- *Wie lange sind Sie schon mit diesem Problem konfrontiert?*
- *Was hat Sie dazu bewogen, dieses Problem jetzt lösen zu wollen?*
- *Wer hat den Zeitrahmen festgelegt?*
- *Was könnte Sie daran hindern, die gewünschte Lösung innerhalb des vorgegebenen Zeitrahmens zu erreichen?*
- *Was würde es für Sie/Ihr Unternehmen bedeuten, wenn der Zeitrahmen deutlich verkürzt werden könnte?*
- *Wie sehen Ihre nächsten Schritte aus? (Meilenstein Plan!)*

 Risiken: Behalten Sie eventuelle Risiken im Auge.
- Mit welchen Risiken müssen wir rechnen?
- Welche Mitwettbewerber sind im Spiel?

Auch die Risiken können Sie durch Fragen ermitteln:
- *Was sehen Sie als Hinderungsgrund an?*
- *Was könnte Sie hindern, die Lösung einzusetzen?*
- *Was für andere Produkte/Lösungen haben Sie sich noch angeschaut?*

- *An welche anderen alternativen Angebote/Lösungen denken Sie?*
- *Wie viele Mitbewerber haben Sie evaluiert?*
- *Wer sind unsere Wettbewerber?*
- *Wer führt derzeit die Gruppe der Wettbewerber an?*
- *Wo sehen Sie uns im Vergleich zum Wettbewerb?*
- *Mit welchem der anderen Anbieter haben Sie bereits Verträge oder Erfahrungen?*
- *Wenn ja, wann ist die Verlängerung fällig? Wie sieht die Stornogebühr aus?*
- *Was ist der Grund dafür, dass Sie gerade jetzt einen Wechsel des Lieferanten/Partners in Betracht ziehen?*
- *Was möchten Sie in Zusammenarbeit mit dem neuen Partner verbessern?*
- *Wo sehen Sie die Risiken bei der Auswahl des neuen Partners?*

Während Ihnen die Fragen zur Kundenprofilierung helfen, den Nutzen für den Kunden zu erkennen, benötigen Sie die Antworten auf die BANT(R) Kriterien, um einschätzen zu können, ob auch eine tatsächliche Verkaufschance vorliegt. Erst wenn die BANT-Kriterien klar sind, ist es eine echte Opportunity.

Annahmen durch Fragen vermeiden

Peter nimmt bei Frau Zwiesel an, dass sie nicht an der L-Serie interessiert ist, weil sie doch schon mit ihrem Handy überfordert ist. Als er sie fragt, bekommt er ein anderes Bild und muss feststellen, dass er fast eine Verkaufschance verpasst hätte.

Ständig sind wir in Situationen, in denen wir Annahmen darüber treffen, was andere denken, meinen, fühlen oder verstehen. Jede Aktion Ihres Gegenübers verleiten Sie dazu. Das Problem ist, dass diese Annahmen auch sofort Ihre Wahrnehmung verändern.
Gleichzeitig hat die Art und Weise, wie Sie eine Situation wahrnehmen, einen entscheidenden Einfluss darauf, wie Sie sich verhalten. Ihre Aktionen bestimmen wiederum das Verhalten Ihres Gegenübers. Machen Sie sich diese Wechselwirkung, diesen Prozess immer wieder bewusst.

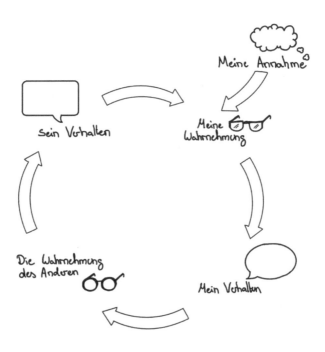

Annahmen passieren ganz leicht. Wir können ihnen nur entkommen, indem wir uns dieser Falle bewusst sind und deshalb konsequent die Antworten unseres Gesprächspartners hinterfragen. Nur indem Sie Ihr Gegenüber fragen, können Sie die Lücke füllen, die Sie sonst automatisch mit einer Annahme füllen würden.

- Annahmen verändern Ihre Wahrnehmung.
- Ihre Wahrnehmung bestimmt Ihr Verhalten.
- Die Wahrnehmung Ihres Gegenübers wird von Ihrem Verhalten bestimmt.
- Ihre Wahrnehmung wiederum wird vom Verhalten Ihres Gegenübers bestimmt.

Geht es beispielsweise um Begrifflichkeiten, haben Sie über Klärungsfragen die Chance sicherzustellen, dass Sie ein gemeinsames Verständnis mit dem Kunden bekommen. Zum Beispiel: *Was meinen Sie genau, wenn Sie von modernen Arbeitswelten sprechen?* Oder: *Komplexität ist ein sehr generischer Begriff. Was konkret verstehen Sie im Kontext unseres Lösungsvorschlages darunter?*

Speziell auch wenn es um die Erfüllung von konkreten Aufgaben geht, ist es förderlich, die Prämissen (Vorgaben) nochmals eindeutig unter den Betroffenen zu klären, um sicherzustellen, dass alle Beteiligten das gleiche Verständnis von der Aufgabe und dem damit angestrebten Ergebnis haben.
Reflektieren Sie am besten nach jedem Gespräch:
- Wo habe ich meinen blinden Fleck?
- Hat der Kunde das wirklich gesagt oder habe ich das nur angenommen?
- Habe ich den Kunden auf diesen Schmerz gelenkt und er hat nur zugestimmt? Oder hat der Kunden diesen von alleine geschildert?

Die Präsentationsphase

Die Präsentationsphase halten wir hier bewusst kurz, weil die meisten Vertriebler sehr gut präsentieren können. Heutzutage werden vom Marketing und dem Produktmanagement ausgezeichnete Präsentationen zur Verfügung gestellt und Sie verwenden diese bestimmt zielgerichtet.

Die Gefahr liegt darin, zu zeitig und viel zu viel zu präsentieren, anstatt wirklich auf den Kunden und seine Ziele einzugehen. Reduzieren Sie Ihre Präsentation darauf, was Ihnen der Kunde in der Bedarfsanalyse zu seinem Nutzen erzählt hat. Es ist wirklich nicht nötig, dem Kunden alle Produkt-/Leistungsvorteile aufzuzählen, sondern gehen Sie nur darauf ein, was für ihn wirklich wichtig ist. Zusätzlich prüfen Sie bitte Ihre Präsentation und Argumentation dahin gehend, ob der Kundennutzen wirklich auf jeder Folie im Mittelpunkt steht. Können Sie für jede Folie ein *Das bedeutet für Sie ...* formulieren oder handelt es sich doch nur um eine Ansammlung von Fakten?

Das bedeutet für Sie, den Kunden seinen Nutzen erkennen zu lassen. Den Nutzen in der Präsentation aufzunehmen, wiederzugeben und zu stärken – hier lag bei allen Vertrieblern im Buch zu Beginn die Schwäche. Sie waren viel zu sehr auf ihre Features, vermeintliche Produktvorteile und Details bezogen. Gerade in dem Termin von Tim und Sebastian mit Frau Amermann ging das fast schief.

Achten Sie dabei auf Ihre Sprache. Stellen Sie hier den Kundennutzen auch sprachlich in den Mittelpunkt. Hier einige Beispielsätze:
- *Das bedeutet für Sie ...*
- *Sie sparen dadurch ...*

- *Ihre Mitarbeiter werden entlastet durch ...*
- *Sie sind mit ... innovativ aufgestellt ...*
- *Damit sind Sie auf der sicheren Seite ...*
- *Sie steigern Ihr Image als ...*

Wichtig ist auch, dass Sie nicht überverkaufen. Der Kunde wird Ihnen ein Signal geben, wenn er genug von Ihrer Präsentation hat. Signale hierzu sind, dass der Kunde Fragen zum Ablauf stellt oder auch Einwände vorbringt. Das ist für Sie das Signal, dass die Präsentationsphase vorüber ist.

Die Einwandbehandlung und die Verhandlung

Es gibt einen Unterschied zwischen Einwand und Vorwand:
- Ein Einwand ist eine Zusatzinformation, die Sie bisher noch nicht hatten. Daher ist der Einwand ein berechtigtes Hindernis, wofür eine Lösung/Alternative erwartet wird. Der Kunde bringt ein begründetes Argument vor, das ihn am Kauf hindert.
- Ein Vorwand dagegen ist eine Ausrede. Der Kunde schiebt ein Problem vor. Der Vorwand wird benutzt, um die wahren Gründe zu verschleiern.

Am Anfang bringen Einwände vom Kunden zu Gesprächsbeginn Marlene dazu, zu schnell aufzugeben. Um echte Einwände von Vorwänden abzugrenzen, lernt sie von Dana zu hinterfragen. Beide finden das Bild des schwankenden, sedierten Pferdes passend, um sich zu merken, dass Druck immer Gegendruck erzeugt.

Der Mensch mag nicht gern Nein sagen, daher wählt ein Ansprechpartner oft Vorwände, um nicht Nein sagen zu müssen. Sie wissen nicht, ob es sich um einen Einwand oder einen Vorwand handelt.
Wie aber bekommen Sie heraus, ob es ein berechtigter Einwand oder ein vorgeschobener Vorwand ist? Durch Hinterfragen. Es hilft nicht, einfach dagegen zu argumentieren, denn Druck erzeugt immer Gegendruck.
Bringt Ihnen Ihr Kunde einen Einwand/Vorwand entgegen, dann
- atmen Sie zuerst durch und
- zeigen Sie Verständnis, bedanken Sie sich oder loben Sie den Kunden mit einem Empathiestatement: *Vielen Dank für die*

wichtigen Zusatzinformationen. Ich möchte den Punkt gern noch mal vertiefen.
- Hinterfragen Sie offen weiter, um Einwand und Vorwand zu identifizieren.

Konfrontiert Sie ein Kunde zum Beispiel mit der Aussage, er hätte kein Budget für Ihr Projekt/Produkt, dann können Sie mit folgendem Empathiestatement reagieren: *Vielen Dank für die offenen Worte. Ich kann gut verstehen, dass Ihr Unternehmen in der aktuellen Situation besonders auf das Budget achtet.* Um dann gleich mit einer der folgenden Fragen weiter zu hinterfragen:
- *Wie gestaltet sich Ihre Budgetplanung?*
- *Welche Beschaffungen sind geplant?*
- *Woran messen Sie, dass Leistungen den Preis auch wert sind?*
- *Wer in Ihrem Haus profitiert noch von diesem Projekt?*

Häufig hören Sie auch den Einwand: *Wir beschaffen nur bei Bedarf.* Auch hier hinterfragen Sie:
- *Wie sieht dann der Prozess aus?*
- *Nach welchen Kriterien entscheiden Sie, ob Sie beschaffen werden?*

Wenn Ihr Kunde meint, er arbeite ausschließlich mit lokalen Partnern zusammen, kann auch diese Aussage ein Vorwand sein oder eine berechtigte Unternehmensstrategie. Daher ist hier eine adäquate Reaktion: *Wir schätzen es sehr, wenn unsere Kunden loyal zu Ihren Partnern sind.* Oder *Wir wollen Ihren Partner nicht verdrängen.* Um dann weiterzufragen:
- *Was genau macht Ihr Partner?*
- *Was sind für Sie ausschlaggebende Kriterien für die Wahl des Partners?*

- *Woran machen Sie fest, dass Ihr Partner Sie optimal berät?*
- *Wie zufrieden sind Sie mit Ihrem Partner auf einer Skala von eins bis zehn?*
- *Was müsste Ihnen ein Partner darüber hinaus geben, damit er eine zehn von Ihnen bekommt?*

Erst wenn Sie den Einwand richtig verstehen, nutzen Sie eine der folgenden Methoden zur Einwandbehandlung:
- BLN-Methode
- Angenommenen-Technik

BLN-Methode

Ihr Kunde hat Ihnen im Gespräch mitgeteilt, dass seine Mitarbeiter extrem überlastet sind und er gerade keine Zeit für die Einführung eines neuen Produktes hat, obwohl er sich bewusst ist, dass es sinnvoll wäre. Mit diesen Informationen wenden Sie das BLN-Werkzeug zum Beispiel wie folgt an:
- Atmen Sie zuerst durch und
- loben Sie den Kunden mit einem Empathiestatement: *Es ist gut, dass Sie an die Ressourcen Ihrer Mitarbeiter denken.*
- Hinterfragen Sie offen weiter und beziehen Sie die passenden Antworten in Ihre BLN-Technik ein.

Bedarf: *Wenn Sie unser Produkt einführen ...*
Lösung: *... dann nutzen Sie unsere zusätzlichen Services beziehungsweise unsere Projektabteilung, die Sie bei der Einführung des Produktes begleitet und Ihnen Arbeit abnimmt.*
Nutzen: *Das bedeutet für Sie, dass Sie von den Vorteilen der Einführung direkt profitieren können, ohne Mehraufwand für Ihre Kollegen. Und darüber hinaus werden die Kollegen nach der Einführung entlastet, weil die Handhabung dann einfacher ist.*

Durch die Struktur gelingt es Ihnen, den Bedarf zu adressieren und auch den verstandenen Kundennutzen noch mal zu wiederholen.

Angenommen-Technik

Bei der Angenommen-Methode ist es wichtig, dass eine Hand die andere wäscht. Das heißt, wenn Sie etwas für den Kunden tun, dann erwarten Sie eine vereinbarte Gegenleistung. Der größte Gewinn der Angenommen-Technik ist das Schaffen von Klarheit: Lieber ein klares Nein als ein ständiges Vielleicht.

Mal angenommen, wir haben eine bestimmte Spezialisierung, die Ihr Partner nicht hat, passt dann nächste Woche Mittwoch 14 Uhr ein Meeting von einer Stunde für Sie, um eine Zusammenarbeit zu prüfen?
Diese Frage fördert eine klare Verbindlichkeit, setzt einen Zeitrahmen (nächste Woche 14 Uhr) und bringt Klarheit (ja oder nein).

Auf den Einwand Ihres Kunden *Wir haben kein Geld für Ihre Lösung* können Sie ebenfalls mit der Angenommenen-Technik reagieren:

Mal angenommen wir identifizieren Projekte, die Ihnen nach einer ROI-Betrachtung, Geld einsparen. Prüfen Sie dann eine gemeinsame Zusammenarbeit?

Ein weiteres typisches Beispiel: Ihr Kunde möchte noch einmal zwei Prozent Rabatt. Dann reagieren Sie wie folgt: *Angenommen ich rede noch einmal mit unserem Lieferanten und kalkuliere Ihr Angebot bis morgen Vormittag 10 Uhr neu, bestellen Sie dann bis 12 Uhr morgen Mittag?*
Denken Sie dabei immer daran: Wenn Sie etwas für den Kunden tun, kostet es Ihre Zeit oder vielleicht auch die Zeit von Kollegen. In diesem Zusammenhang hilft Ihnen die Angenommen-Methode, um zu prüfen, ob sich Ihr Zeitinvestment auch lohnt. Sagt der Kunde jetzt Nein, hätte er vermutlich auch zu einem späteren Zeitpunkt Ihr Angebot ausgeschlagen.

Geben und Nehmen

Peter verpasst im Gespräch mit seinem Bekannten Ralf Weniger von der MSG GmbH, ein Gleichgewicht zwischen Geben und Nehmen zu schaffen. Er und Sebastian engagieren sich im Workshop und nehmen sich viele Hausaufgaben mit. Sie vergessen allerdings, bei Ralf dafür auch Gegenleistungen einzufordern.

Die Dankesschuld ist ein interessanter Effekt. Sicherlich kennen Sie das auch: Wenn jemand nett zu Ihnen ist, begegnen Sie ihm freundlicher. So wirkt die Dankesschuld, Sie können sich gar nicht dagegen wehren. Daher werden bei Spendensammlungen nachweislich mehr Einnahmen generiert, wenn den potenziellen Spendern vorher eine Kleinigkeit geschenkt wird.

Dasselbe passiert, wenn Sie erst begründen, warum Sie etwas fragen, bevor Sie es fragen. Der Kunde wird durch die Begründung offener sein, zu antworten. Bitte beachten Sie: Erst begründen, dann fragen. Nicht umgekehrt. Sonst zerreden Sie sich nur die Frage und der Kunde weiß gegebenenfalls gar nicht mehr, was die Frage war. Setzen Sie dieses Werkzeug gezielt und nicht zu häufig ein, sonst laufen Sie Gefahr, sich für jede Frage zu rechtfertigen, und das kostet Sie und den Kunden unnötige Zeit. Zudem machen Sie den Kunden bei mehrmaliger Verwendung skeptisch.

In einer Verhandlung kann Sie das Wissen um die Effekte der Dankesschuld davor bewahren, zu schnell Zugeständnisse zu machen. Sie merken dann, wenn der andere das Prinzip bei Ihnen versucht. Umgekehrt können Sie den Effekt in Verhandlungen auch für sich selbst nutzen, indem Sie das Prinzip von Geben und Nehmen aktiv anwenden. Wenn Sie dem Kunden etwas geben, hat dieser einen Nutzen und ist offener, etwas zurückzugeben.
Achtung: Nachgeben bedeutet, etwas zu geben, ohne dafür etwas zu bekommen. Das ist etwas anderes. Geben und Nehmen basiert auf dem Prinzip: *Eine Hand wäscht die andere.* Wenn ich Aufwand habe, dann will ich wissen, dass es sich auch lohnt.

Beispiele:
- Damit ich den Consultant für Sie reservieren kann, wann denken Sie, unterzeichnen Sie den Vertrag?
- Damit ich das richtige Angebot für Sie erstellen kann, brauche ich Ihre Budgethöhe.

Sprachlich hilft Ihnen die Angenommen-Methode, um ein klares Commitment von Ihrem Ansprechpartner zu erhalten.

Tipp zur Umsetzung:
Überlegen Sie Sie sich vor dem Gespräch: <u>Was</u> will ich geben? Und dann überlegen Sie: <u>Wie</u> will ich es geben?

Preisverhandlungen richtig führen

 Tim und Stephan bereiten den großen Pitch bei *4803 Parfüm* ordentlich vor, machen sich Gedanken zu ihren Verhandlungsgrenzen, erstellen einen Forderungskatalog und überlegen sich, wie sie auf Einwände reagieren wollen. Dadurch sind sie erfolgreich im Pitch.

Auch bei Preisverhandlungen hilft es Ihnen, wenn Sie sich vorher Gedanken machen, was Ihre Optionen sind. Ein häufiger Fehler ist, dass wir nur in Preisen und Rabatten denken, in einer Verhandlung sollten wir aber auch Qualität, Service, Lieferbedingungen, Bindungsfristen und ähnliches mit in die Waagschale werfen.
Notieren Sie sich daher zur Vorbereitung alle möglichen Punkte, die Ihnen einfallen, die Sie dem Kunden (nach-)geben können, aber auch nehmen können. Versuchen Sie, mindestens doppelt so viele Forderungen aufzuschreiben, wie Ihnen spontan einfallen. Das hilft Ihnen, wirklich breit zu denken ... Anschließend kategorisieren Sie diese in
- *ganz wichtig*,
- *möglich* und in
- *kann ich fallen lassen*.

Der Forderungskatalog hilft Ihnen, souverän zu reagieren, wenn in der Verhandlung spontan Anforderungen Ihres Kunden auf den Tisch kommen. Mit den Punkten aus Ihrem Forderungskatalog haben Sie die Chance, zu führen und das Gespräch am Laufen zu halten, das heißt Vorschläge zu machen, ohne den Preis anpassen zu müssen.

Natürlich gilt auch hier: Je besser Sie den Nutzen des Kunden erarbeitet haben, desto mehr können Sie diesen hervorheben, um Ihren Preis durchzusetzen und nur an für Sie weniger kritischen Punkten nachzugeben. Zuhören ist auch bei Verhandlungen das Wichtigste. Achtung: Nicht in die Falle laufen und das Ergebnis zerreden, weil Sie alle Ideen zu schnell auf den Tisch legen.

Vorsicht-Anker

Einen Anker zu setzen bedeutet, dass Sie bewusst eine bestimmte Sinnesrichtung herbeiführen. Sie bewegen den Gedanken des Gegenübers in eine bestimmte Richtung.

Einen Anker setzen Sie zum Beispiel, indem Sie Ihrem Gesprächspartner eine extreme, aber dennoch realistische Eröffnungsposition anbieten, um diese so in seinem Denken zu verankern. Selbst wenn er diese hohe Forderung sofort ablehnt, verankert sich die Position in seinem Denken. Oft vergisst Ihr Gegenüber aufgrund Ihrer Eröffnung auch seine eigene Position. Das klingt erst einmal abstrakt, ist aber genau das, was Ihnen passiert, wenn Sie in ein Möbelhaus gehen, um einen Schrank zu kaufen, und der Verkäufer Ihnen sagt: »Oh, da müssen Sie aber mit fünfhundert Euro rechnen.« In diesem Moment ist der Anker auf 500 Euro gesetzt und Sie rücken von Ihrer eigenen Preisvorstellung von zum Beispiel 300 Euro ab. – Sie werden wahrscheinlich einen Schrank für 400–500 Euro kaufen.

Ein weiteres Beispiel:
Ihr Kunde sagt: »Ihr Konkurrent ist sechs Prozent unter Ihrem Preis. Was können Sie tun?«
Da Sie gut vorbereitet sind, kennen Sie Ihre maximale Untergrenze von 27 Prozent Rabatt und eine intuitive Reaktion wäre, zu frohlocken und sieben Prozent Rabatt anzubieten. Aber das ist Quatsch. Da Sie vorher den Nutzen für den Kunden sauber erarbeitet haben, nutzen Sie diesen und reagieren besser wie folgt: »Im Vergleich zum Konkurrenzprodukt sind wir hier ... und da ... besser, hier ... und da ... haben wir dieselben Qualitätsrahmen. Daher ist es ja klar, dass wir besser sind als die sechs Prozent Rabatt.«
Der Anker für den Rabatt ist zwischen null und sechs Prozent gesetzt. Der Kunde hat ihn in diesem Fall sogar selbst eingeleitet und damit ist klar, er wird keinesfalls mehr zweistellig werden.

In Preisverhandlungen können Sie das Prinzip des Gebens und Nehmens, die BLN-Methode und die Angenommen-Technik sinnvoll nutzen.

Ein letzter Tipp: Machen Sie sich bewusst, dass ein Ergebnis für Ihr Gegenüber weniger wert ist, wenn es schnell und leicht geht. Also wenn es zu einfach war, eine Forderung durchzusetzen, dann bleibt beim Gegenüber ein komisches Gefühl. Daher steigern Sie subjektiv den Wert, indem Sie einen harten Kampf vortäuschen:
- *Ich habe mich echt für Sie ins Zeug gelegt.*
- *Für dieses Entgegenkommen muss ich meinen Vorgesetzten einbeziehen.*
- *Entschuldigen Sie bitte, dass es etwas länger gedauert hat. Unsere internen Diskussionen waren sehr intensiv.*

Der Abschluss / Die Verabschiedung

Der Abschluss für ein Gespräch kann ein *Ja* (Ziel Ihrer Vorbereitung erreicht), ein *Nein* (Ziel nicht erreicht, Sie wissen allerdings, woran es liegt) oder ein *Vielleicht* sein. Ein *Vielleicht* erhalten Sie häufig bei einem Erstkontakt oder beim erstmaligen Ansprechen einer Leistung. Hierbei ist es wichtig, dass dieses *Vielleicht* nicht zu einem *ständigen Vielleicht* wird. Je nach Budgethöhe, um die es bei Ihrem Gespräch mit dem Kunden geht, bestimmen Sie die Anzahl, wie häufig ein *Vielleicht* vom Kunden kommen darf. Hat Ihre Leistung zum Beispiel einen Wert von 500 Euro, muss spätestens beim dritten Mal ein Ja oder Nein vom Kunden kommen, sonst rechnet sich der Aufwand für Sie nicht mehr.

Sicherlich ist es Ihnen auch schon passiert, dass Sie nach einem guten Verkaufsgespräch und mehrmaligem Nachfassen den Kunden plötzlich nicht mehr ans Telefon bekamen. Entweder war der Kunde laut Kollege nicht am Platz, in einer Besprechung oder es geht keiner ran. Häufig liegt das daran, dass es uns Menschen schwerfällt, jemandem ein *Nein* zu geben. Unterstützen Sie Ihren Kunden, indem Sie ihm die *Tür zum Ausstieg* öffnen, bevor Sie ihn nerven und die Beziehung dauerhaft schädigen. Das kann zum Beispiel so aussehen: »Herr Müller, Hand aufs Herz – wo stehen wir aktuell?«

Sie haben mindestens eine 50:50-Chance, dass der Kunde Ihnen jetzt die Wahrheit sagt, und können sich so gut aus dem aktuellen Verkaufsansatz zurückziehen, denn beide haben nach der Wahrheitsfindung ein gutes Gefühl und die Beziehung ist nicht zerstört.

Wie leiten Sie die Abschlussphase ein?

Wer macht was bis wann?
Im finalen Pitch mit *4803 Parfüm* beendet Tim das Gespräch erst, nachdem klar ist, dass nach ein paar Anpassungen im Angebot auch eine Entscheidung getroffen wird. Er gibt sein Commitment, das Angebot zu ändern, gegen das Versprechen, dass dann auch in 14 Tagen eine endgültige Entscheidung getroffen wird.

Denken Sie daran, das Gespräch noch einmal zusammenzufassen. Dazu gehört es auch, klare To-dos zu verteilen: *Wer macht was bis wann?* Auch der Kunde bekommt *Hausaufgaben*, die er bis zum nächsten Termin abarbeitet. Um nicht zu ausschweifend zu werden und das Gespräch nun auch wirklich abzuschließen, ist es hilfreich, die To-dos mit klaren Anweisungen und Aussagen zu formulieren: *Dann machen wir jetzt Folgendes: Ich sende Ihnen das Angebot bis morgen 12 Uhr zu, Sie prüfen, welche Fragen Sie und Ihre Mitarbeiter dazu noch haben und ich sende Ihnen für Mittwoch nächste Woche 9.30 Uhr eine Einladung für ein Meeting zu, in dem wir die dann noch offenen Fragen klären werden.*
Achten Sie dabei auf die Klarheit und Verbindlichkeit in Ihrer Sprache. Hier ist es wichtig, dass Sie souverän und selbstsicher formulieren, damit kommen auch beim Kunden keine Zweifel mehr auf.
Die Abschlussphase sollte im Gespräch nicht viel Raum einnehmen, denn Sie haben ja bereits alles für den aktuellen Zeitpunkt besprochen. Fällt Ihnen jetzt noch eine zusätzliche, weiterführende Frage ein, notieren Sie sich diese im CRM und fragen den Kunden beim nächsten Gespräch. Sie laufen sonst Gefahr, ein gutes Gespräch zu überstrapazieren.
Und natürlich gehören zur Abschlussphase auch ein Dankeschön und eine freundliche Verabschiedung mit Namen.

Die Nachbereitung

 Insbesondere Marlene setzt eine strukturierte, vollständige Dokumentation im CRM um. Dadurch ermahnt sie sich selbst, nichts zu vergessen, und behält hervorragend den Überblick. Auch Tim übernimmt diese strukturierte Arbeitsweise.

Genauso wichtig wie die Vorbereitung und die Gesprächsphasen ist die Nachbereitung. Durch eine gut strukturierte Nachbereitung heben Sie sich noch einmal positiv von vielen Vertrieblern ab. Der wichtigste Punkt ist hier die Zuverlässigkeit: Halten Sie alle Versprechen zum vereinbarten Termin ein.

Jetzt gilt es, zuverlässig alle To-dos zu erledigen, dem Kunden eine Zusammenfassung zu schicken (optimalerweise mit einem Folgetermin) und auch dem Kunden seine Aufgaben zu senden.

Machen Sie sich zudem auch zeitnah Notizen in Ihrem CRM, was Sie besprochen haben, welche Zusatzinformationen Sie erhalten haben, welche strategischen Rahmenbedingungen das Unternehmen hat, usw.

Dazu ist es sinnvoll, die Aktivität von den übergeordneten Informationen zu unterscheiden. Die Aktivität ist das, was für ein Thema, ein Angebot, ein Produkt, eine Dienstleistung gilt. Strategische Rahmendaten sind Informationen mit längerfristiger Gültigkeit. Wenn Ihr CRM es leisten kann, dann notieren Sie diese übergeordneten Informationen – genau wie die Kundenprofilierung – in ein Feld, das immer sichtbar ist, sobald Sie den Kunden aufrufen.

Schreiben Sie weitergehende Fragen direkt in Ihr CRM, wenn Ihnen auffällt, dass Sie manche Informationen noch nicht haben. Das wird Ihnen helfen, beim nächsten Gespräch auch wirklich daran zu denken.

Reflexion

 Durch die 1:1-Gespräche zu konkreten Kundenszenarien regt Stephan seine Mitarbeiter an zu reflektieren, was gut gelaufen ist, was wie vorbereitet umgesetzt wurde und was nicht. Nur so ist eine nachhaltige Verhaltensveränderung möglich. Bei Marlene passiert dies durch die Gesprächsanalysen mit Dana.

Reflektieren Sie das Gespräch auch auf der Meta-Ebene. Wir tun oft Dinge, ohne uns ihrer bewusst zu sein. Auch wenn Sie erfolgreich sind, hilft es, diese Fragen/Formulierungen in Ihrem Leitfaden zu notieren. Damit stellen Sie sicher, dass Sie die Fragen in ähnlichen Situationen wieder bewusst zur Verfügung haben.
Zur Reflexion beantworten Sie sich ehrlich folgende Fragen:
- Wie lief`s? Habe ich mein Gesprächsziel erreicht?
- An welcher Stelle hat sich die Situation entschieden? Was war der Wendepunkt?
- Was genau habe ich da gesagt/getan?
- Was lief gut im Gespräch? Welche Fragen haben mich weitergebracht?
- Wo habe ich meinen blinden Fleck?
- Hat der Kunde das wirklich gesagt oder habe ich das nur angenommen?
- Habe ich den Kunden auf diesen Schmerz gelenkt und er hat nur zugestimmt? Oder hat der Kunden diesen von alleine geschildert?
- Welche Fragen waren nicht zielführend?
- Was will ich beim nächsten Kundengespräch verändern?

Da Sie das vermutlich nicht nach jedem Gespräch schaffen, empfiehlt es sich, bei besonders guten Gesprächen und bei den Gesprächen, die gefühlt besonders schlecht gelaufen sind, die Reflexion durchzuführen. Das wird Ihnen helfen, schlechte Gewohnheiten zu verändern und neue Routinen zu schaffen, die zielführender sind. Denken Sie daran: Auch Profisportler reflektieren sich laufend, damit sie immer besser werden …

Umgang mit Absagen, Enttäuschungen und Loslassen

Sowohl Marlene als auch Tim kämpfen mit den emotionalen Auswirkungen von Absagen. Sie treffen sich mit Dana, um dieses Thema zu besprechen, und Dana empfiehlt zu überlegen, was die Ursachen gewesen sind, um für das eigene Vorgehen daraus zu lernen und gleichzeitig auch externe Faktoren zu akzeptieren und loslassen zu können.

Alle Menschen wollen gemocht werden und fürchten Ablehnung von Mitmenschen. Ein Nein nehmen wir oft zu persönlich. Bei einer Absage erhält dann unser Selbstwertgefühl einen Dämpfer. Als Vertriebler müssen Sie hier eine gesunde Resilienz entwickeln und die Fähigkeit, sich auf die Sachebene zu konzentrieren.
Lassen Sie sich auch bei einer Absage die Tür immer offen. Bedanken Sie sich für die Ehrlichkeit und ergänzen Sie die Bitte, bei der nächsten Kaufentscheidung wieder dabei sein zu dürfen.
Entscheidend für das Loslassenkönnen ist, dass Sie als Vertriebler wissen, aus welchem Grund Sie den Auftrag verloren haben. So können Sie noch mal prüfen, wo der Unterschied gelegen hat und ob

Sie Ihren Verkaufsprozess und Ihre Gesprächsführung weiter nachschärfen müssen. Es kann auch daran liegen, dass der Kunde einfach ein besseres Bauchgefühl mit einem anderen Partner hat. Dann müssen Sie an Ihrer Beziehungsebene zu Ihrem Kunden arbeiten.

Manchmal stecken aber auch externe Faktoren dahinter, die Sie nicht beeinflussen können. Zum Beispiel in Form einer Freundschaft des Entscheiders mit dem Mitwettbewerb.

Reflektieren Sie also, um zu prüfen, wie Sie Ihren Verkaufsprozess weiter verbessern können und wo Sie *nachschleifen* müssen. Gegebenenfalls beziehen Sie auch Ihren Kunden ein mit der Frage: *Was hätte ich anders machen können?* Wenn Sie wissen, woran es gelegen hat, lassen Sie los.

Damit verlassen wir die sieben Phasen eines Vertriebsgespräches. Denken Sie an die Checkliste mit Fragen pro Phase, die Ihnen bei der Vorbereitung auf Ihre Verkaufsgespräche und damit einer erfolgreichen Umsetzung helfen wird.

Weitere hilfreiche Methoden und Modelle

Tipps für die Akquise

Jeder Mensch hat in seinem Beruf Tätigkeiten, die er gerne macht, und solche, die er nicht so sehr mag. Viele Verkäufer mögen zwar die Kundengespräche, aber weniger die Kaltakquise oder die Nachtelefonie von Angeboten.
Warum ist das so? Wahrscheinlich steckt in diesen Situationen eine gewisse Ur-Angst vor dem *Nein*. Wir alle wollen gemocht werden und fürchten Ablehnung. Ein *Nein* nehmen wir oft persönlich. Damit Ihnen die Akquise nicht zur Last fällt, benötigen Sie also eine gesunde Resilienz gegen momentane Ablehnung und die Fähigkeit, sich auf die Sachgründe zu konzentrieren. Da im Vertrieb der Erfolg immer dem Fleißigen recht gibt, hilft es, sich bewusst zu machen, dass jedes *Nein* Sie dem nächsten *Ja* näherbringt.

Ein weiterer Grund für mangelnden Erfolg in der Akquise ist häufig mangelnde Selbstdisziplin. Es ist manchmal einfach mühsam und anstrengend, die eigenen Sales-Aktivitäten mindestens so lange beizubehalten, bis sich die Erfolge einstellen oder Sie eine statistische Evidenz haben, dass Ihr Ansatz falsch ist. Geben Sie nicht zu schnell auf und probieren Sie den einen oder anderen Ansatz unbedingt mehrmals. Was funktioniert wirklich und was nicht?

Machen Sie sich zudem Gedanken zu Ihrer Vertriebsstrategie. Statt wild in verschiedenen Kundengruppen herumzustochern, versuchen Sie, systematisch vorzugehen:
- Was sind passende Zielkunden und die richtigen Ansprechpartner für mein Produkt, meinen Service, meine Leistung? Wo und wie finde ich diese und wie spreche ich sie an?
- Was sind typische Herausforderungen für meinen Ansprechpartner in Abhängigkeit von seiner Funktion im Unternehmen?

Also welchem Gesprächspartner stelle ich sinnvollerweise welche Fragen?
Klarheit über das eigene wertige Angebot und wie der *Schon-bald-Kunde* davon profitieren wird, sorgt für ein sicheres und motiviertes Auftreten. Also gilt es, zunächst diese strategischen Hausaufgaben zu erledigen, um die Weichen für den Akquise-Erfolg sicherzustellen und motiviert ans Werk zu gehen.

Zusätzlich helfen kleine Tricks aus dem Zeitmanagement im Vertriebsalltag wie zum Beispiel die Blocktelefonie. Dazu nehmen Sie sich eine feste Anzahl von Anwahlen vor, die Sie unbedingt erledigen, bevor Sie sich eine Pause oder eine Belohnung gönnen. Wenn Sie alle vorgenommenen Kunden angewählt haben, wissen Sie zudem, dass Sie einen wichtigen Schritt getan haben, unabhängig vom Ergebnis.

Marlene nimmt sich jeden Tag eine feste Anzahl von Kunden vor, die sie auf jeden Fall anruft, bevor sie eine andere Tätigkeit startet. Durch dieses konkrete Aktivitätsziel kommt sie vorwärts und weiß, was sie geschafft hat, auch unabhängig vom Ergebnis.

Fragen Sie sich auch, was Sie persönlich motiviert. Nur wenn Sie das wissen, können Sie sich Ziele setzen und diese auch erreichen.
In der Regel werden Sie im Vertrieb auch mit extern vorgegebenen Zielen konfrontiert sein. Zumeist werden Ihnen Neukunden- oder Umsatzziele vorgegeben, die neben Klarheit auch Messbarkeit schaffen. Wenn Sie diese extern vorgegebenen Ziele erreichen, dann vermeiden Sie Ärger mit Ihrem Chef oder Einbußen im Gehalt. Negative Effekte zu vermeiden ist jedoch nicht so motivierend, wie ein positives persönliches Ziel zu erreichen. Versuchen Sie sich also

ein persönliches Ziel zu setzen, das Sie gern erreichen wollen. Dabei hilft Ihnen die Beantwortung der Sinn-Frage – für Sie selbst und für Ihr Unternehmen: *Warum macht es Sinn, diese Ziele zu erreichen? Welche positive Wirkung tritt bei Zielerreichung ein?*

Hier ein paar *Sinn-Beispiele* für den aktiven Verkauf:
- Zukunftsfähigkeit des Unternehmens
- gesicherter Arbeitsplatz
- mehr Freiheit in der Gestaltung der Vertriebsarbeit
- Wünsche, die mit dem Gehalt erfüllt werden können
- persönlicher Erfolg
- Anerkennung im Team
- Karriere

Egal ob vorgegeben oder selbst gesteckt, für die kurzfristige Motivation ist es hilfreich, Ergebnisziele durch Aktivitätsziele zu untermauern und diese zu monitoren. Also statt *Wir gewinnen dieses Jahr X Prozent Neukunden!* lieber *Jeder Vertriebsmitarbeiter spricht pro Woche X Neukundenkontakte an.* So haben Sie auf dem Weg zum Ergebnis auch Erfolge zum Feiern.

Goldene Fragen

 Gerade für Marlene sind diese Fragen Gold wert. Sie bekommt Zeit zum Nachdenken und lässt den Kunden reden, um ihn besser zu verstehen.

Kennen Sie das Gefühl, in einem Gespräch nicht mehr weiterzuwissen? Ihr Gesprächspartner antwortet auf Ihre Frage, aber Sie können das Gesagte nicht einordnen. Sie wissen nicht weiter. Dann helfen Ihnen die *goldenen Fragen*. Sie werden so genannt, weil sie im Notfall immer weiterhelfen. Sie verschaffen Ihnen Zeit zum Nachdenken und regen den Kunden an, mehr zu erzählen oder sich genauer zu erklären. Während der Antwort können Sie überlegen, wie Sie weitermachen oder was die eigentliche Botschaft des Kunden ist.

Goldene Fragen:
- Wie genau kann ich mir das vorstellen?
- Was genau verstehen Sie darunter?
- Wie sieht dies im Detail aus?

Spüren Sie ein komisches Gefühl, zum Beispiel weil die Stimmung im Gespräch sich verändert hat oder der Kunde plötzlich ganz anders argumentiert? Dann scheuen Sie sich nicht, dies zu thematisieren, das heißt, Ihrer Irritation Ausdruck zu verleihen:
- Jetzt bin ich irritiert. Ich hatte verstanden, dass Sie Wert auf XY legen, jetzt klingt es irgendwie anders. Was ist passiert?
- Wir hatten so ein tolles Gespräch. Jetzt bin ich irritiert? Was stimmt nicht mehr?

Je mehr Sie klären, desto besser. Wenn Sie die Situation nicht klären, können Sie die Lücken nur mit Annahmen füllen und diese stimmen allzu häufig nicht. Also trauen Sie sich nachzufragen.

Tal der Tränen

 Als Marlene mit ihrer Mutter telefoniert, ist sie demotiviert und glaubt nicht mehr an sich und ihre vertrieblichen Fähigkeiten. Sie braucht dringend Hilfe.

Das *Tal der Tränen* ist ein typisches Phänomen im Vertrieb. Der Vertriebler ist von sich und seinem Produkt überzeugt und startet mit hoher Motivation in die Akquisegespräche. Dann aber gelingt es ihm nicht, etwas zu verkaufen oder einen Termin zu vereinbaren. Daraufhin sinken seine Motivation und sein Selbstbewusstsein. Dieser Effekt verstärkt sich mit jeder Absage und irgendwann ist der Vertriebler so verzweifelt, dass er kaum noch telefonieren kann. Er schafft weder die Anzahl der Anrufe, die er sich vorgenommen hat, noch stimmt die Qualität. Auch der Kunde spürt diese Verzweiflung häufig und hat dann noch weniger Interesse an einem Gespräch. Ein sich verstärkender Teufelskreis beginnt.

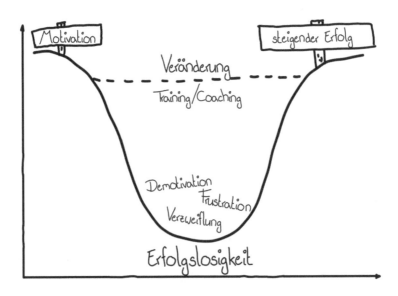

Jetzt ist es Zeit, etwas zu verändern!
Die einzige Chance, aus diesem Tal herauszukommen, sind Reflexion und Methodenwechsel. Dafür empfehlen wir, die Kundentelefonate aufzunehmen, um zu erkennen, wie die eigene Wirkung ist. Im Idealfall haben Sie eine Führungskraft, die Sie in dieser Situation coachen kann. Oder Sie profitieren von einem Trainer, der Ihnen Tipps gibt und neue Methoden vermittelt. Durch das Aufnehmen von Gesprächen und Ihre Reflexion können Sie immer wieder an Ihrer Gesprächstechnik feilen und konsequent daran arbeiten.
Wirklich entscheidend für das Verlassen des Tals der Tränen ist der Methodenwechsel: Gehen Sie neue Wege und verändern Sie Ihre bisherige Herangehensweise. Denn eins ist sicher: Ihr Kunde hört Ihre Frustration und Verzweiflung unbewusst heraus. Wer kauft schon gerne von einem Ertrinkenden?

Glaubwürdigkeit und Vertrauen aufbauen

 Indem sie Versprechen einhält und Glaubwürdigkeit aufbaut, weil sie ihre Kompetenzen kennt und auch mal zugibt, etwas nicht zu wissen, beweist Marlene große Stärke.

Wenn sich Menschen zum ersten Mal treffen, beantworten sie sich selbst automatisch zwei Fragen:
- Kann ich dieser Person vertrauen? (Beziehung)
- Kann ich diese Person respektieren? (Kompetenz)

So ist es auch in Ihrem Kundengespräch. Vertrauen und Respekt sind somit die wichtigsten Voraussetzungen dafür, dass sich ein Kunde öffnet. Je höher das Vertrauen des Kunden in Sie ist, desto schneller geht der Deal und desto geringer ist Ihr Aufwand. Vertrauen bewegt alles.

Was können Sie nun tun, um das Vertrauen des Kunden in Sie schnell zu stärken?
Eine erste Möglichkeit ist, den Kunden zu loben, ihm und seinem Unternehmen Wertschätzung entgegenzubringen. Aber Vorsicht: Das heißt nicht zu schleimen, wie ein alter Versicherungsvertreter, und vor allem auch nicht zu werten. Wertung unterläuft uns häufiger, als wir denken. Da reagiert der Verkäufer auf die Aussage des Kunden zur Mitarbeiteranzahl mit der nett gemeinten Bemerkung: *Oh, dann sind Sie aber ganz schön groß.* Aber Sie können nicht wissen, ob Ihr Gesprächspartner sein Unternehmen als groß oder klein empfindet. Die Aussage enthält also eine Wertung, die Auswirkung auf die Beziehungsebene haben kann. Das klingt jetzt nach einer Kleinigkeit, doch genau diese Kleinigkeiten entscheiden schließlich über den erfolgreichen Beziehungsaufbau.

Eine weitere Möglichkeit Vertrauen aktiv aufzubauen besteht darin, Versprechen zu geben und zu halten.
Geben Sie bewusst ein Versprechen, um es auch bewusst zu halten! Hier gibt es viele Kleinigkeiten, die möglich sind, zum Beispiel: *Ich sende Ihnen das Angebot in den nächsten 48 Stunden.* Sie sagen das, obwohl Sie wissen, dass es schneller geht. Und natürlich senden Sie das Angebot bereits nach 24 Stunden, um das Versprechen nicht nur zu erfüllen, sondern sogar überzuerfüllen. Oder Sie versprechen: *Ich melde mich morgen um 14 Uhr.* Wichtig ist auch hier, dass Sie sich unbedingt an dieses Versprechen halten! Das sind Kleinigkeiten, dennoch leider heutzutage keine Selbstverständlichkeiten mehr.

Zusätzlich zum Vertrauen benötigen Sie den Respekt des anderen. Respekt erhalten Sie im Kundengespräch vor allem durch Kompetenz. Kompetenz zeigen Sie, indem Sie Ihren Kunden einen Mehrwert bieten. Überlegen Sie sich: *Was hat mein Kunde von unserem Gespräch? Wo liegt der Mehrwert für ihn? Was kann ich ihm bieten, damit ich auch wieder etwas nehmen kann?*
Und zu Kompetenz gehört auch, sich lösungsorientiert zurückzumelden, wenn Sie mal etwas nicht wissen. Zum Beispiel können Sie folgende Formulierung verwenden: *Das ist eine wichtige Frage! Ich kläre das für Sie mit unserem Experten und melde mich dann bei Ihnen morgen um 14 Uhr noch einmal dazu! Welche speziellen Fragen haben Sie dazu noch?* Es schafft mehr Glaubwürdigkeit, wenn Sie anbieten nachzufragen, anstatt Lösungen zu *erfinden*. Der Kunde wird irgendwann merken, dass Sie ihn angelogen haben, und dann ist das Vertrauen weg. Der erfolgreiche Verkäufer kennt seine Kompetenzen und auch seine Grenzen und baut Vertrauen bewusst auf.
Zudem fördert ernsthaftes Interesse an Ihrem Gesprächspartner das Vertrauen und die Klarheit im Gespräch. Womit wir beim aktiven und empathischen Zuhören sind.

Aktives und empathisches Zuhören

 Erinnern Sie sich an die Übung zum empathischen Zuhören? Marlene und Tim sind sich sicher, dass sie super zugehört haben, aber anstatt empathisch auf den anderen einzugehen, haben sie *nur* zusammengefasst. Wirklich die Gefühle des anderen aufzunehmen und das Wahrgenommene auch auszudrücken, ist mehr als nur die Sachebene zusammenzufassen.

Dass das Zuhören eine bewusste Entscheidung ist und Sie mit Ihrer Einstellung dazu beitragen, wirklich zuzuhören, haben wir bereits erörtert. Nur indem Sie Ihren Gesprächspartnern wirklich zuhören, verstehen Sie ihn und die Hintergründe seines Handels. Zudem öffnet es Ihren Gesprächspartner, wenn er das Gefühl hat, dass Sie sich wirklich für ihn und seine Schmerzen interessieren. Um dies zu unterstützen, zeigen Sie, dass Sie aktiv zuhören:
- Stellen Sie Fragen.
- Kommen Sie auf Gesagtes zurück oder gehen Sie darauf ein.
- Zeigen Sie am Telefon akustisches Kopfnicken (ah, hm, ach so, oh etc.).
- Sagen Sie am Telefon, was Sie gerade tun.
- Bestätigen Sie / schildern Sie eigene Erfahrungen / geben Sie Tipps.
- Wiederholen Sie mit eigenen Worten.
- Fassen Sie zusammen.
- Machen Sie sich Notizen.

Die wirkliche Kunst ist das empathische Zuhören. Das bedeutet, dass Sie Ihrem Gegenüber nicht nur auf sachlicher Ebene folgen, sondern ihm auch Ihre Wahrnehmungen mitteilen. Sprechen Sie diese aus! Dadurch erreichen Sie eine Win-win-Situation und schützen sich selbst und den Kunden davor, annahmebasierte Vermutungen zu treffen.

Hier ein Beispiel: *Ich sehe, Sie schmunzeln bei der Schilderung der Diskussionen Ihres Projektteams für den Umbau. Was genau steckt dahinter?*

Um empathisch zuzuhören, müssen Sie wirklich aufmerksam sein. Nutzen Sie alle Sinne! Versuchen Sie, den gesamten Menschen im Blick zu haben (Gestik, Mimik, Körpersprache, Sprache, Stimme, Ton ...). Fassen Sie anschließend das Wahrgenommene zusammen und geben Sie es in Ihren eigenen Worten wieder. Der andere hat damit die Möglichkeit, Sie gegebenenfalls zu korrigieren, falls Sie etwas falsch verstanden haben. Dadurch werden Missverständnisse vermieden. Wenn Sie Verständnis zeigen, fördert dies auch bei Ihrem Gesprächspartner das Verständnis. Dies hilft gerade auch bei strittigen Themen. Es wird viel einfacher, den anderen mit seiner Meinung zu akzeptieren, niemand muss mehr recht haben. Jeder ist offener für neue Erkenntnisse. Jeder fühlt sich besser verstanden. In kritischen Situationen wird der Druck rausgenommen.

Das Wertvollste, was Sie dem Kunden schenken können, ist Ihr wirkliches Interesse an seinen Themen, Ihre Neugierde auf ihn und seine Herausforderungen. Dies erreichen Sie durch Zuhören – aktiv und empathisch.

Transaktionsanalyse nach Eric Berne

 Dana bespricht mit Peter die Transaktionsanalyse und erklärt ihm die Auswirkungen. Peter erkennt daraufhin, warum seine Gegenüber so reagieren wie sie reagieren.

Ob für Vertriebsgespräche, private Konversation oder Führung: Die zwischenmenschliche Kommunikation ist immer entscheidend. Diese Kommunikation zwischen Personen, also wie sich Menschen fühlen und wie sie sich verhalten, untersucht und analysiert die Transaktionsanalyse nach Eric Berne. Sie betrachtet, welche Reaktion beim Empfänger auf die Aktion des Senders folgt und wie daraus folgende Muster durchbrochen werden können. Insbesondere in der Führung und im Kontakt mit Kunden ist es spannend, dieses Modell heranzuziehen.

Wir stellen es hier etwas vereinfacht und kontextbezogen dar:
Nach Eric Berne agiert jeder Mensch aus drei Ich-Zuständen heraus: dem Eltern-Ich, dem Erwachsenen-Ich und dem Kind-Ich. Diese drei Ich-Zustände werden bereits in unserer frühesten Kindheit angelegt und von unseren Erfahrungen geprägt. Jeder Mensch hat gleichzeitig alle drei Ebenen in sich und wechselt in der Kommunikation mit anderen zwischen diesen verschiedenen Zuständen. Die Ebene, auf der wir senden, wird durch Erfahrungen, Geschehnisse oder Emotionen gelenkt. Das drückt sich dann in Inhalt, Wortwahl, Tonfall, aber auch in Mimik, Gestik und Körpersprache aus. Dabei sind wir uns in der Regel dieser Verhaltensmuster nicht bewusst.

Die drei Ich-Zustände:

Das Eltern-Ich:
Fühlen, Denken und Verhalten, das von den Eltern geprägt ist. Im Eltern-Ich drücken wir uns fürsorglich oder kritisch-autoritär aus.

Unsere Kommunikation ist:
- bevormundend, ermahnend
- herablassend, arrogant
- moralisierend
- anweisend
- fürsorglich und bemutternd
- missbilligend

Das Erwachsenen-Ich:
Unser Erwachsenen-Ich ist reif und kann Situationen weitestgehend sachlich und objektiv sehen. Wir drücken uns logisch und angemessen aus und reagieren damit realitätsgerecht.

Unsere Kommunikation ist:
- gleichwertig behandelnd
- respektvoll
- sachlich-konstruktiv
- auf Tatsachen bezogen, begründend

Das Kind-Ich:
So wie wir ein Eltern-Ich in uns tragen, so lebt in uns immer auch das Kind, das wir einmal waren. Daher sind die Reaktionen aus dem Kind-Ich eher uneinsichtig oder trotzig, albern oder manchmal auch unsicher. Hierzu gehören zusätzlich auch positive Dinge wie Fantasie, Neugier und Lerneifer.

Unsere Kommunikation ist:
- natürlich verspielt
- angepasst-ängstlich
- rebellisch-trotzig
- auflehnend
- albern

Jeder Mensch greift, je nach Konstellation und Situation, in der Kommunikation auf diese drei Ich-Zustände zurück. Dabei ist die Konstellation abhängig von der Situation. Allerdings sind Überkreuz-Kommunikationen zwischen Erwachsenen, also zum Beispiel vom Eltern-Ich zum Kind-Ich oft schwierig.
Kommunikation auf der Eltern-Ebene und auch Kommunikation auf der Kind-Ebene kann durchaus befruchtend sein, wenn es die Situation zulässt und es sich nicht um eine Konfliktsituation handelt. Zum Beispiel kann man sich ausgelassen auf der Kind-Ebene gemeinsam freuen oder sich auf der Eltern-Ebene gemeinsam sorgen. Die Transaktionsanalyse hilft Ihnen vor allem, das Verhalten zu verstehen und eine angemessene Reaktion zu finden, die aus allen Ich-Zuständen kommen kann. Es geht darum, dass es ausgewogen ist und zur Situation passt.
Da wir Mitarbeiter, Kollegen oder Kunden fast ausschließlich im geschäftlichen Kontext erleben und eher wenig Erlebnisse mit ihnen außerhalb dieser beruflichen Beziehung haben, sollten unsere Business-Gespräche zu etwa 90 Prozent im Erwachsenen-Ich stattfinden. Das bedeutet nicht, dass keine Emotionen erlaubt sind. Auch in der Erwachsenen-Ebene sind Emotionen erlaubt. Die Kommunikation ist allerdings nicht angreifend, beleidigend, herablassend oder trotzig und richtet sich nicht persönlich gegen den Gesprächspartner. Wir sprechen daher oft von *konstruktiven Diskussionen*. Trotz der Emotionen bleibt die Kommunikation auf der Erwachsenenebene.

Wird von einem der Gesprächspartner die Erwachsenenebene verlassen, dann führt dies zu Komplikationen im Gespräch. Die schwierigste Konstellation ist ein Gespräch, das zwischen Eltern-Ich und Kind-Ich abwechselt. Im Kundengespräch kann das dann wie folgt aussehen: Der Kunde fordert mit *erhobenem Zeigefinger* (denn schließlich ist der Kunde ja vermeintlich der König). Er spricht den Verkäufer aus dem Eltern-Ich im Kind-Ich an. Der Verkäufer lässt sich das in der Regel nicht gefallen (denn schließlich liefert der Verkäufer die gewünschte Lösung und ist nicht der Bittsteller). Er lässt sich also nicht in die Kind-Ich-Ebene pressen, sondern reagiert daraufhin ebenfalls herablassend und mit dem erhobenen Zeigefinger: »So spricht man mit mir aber nicht!« Dadurch spricht der Verkäufer dann den Kunden ebenfalls in dessen Kind-Ich an. – Sie sehen schon, was passiert: Der Kunde lässt sich dies wiederum nicht gefallen, geht erneut ins Eltern-Ich, spricht den Verkäufer wieder in seinem Kind-Ich an und schon sind die beiden in einem Teufelskreis, in dem es keine Gewinner geben wird.

Häufig tritt dieser Effekt bei schwierigen Mitarbeitergesprächen oder in Reklamationsfällen auf. Die Kommunikation auf verschiedenen Ansprache-Ebenen führt dann dazu, dass sich das Gespräch hochschaukelt und sich zu einem eskalierenden Schlagabtausch von Worten entwickelt.

Bevor die Gesprächspartner aber nicht beide auf der Erwachsenen-Ebene sind, ist es nahezu unmöglich, eine Lösung zu finden.

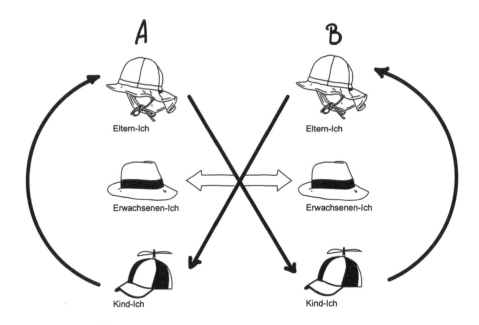

Was können Sie tun, wenn das Gespräch sich hochschaukelt? Wie kommen Sie aus diesem Teufelskreis wieder raus?
Vor allem wirken Sie kommunikativ im Erwachsenen-Ich positiv auf das Gespräch ein:
- Bringen Sie keine Gründe, Beweise oder Gegenvorwürfe ein. Wenn Sie jetzt Gegenvorwürfe vorbringen, werden Sie das Gespräch verlieren bis hin zur Eskalation, denn dann geht es nur noch darum, wer recht hat.
- Hüten Sie sich vor Schuldzuweisungen, sowohl gegenüber dem Kunden (*Daran sind Sie ja selbst schuld, hätten Sie mal die teurere Version genommen.*) als auch in Bezug auf Kollegen (*Das hat unser Einkauf wieder verbockt!*).
- Lassen Sie Ihr Gegenüber ausreden und sich gegebenenfalls abreagieren.
- Warten Sie so lange, bis Ihr Gegenüber bereit ist, mit Ihnen auf der Erwachsenen-Ebene zu sprechen.

- Zeigen Sie Verständnis, zum Beispiel so: *Ich verstehe, dass Sie wütend sind.* Oder: *Es tut mir leid, dass Ihnen das passiert ist.* Wichtig ist hier, dass Sie nicht in der Sache recht geben und auch Schuldzuweisungen vermeiden, sondern einfach nur Verständnis für die Emotionen des Gegenübers zeigen.
- Drücken Sie sich klar und eindeutig aus.
- Vermeiden Sie Pauschalisierungen.

Werden Sie sich Ihrer Kommunikation bewusst! Haben Sie vielleicht selbst im Kind-Ich oder Eltern-Ich gesprochen und damit unbewusst provoziert?

Gehen Sie nicht zu schnell in die Sachlichkeit, sondern beschränken Sie sich vorerst auf das Ausdrücken von Verständnis. Erst wenn der Kunde/Mitarbeiter dazu bereit ist, mit Ihnen auf der Erwachsenen-Ebene zu sprechen, gehen Sie in die Lösung. Vorher ist Ihr Gesprächspartner auf den anderen Ebenen nicht lösungsorientiert und wird Ihnen nicht zuhören.

Wenn Sie am Ende von Ihrem Gegenüber hören: »Wenn das noch mal passiert, dann ...«, wissen Sie, dass Sie zu früh in die Lösungsfindung gegangen sind. Der andere war noch nicht komplett im Erwachsenen-Ich. Bekommen Sie hingegen ein *Danke*, dann haben Sie einen richtig guten Job in der Eskalation gemacht.

Woran erkennen Sie, ob Ihr Gegenüber vom Eltern-Ich auf der Erwachsenen-Ebene gewechselt hat?

Sie erkennen häufig am Verhalten des Gegenübers, ob er bereit dazu ist, mit Ihnen auf die Erwachsenen-Ebene zu gehen. Das zeigt sich in Sätzen wie »Was machen wir jetzt?«, »Das musste jetzt einfach mal raus!« oder am Schweigen des vorher aufgebrachten Gegenübers.

Erkennen Sie auch die eigenen Grenzen. In vielen Situationen ist es hilfreich, das Gespräch zu vertagen, um dann über die Lösung zu sprechen. Das hat den Vorteil, dass sich beide Gesprächspartner beruhigen und noch mal neu und vorbereitet in das Gespräch einsteigen können.

Eine der größten Fallen, warum wir oft nicht deeskalierend wirken, ist, dass wir uns persönlich angegriffen fühlen. Wir sind persönlich betroffen, weil wir als Verkäufer unser Produkt und unsere Firma lieben, weil unsere Kollegen angegriffen werden, weil wir doch wissen, dass wir im Recht sind. Wir sind als Führungskraft betroffen, weil wir genervt sind von diesem Mitarbeiter, der immer wieder mit denselben Themen aufschlägt, der immer so emotional reagiert, der immer die Schuld bei anderen sucht.

Um diesen Kreislauf zu durchbrechen, hilft Ihnen die Transaktionsanalyse mit einem neuen Blick auf die Situation und der oben beschriebenen Herangehensweise.

Verhaltensregeln in Videokonferenzen

 Nachdem Tim die Einladung zum entscheidenden Pitch bei der *4803 Parfüm* via Videokonferenz erhalten hat, beschäftigt er sich mit den Verhaltensregeln bei Videokonferenzen und lernt viel dabei.

Im Vertrieb finden viele Meetings mit dem Kunden inzwischen auch via Videokonferenzen statt. Um auch online als Verkaufsprofi bei Ihren Kunden anzukommen, finden Sie hier wichtige Verhaltensregeln für Videokonferenzen.

Allgemeine Punkte für Videokonferenzen:

Planen Sie die Videokonferenz

Genau wie bei Vorortgesprächen können Sie das Optimum aus dem digitalen Meeting herausholen, wenn Sie sich über den Verlauf und die wesentlichen Inhalte der Konferenz vorher Gedanken machen. Häufig reicht es aus, wenn Sie eine Agenda mit den wichtigsten Inhalten erstellen und zudem ein bis zwei Schwerpunkte bestimmen, auf die Sie besonders achten wollen. Definieren Sie im Vorfeld Ziele, notieren Sie offene Fragen und erstellen Sie einen zeitlichen Ablaufplan.

Testen Sie die Software vor der Videokonferenz

Zoom, Microsoft Teams, GoToMeeting, Adobe Connect – die Liste von Tools für Videokonferenzen wächst kontinuierlich an. Aufgrund der Vielzahl und der rasanten technischen Weiterentwicklung dieser Kommunikationslösungen ist es notwendig, dass Sie sich vor Ihrer Videokonferenz in die entsprechende Software einarbeiten. Nehmen Sie sich hierfür Zeit, sehen Sie sich ein Video-Tutorial an oder lesen Sie einen erklärenden Artikel und probieren Sie die Funktionen der Software aus. Peinliche Bedienungsfehler während der Videokonferenz lassen Sie als unprofessionell dastehen.

Sorgen Sie für eine sichere Internetverbindung

Bevor Sie sich in die Videokonferenz einloggen, prüfen Sie die Internetverbindung. Nichts ist in Webkonferenzen ärgerlicher als ein schlechtes Signal, weil dieses zu Störungen der Bild- und Tonqualität führt oder gar Verbindungsabbrüche zur Folge hat. Testen Sie daher vor Beginn der Besprechung, wie stark das Signal ist. Ändern Sie gegebenenfalls Ihren Standort.

Sorgen Sie für Ruhe und seien Sie pünktlich

Wie auch beim Telefonieren vermeiden Sie laute Umgebungsgeräusche und Ablenkungen. Es versteht sich von selbst, dass Sie pünktlich sind. Planen Sie daher immer ein paar Minuten Pufferzeit vor jeder Besprechung ein, damit Sie vorbereitet sind, falls die Verbindung schlecht ist oder der Server etwas länger braucht. Wenn die anderen Konferenzteilnehmer auf Sie warten müssen oder gar schon ohne Sie anfangen, verpassen Sie nicht nur wichtige Informationen, sondern auch die Gelegenheit, als zuverlässige Person wahrgenommen zu werden.

Vermeiden Sie Multitasking

Was für die meisten Denkarbeiten gilt, beherzigen Sie bitte auch für Ihre Teilnahme an Videokonferenzen: Kümmern Sie sich nicht um mehrere Dinge zur gleichen Zeit, sondern fokussieren Sie sich auf eine einzige Sache. Oder anders formuliert: Vermeiden Sie Multitasking und praktizieren Sie immer Singletasking. Diese Verhaltensregel führt dazu, dass Sie der Videokonferenz aufmerksam folgen können und von den Teilnehmern als konzentriert und motiviert wahrgenommen werden.

Machen Sie sich Notizen

Eine Videokonferenz aus dem Homeoffice heraus ist kein Kaffeekränzchen. Selbst dann, wenn die Kamera deaktiviert bleibt und Ihre Rolle eher passiv ausfällt, nehmen Sie die Videokonferenz ernst und arbeiten Sie so gut wie möglich aktiv mit. Das bedeutet im Klartext: Denken Sie mit, lassen Sie sich nicht ablenken und machen Sie sich Notizen. Nutzen Sie die Zeit und versuchen Sie, den größten Mehrwert für sich persönlich zu generieren.
Wenn Sie sich hingegen nur ein bisschen berieseln lassen und nicht mitarbeiten möchten, können Sie sich die Veranstaltung ohnehin sparen.

Richtig in Szene setzen

Schalten Sie die Kamera ein

Eine der wichtigsten Verhaltensregeln für Videokonferenzen besagt: Schalten Sie grundsätzlich die Kamera ein. Erstens zeigen Sie damit Präsenz und machen deutlich, dass Sie sich nicht verstecken möchten, zweitens hinterlassen Sie auf diese Weise einen offenen und persönlichen Eindruck. Viele Videokonferenzneulinge deaktivieren die Kamera vorsorglich, weil sie Angst haben, Fehler zu machen, oder sich nicht wohlfühlen. Dieses Verhalten wirkt jedoch distanziert und kann von Ihren Gesprächspartnern als unhöflich oder unfähig interpretiert werden. Starten Sie die Konferenz daher mit aktivierter Kamera – abschalten können Sie sie später immer noch, wenn Sie sich in der Gruppe auf ein einheitliches Format geeinigt haben.

Richten Sie die Kamera richtig aus

Videokonferenzprofis erkennt man unter anderem daran, dass sie ihre Kamera richtig einstellen. Mit *richtig* ist hier gemeint, dass Sie in dem Videoausschnitt gut erkennbar sind – nicht zu klein, nicht zu groß, nicht abgeschnitten. Eine hilfreiche Faustregel dazu lautet: Positionieren Sie die Webcam auf Augenhöhe, damit Ihr Kopf und Oberkörper ohne Verzerrung aufgenommen werden können.

Achten Sie auf eine gute Beleuchtung

Ebenso wichtig wie die Position der Kamera ist die Beleuchtung. Achten Sie darauf, dass Sie im Kameraausschnitt gut zu erkennen sind und Ihr Gesicht gleichmäßig ausgeleuchtet wird. Ihre Umgebung sollte dazu nicht zu dunkel sein und im besten Fall indirekt beleuchtet werden. Experten empfehlen eine Lichtquelle, die die Teilnehmer leicht versetzt von vorn oder oben bescheint. Vermeiden Sie Gegenlicht und direkte Sonneneinstrahlung sowie seitlich einfallendes Licht, da dieses Schatten verstärkt und im Extremfall dazu führen kann, dass nur eine Gesichtshälfte im Video erkennbar ist. Achten Sie auch darauf, dass keine Objekte mit reflektierenden Oberflächen im Sichtfeld der Kamera platziert sind, um blendende Lichtreflexe zu unterbinden.

Nutzen Sie Kopfhörer und ein gutes Mikrofon

Kommen wir vom Bild zum Ton. Damit Sie die anderen Teilnehmer der Video- oder Telefonkonferenz gut verstehen können, greifen Sie auf Kopfhörer zurück. Natürlich können Sie auch die Boxen an Ihrem Computer einschalten, doch dadurch wird Ihr digitales Meeting sehr laut für Ihre Umgebung und zudem kann es zu störenden Rückkopplungen oder Halleffekten kommen. Aus diesem Grund sind Kopfhörer vorzuziehen.
Neben geeigneten Kopfhörern achten Sie auf Ihr Mikrofon. Ein schlechter Klang erschwert die Kommunikation.

Positionieren Sie Ihr Mikrofon richtig

Das beste Mikrofon nützt Ihnen nichts, wenn Sie es falsch positionieren. Eine Grundregel dazu lautet: je näher am Mund, desto besser. Achten Sie außerdem darauf, dass Sie Ihr Mikrofon fixieren, damit es während der Videokonferenz nicht wegrutschen kann und die Tonqualität einheitlich bleibt. Um störendes Rascheln zu vermeiden, befestigen Sie Ihr Mikrofon nicht lose in der Nähe von Ihrem Kragen oder an Ihren Haaren.

Kleiden Sie sich professionell

In Bezug auf die Kleidungsetikette gelten bei Videokonferenzen die gleichen Verhaltensregeln wie bei persönlichen Gesprächen. Das bedeutet: Achten Sie auf eine angemessene Garderobe.

Gestalten Sie Ihre Umgebung angemessen

Neben Ihrem äußeren Erscheinungsbild werfen Sie zusätzlich einen kritischen Blick auf das Umfeld, indem Sie Ihre Videokonferenz abhalten. In den meisten Programmen gibt es auch eine sogenannte Blur-Funktion, die den Hintergrund verschwimmen lässt, oder Sie stellen ein passendes Bild in den Hintergrund. Oft wird dies auch genutzt, um Werbung oder zum Unternehmen passende Hintergründe einzublenden.
Falls Ihre Rolle im Rahmen der Videokonferenz eher aktiv ausfällt oder Sie etwas präsentieren wollen, bietet es sich an, weitere organisatorische Vorbereitungen zu treffen. So ist es beispielsweise ratsam, den eigenen Computer-Desktop aufzuräumen und relevante Daten für die Webkonferenz im Vorfeld herauszusuchen. Teilen Sie dann Ihren Bildschirm und zeigen ein Dokument, sehen die anderen Teilnehmer ein gut strukturiertes Arbeitsumfeld. So hinterlassen Sie einen professionellen Eindruck.

Etikette in Videokonferenzen

Begrüßen Sie die Teilnehmer

Was in einem persönlichen Gespräch selbstverständlich ist, berücksichtigen Sie auch im Rahmen einer Videokonferenz: eine freundliche Begrüßung der anderen Teilnehmer. Es passiert leider in digitalen Meetings immer wieder, dass Personen wortlos auftauchen, ohne wenigstens ein kurzes *Hallo* in die Runde zu rufen oder Zeichen zu geben. Ein Verhalten, das in persönlichen Gesprächen als sehr unhöflich gewertet würde – in Videokonferenzen nicht minder. Auch eine Vorstellung aller Teilnehmer gehört in einem digitalen Meeting dazu, sofern sich nicht alle kennen.

Sprechen Sie deutlich

Während die Videokonferenz läuft, achten Sie darauf, klar und deutlich zu sprechen. Suboptimale Audiotechnik und Schwankungen der Verbindungsqualität unter den Teilnehmern sorgen ohnehin schon dafür, dass die Sprachqualität gelegentlich schlecht ist. Wenn einzelne Personen dann noch zu schnell oder zu leise sprechen, nuscheln oder in das Mikrofon schmatzen, sind Kommunikationsprobleme vorprogrammiert. Konzentrieren Sie sich daher auf eine saubere Aussprache und sprechen Sie klar, laut und deutlich.

Stellen Sie Ihr Mikrofon aus, wenn Sie nicht sprechen

Zum guten Ton in Videokonferenzen gehört es, das eigene Mikrofon auszuschalten, wenn Sie aktuell nicht sprechen oder in eine direkte

Diskussion eingebunden sind. Mit einem Klick können Sie Ihr Mikrofon schließlich wieder aktivieren und ins Gespräch einsteigen. Wenn Sie Ihr Mikrofon hingegen die ganze Zeit aktiviert lassen, besteht die Gefahr, dass Sie die anderen Teilnehmer durch Störgeräusche wie Tastaturanschläge, Mausklicks oder Signaltöne Ihres Smartphones ablenken.

Nehmen Sie die anderen mit

Gerade in Videokonferenzen sind die Teilnehmer oft abgelenkt. Da wird schnell mal aufs Handy geschaut oder eine Email beantwortet. Dieser Effekt wird durch endlose Folienschlachten oder unübersichtliche Tabellen, die durchgeklickt werden, noch verstärkt. Daher ist es sehr wichtig, dass Sie die Teilnehmer immer wieder ansprechen.
Im Optimalfall aktiviert der Moderator alle zwei Minuten durch eine Frage oder Aufforderung die Teilnehmer zum Mitdenken. Achten Sie dabei darauf, dass Sie alle Teilnehmer ansprechen. Fällt Ihnen jemand auf, können Sie ihn auch mit Namen um seine Meinung bitten.

Adressieren Sie Fragen oder Anmerkungen eindeutig

Gezielte Fragen oder Anmerkungen, die an spezielle Personen aus dem Teilnehmerkreis gerichtet sind, adressieren Sie bei einer Webkonferenz eindeutig. Stellen Sie eine Frage oder These nicht offen in die Runde, sondern sprechen Sie eine konkrete Person an und bitten um Klärung. Während Sie sich bei persönlichen Treffen bestimmten Personen zuwenden oder gezielt Blickkontakt

aufnehmen können, fehlen diese Steuerungselemente während einer Videokonferenz. Aus diesem Grund verknüpfen Sie einen Diskussionsbeitrag immer mit einem Namen.
Apropos Blickkontakt ...

Halten Sie Blickkontakt

Wenn Sie von Ihren Gesprächsteilnehmern in der Videokonferenz als interessiert und zugewandt wahrgenommen werden möchten, schauen Sie, während andere Teilnehmer sprechen, direkt in die Kamera. Auf diese Weise simulieren Sie einen direkten Blickkontakt und demonstrieren damit, dass Sie zuhören und voll bei der Sache sind.
Ist es wirklich nötig, dass Sie mit mehreren Monitoren arbeiten, informieren Sie Ihre Konferenzteilnehmer darüber aktiv, damit diese sich nicht wundern oder denken, Sie machen nebenbei etwas anderes.
Die meisten Menschen wirken während einer Webkonferenz häufig abgelenkt, weil sie nebenbei Emails beantworten, gleichzeitig in mehreren Fenstern auf verschiedenen Monitoren arbeiten oder es einfach nicht besser wissen. Halten Sie sich jedoch an diese Verhaltensregel, werden Sie positiv auffallen.

Verlassen Sie die Videokonferenz nicht unentschuldigt und verabschieden Sie sich

Es kann durchaus vorkommen, dass Sie eine Videokonferenz ungeplant verlassen müssen oder aufgrund von technischen Problemen nicht in vollem Umfang teilnehmen können. In solchen Situationen machen Sie sich jedoch nicht heimlich, still und leise aus dem Staub, sondern verabschieden Sie sich dezent. Dazu genügen schon eine kurze Wortmeldung oder ein Kommentar im angeschlossenen Chat-Bereich. Bei Massenveranstaltungen mit mehreren Hundert Teilnehmern ist eine Verabschiedung jedoch nicht üblich, und sorgt in der Regel eher für Verwunderung.

Genau wie Sie freundlich begrüßen, verabschieden Sie sich auch zum Ende der Videokonferenz von Ihren Gesprächspartnern.

Social Selling

 Angeregt durch das Softwaretool, das Marlene Informationen zu Unternehmen und Ansprechpartnern konsolidiert zur Verfügung stellt, und dem Tool, das ihr algorithmenbasiert zum richtigen Zeitpunkt Leads ausgibt, baut Marlene ihre Social-Media-Profile aus und nutzt diese gezielt und sehr erfolgreich zur Kundenansprache.

Social Selling, also das Anbahnen von Geschäftsbeziehungen über soziale Medien wie *LinkedIn, XING, Facebook* etc. ist heute nicht mehr wegzudenken.

Als Social Seller nutzen Sie die sozialen Netzwerke zum Finden von interessanten Kontakten, um dann mit der richtigen Nachricht zum richtigen Zeitpunkt an diese Kontakte heranzutreten.

Die meisten Netzwerke unterstützen Sie beim Finden der richtigen Ansprechpartner durch Such- und Recherchetools. So identifizieren Sie neue Leads und stärken Ihr Netzwerk, indem Sie mit Entscheidungsträgern in Kontakt treten und Vertrauen aufbauen.

Es gibt unzählige weiterführende Literatur zu diesem Thema, weswegen wir uns hier kurz halten:

Um erfolgreich zu sein, versuchen Sie sich vorher zu entscheiden, wie Sie sich präsentieren wollen. Haben Sie ein bestimmtes Thema, das Ihnen am Herzen liegt, oder wollen Sie sich als Branchenexperte profilieren?

Recherchieren Sie Inhalte, die zu Ihren Zielen passen und posten Sie diese. Entdecken und teilen Sie gesprächsrelevante Neuigkeiten.

7 goldene Regeln für eine Erstansprache in sozialen Medien

♠ Erstellen Sie eine gute Betreffzeile.

♠ Sie verkaufen eine Konversation, nicht ein Produkt.

♠ Fassen Sie sich kurz.

♠ Beginnen Sie ein Gespräch.

♠ Personalisieren Sie Ihre Ansprache, finden Sie möglichst persönliche Anknüpfungspunkt.
(einen Post, gemeinsame Punkte in der Vergangenheit (z. B. an derselben Uni studiert o. ä.))

♠ Was ist für den Empfänger drin?

♠ Mit einem Call-to-Action abschließen: Was soll der Andere tun?

Am besten ist es, wenn es Ihnen gelingt, Geschichten zu erzählen: Geschichten lesen sich angenehmer und indem Sie menschliche Elemente hinzufügen, werden die Beiträge persönlicher. Auch hier ist es extrem wichtig, dass Sie sich dabei selbst treu und authentisch bleiben.

Wenn Sie für Ihre Produkte oder Dienstleistungen werben wollen, gilt die alte Regel: Inhalte unterstützen den Verkauf. Weisen Sie auf Mehrwerte hin, vielleicht haben Sie auch die Möglichkeit, etwas kostenfrei zu offerieren, oder nutzen Sie Testimonials, um zu überzeugen.

Bilder steigern den Erfolg, dabei gilt nicht nur das eigene Foto, sondern auch entsprechend aussagekräftige Hintergrundfotos.

Gestalten Sie Inhalte immer so, dass diese relevant für Ihre Zielgruppe sind. Setzen Sie auf Qualität statt Quantität!

Experten empfehlen, zwei- bis dreimal pro Woche etwas zu posten. Dabei sollte der Inhalt im Geschäftskontext aus 10 Prozent persönlichem, 20 Prozent unternehmensbezogenem und 70 Prozent nicht-unternehmensbezogenem, also neutralem Inhalt aus Ihren

Recherchen bestehen. Denn auch beim Social Selling gilt: Menschen folgen Menschen.

Dazu gehört, Vertrauen und Glaubwürdigkeit bei potenziellen Kontakten aufzubauen. Im Idealfall hat Ihr potenzieller Kunde schon mindestens zwei- bis fünfmal Kontakt zu Ihnen oder Ihren Beiträgen bevor Sie ihm eine Akquise-Mail senden.

Social Selling ist echte Arbeit und Aufwand. Sie müssen sich nicht nur ein Netzwerk aufbauen und dies konsequent und konsistent bespielen. Um es gut zu machen, müssen Sie sich die Zeit nehmen und sich immer wieder vor jedem Post fragen: *Welchen Mehrwert bietet dieser Post meiner Zielgruppe?*

Strategischer Vertrieb

In diesem Teil des Buches geben wir Ihnen einige Anregungen und zeigen Ihnen Methoden, wie Sie Ihre Vertriebsstrategien vorausschauend planen.

Langfristige Erfolge stellen Sie sicher, indem Sie nach jedem Kundengespräch Ihre Dokumentation überarbeiten. Dies gilt in Bezug auf Bestandskunden und auch für Neukunden. Eine saubere Dokumentation – wie bereits vorgeschlagen in Form einer Kundenprofilierung – hilft Ihnen, Ihr eigenes Ziel und das Ziel des Kunden nicht aus den Augen zu verlieren.

Zudem verändert sich der Markt laufend und immer schneller. Aus diesem Grund ist es für Ihre langfristige Zielerreichung notwendig, Ihre Kunden regelmäßig zu überprüfen und neue Kunden langfristig vorzubereiten. So setzen Sie nicht auf das falsche Pferd.

IWEEKA

 Dana erarbeitet im Workshop gemeinsam mit den Vertriebsmitarbeitern IWEEKA für die *4803 Parfüm* und führt an diesem Beispiel auch eine Organigrammanalyse aus — diese hilft Tim sehr, den Überblick zu bewahren.

Eine gute Möglichkeit, die Rolle Ihres Ansprechpartners im Entscheidungsprozess einzuordnen, ist die IWEEKA-Methode. Hierbei unterscheiden wir folgende Rollen:

Der Initiator spürt den Schmerz oft als Erster und initiiert daraufhin den Beschaffungs- und Entscheidungsprozess.

Der Wächter kann den Auftrag zwar nicht vergeben, aber entscheidet, welcher Anbieter im Rennen bleibt. Häufig tritt er wie ein Entscheider auf und hat großen Einfluss.

Der Entscheider trifft die Entscheidung und vergibt den Auftrag, häufig in Rücksprache mit Wächtern. Er kann jederzeit den Prozess abkürzen oder auch verlängern. In vielen großen Unternehmen handelt es sich häufig um ein Gremium, in kleineren ist es meist die Geschäftsleitung.

Einflussnehmer können überall im und außerhalb des Unternehmens tätig sein. Oft handelt es sich um Personen aus befreundeten Unternehmen, externe Berater, Freunde oder Bekannte vom Entscheider, es kann sich aber auch um Fachexperten im Unternehmen handeln.

K = **Der Käufer**, auch Disponent oder Einkäufer genannt, kommt in der Regel erst am Ende des Entscheidungsprozesses zum Einsatz. Häufig ist der Käufer gleichzeitig auch Einflussnehmer.

A = **Die Anwender** spüren den Schmerz oft zuerst. Sie nutzen am Ende das Produkt oder die Dienstleistung. Häufig sind sie auch Einflussnehmer oder Initiator.

Organigrammanalyse

Zusätzlich zu IWEEKA kann Ihnen die Organigrammanalyse helfen, das Verhältnis der Personen untereinander sowie zu Ihnen und Ihrem Unternehmen einzuordnen und zu systematisieren. Ein großer Vorteil der grafischen Darstellung ist, dass Sie mit dieser Visualisierung einen besseren Überblick behalten, als wenn Sie die Zusammenhänge nur notieren. Machen Sie sich pro Kontaktperson Gedanken zu folgenden Punkten:

- Name, Job
- Rolle im Entscheidungsprozess (IWEEKA)
- Beziehungen im Unternehmen
- Herausforderungen
- persönlicher Schmerz
- Einstellung zu mir
- Einstellung zum Unternehmen
- Betreuungsfrequenz

Und dann setzen Sie dies grafisch in einem Organigramm um. Kleine Piktogramme helfen Ihnen, den Überblick zu bewahren.
Eine Vorlage kann wie folgt aussehen:

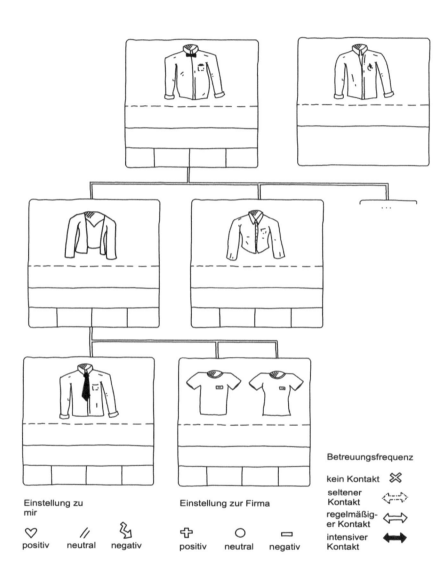

Boston-Consulting-Group-Matrix

Peter und Dana analysieren die Kunden von Peter mithilfe der BCG-Matrix. Dana hilft ihm dabei, sich von den Poor Dogs zu trennen und sich auf die richtigen Kunden zu konzentrieren.

Die **BCG-Matrix** ist nach der *Boston Consulting Group* (BCG) benannt, deren Gründer Bruce Henderson diese Matrix im Jahre 1970 entwickelte. Verschiedene Produkte oder Dienstleistungen eines Unternehmens werden in einer Matrix mit den Koordinaten relativer Marktanteil und Marktwachstum angeordnet, um daraus Strategien zu entwickeln. Die Matrix wird häufig als Streu- oder Blasendiagramm visualisiert; die Fläche eines Kreises stellt dann den Umsatz des jeweiligen Produktes dar.
Wir haben diese Matrix hier auf Kunden adaptiert.
Ordnen Sie Ihre Kunden nach Marktwachstum oder Kundenpotenzial (Y-Achse) und nach bisherigem relativem Marktanteil an Ihrem Business (X-Achse) ein. Sie erhalten dann vier Quadranten: Question Marks, Stars, Poor Dogs und Cashcow.
Jeder dieser vier Quadranten benötigt einen anderen Betreuungsaufwand. Indem Sie Ihre Kunden in die Quadranten einordnen, gewinnen Sie einen klaren Blick über Ihr Kundenpotenzial.

Marktwachstum / Potenzial ↑

Question Marks ❓	**Stars** – Aufsteiger ⭐
Potenzialkunden	• Kunden mit Potenzial
	• Marktwachstum hoch
• Kunden mit Potenzial	• Projekte sind in der Pipe
• Kenne ich noch nicht	• Kenne ich schon + rede mit dem Entscheider
	• Arbeite aktiv an der Durchdringung des Kunden
	→ Monatlicher Kontakt
Poor Dog	**Cashcow**
	• hohe Gewinne
	• Marktanteil hoch
	• Wachstum okay
• Haben mal gekauft	• Umsätze laufen schon
• Wenig Wachstum, wenig Innovation	• Neue Themen stehen an
• Nur Betreuung	• Guter Zugang zum Entscheider
	• Gute Durchdringung des Kunden
→ Abgeben	• A-Kunde
	→ Wöchentlicher Kontakt

→ Relativer Marktanteil in meiner Branche

Überlegen Sie sich, wie viel Zeit und Energie Sie für die Cash Cows und Stars investieren. Daraus leiten Sie wiederum ab, wie viel Zeit Sie für Question Marks erübrigen können. Wenn Sie zusätzlich Ihr Marktpotenzial kennen, haben Sie eine valide Grundlage, den Markt systematisch zu bearbeiten und allen drei wichtigen Quadranten die richtige Menge an Energie zu widmen.

In vielen Vertriebsorganisationen ist im Quadranten *Question Marks* die größte Anzahl der Kunden zu finden. Es ist also sinnvoll, regelmäßig Kunden aus diesem Bereich zu betrachten, um keine wertvollen Potenziale zu verschenken. Treffen Sie Entscheidungen, ob Sie einen Kunden aus dem Question-Mark-Quadranten in die Stars entwickeln wollen (bedeutet viel Betreuungsaufwand) oder in die Poor Dogs schieben (Betreuungsaufwand so gering wie möglich halten). Einer der größten Zeitfresser im Vertrieb ist, sich nicht von möglichen Kunden lösen zu wollen.

Wenn Ihnen eine objektive Entscheidung schwerfällt, schaffen Sie sich einen Kriterienkatalog, anhand dessen Sie entscheiden, ob der Kunde nicht doch ein Poor Dog und keine aktive Betreuung mehr notwendig ist oder der Kunde in den Innendienst abgegeben wird. Dadurch investieren Sie Ihre Zeit in die wirklichen Potenziale. Häufig benötigen Poor Dogs sehr viel Ihrer Zeit und haben dennoch die geringsten Umsätze. Mit dem Kriterienkatalog können Sie diese Kunden schnell entlarven und entsprechend verschieben. Dadurch gewinnen Sie Zeit für wirklich ausbaufähige Kundenbeziehungen, die langfristigen Erfolg versprechen.

Behalten Sie als Vertriebler alle vier Quadranten im Auge und managen Sie Ihr Risiko entsprechend. Die Cash Cows sichern Ihre aktuelle Provision, aber die Stars und Question Marks sichern Ihre zukünftige.

Gaußsche Normalverteilung

 Peter und auch Tim erkennen, wie wenig Sinn es macht, sich an für sie nicht passende Kunden zu klammern. Sie beschließen, Ihre Verantwortung für diese Kunden zu tauschen.

Die Gaußsche Normalverteilung (auch Gaußsche Glockenkurve), benannt nach dem deutschen Mathematiker Carl Friedrich Gauß, zeigt die vielen Normalfälle und die wenigen Ausnahmen in einer statistischen Verteilungskurve. Der Kurvenverlauf ist symmetrisch, Median und Mittelwert sind identisch. Obwohl die Kurve jedem geläufig ist und zeigt, wie selten die Extreme auftreten, stecken wir in unserem Alltag viel Energie in die Extreme.

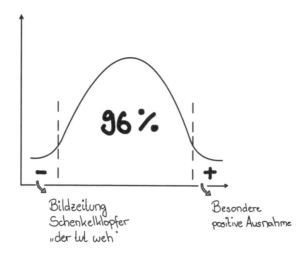

Warum reden wir immer über die eine Ausnahme? Warum beschäftigt mich der eine Kunde, der unhöflich war, so besonders? Warum nehme ich diesen einen schwierigen Fall abends mit ins Bett und stehe morgens wieder mit ihm auf? Weil dieser eine besondere Fall uns Aufmerksamkeit bringt, wenn wir davon erzählen (BILD-Zeitungs-Effekt). Er bringt uns einen Schenkelklopfer am Stammtisch, einen Lacher oder Mitleid und Entsetzen. Also sprechen wir nicht über die Fälle, die super laufen, selten über die guten Sachen, sondern wir erheischen Aufmerksamkeit mit den negativen Ausnahmen und Extremfällen. Wir analysieren den einen launischen, unfreundlichen Kunden, reflektieren und besprechen ihn. Wir rufen diesen immer wieder an und haben doch eigentlich keine Chance auf Erfolg.

Zwar ist es wichtig für Sie selbst, dass Sie realistisch reflektieren:
- Was war mein Anteil, dass die Situation so schwierig wurde?
- Habe ich meine Möglichkeiten ausgeschöpft?
- Wie war meine Gesprächsführung?

Wenn Sie aber zu der Erkenntnis kommen, dass Sie einen guten Job gemacht haben, dann haken Sie den Fall ab. Konzentrieren Sie sich auf die vielen Normalfälle, auf die Glocke der Kurve und versuchen Sie, die Ausnahmen zu vergessen, diese Kunden abzuhaken und keine Energie mehr in sie zu investieren.

Kunden am negativen Ende der Normalverteilung verbrennen oft viel zu viel unserer Energie. Geben Sie diese Kunden ab, anstatt sich daran aufzuhängen. Es gibt die restlichen 98 Prozent andere Kunden, die Ihre Aufmerksamkeit benötigen und für die sich Ihr Engagement lohnt.

Tipps für die Führung von Vertriebsteams

Dieser Theorieteil beschäftigt sich mit der Frage, wie Sie ein Vertriebsteam zum Erfolg führen.

In der Praxis wird häufig irgendwann der beste Vertriebsmitarbeiter zur Führungskraft des Teams befördert. Meist hat diese Führungskraft aus der Historie heraus dann auch noch selbst viele eigene Kunden. Erkennen Sie das Dilemma? Wie soll die Führungskraft ihre Führungsverantwortung übernehmen und ihre Mitarbeiter befähigen, wenn sie immer noch an die eigenen Kunden gebunden ist?

Wenn Sie sich also entscheiden, Führungsverantwortung zu übernehmen, dann lassen Sie Ihre eigenen Kunden los. Konzentrieren Sie sich auf Ihre Führungsaufgaben und befähigen Sie Ihre Mitarbeiter, immer besser zu werden. Der Fokus Ihrer Aufgaben wird sich also komplett verändern. Dieses Bewusstsein wollen wir mit dem theoretischen Teil zur Führung schaffen.

Coachinghaltung

 Als Stephan beim ersten Coaching mit Dana über Führung spricht, hat er noch das klassische Bild vom Manager im Kopf. Er glaubt, alles vormachen und immer sagen zu müssen, wie es geht. Durch die Arbeit mit Dana erkennt er, dass es mehr braucht, dass er als Coach die Kollegen anleiten muss, ihren Weg selbst zu finden.

Auch in der alltäglichen Führung können Sie eine Coaching-Haltung einnehmen. Sie müssen dazu vor allem dem Impuls widerstehen, sofort in die Lösung des Mitarbeiterproblems zu gehen. Wenn Sie sofort eine Lösung parat haben, dann laufen Sie Gefahr, dass:
- die Verantwortung für die Umsetzung bei Ihnen bleibt,
- Sie Unselbstständigkeit fördern,
- der Mitarbeiter vielleicht Ihre Lösung nicht ganz so gut umsetzen kann,
- Sie nicht erkennen, was der Mitarbeiter eigentlich braucht,
- sich Ihre Mitarbeiter auf lange Sicht unterfordert fühlen oder *bequem* werden.

Reden Sie weniger, fragen Sie mehr. Gewöhnen Sie sich an *Stille* und lassen Sie sich nicht verunsichern, wenn Ihr Gegenüber nicht sofort eine Antwort parat hat. Ziemlich sicher denkt er über die Frage nach und entwickelt gerade eine Lösung. Bei schwierigen Fragestellungen macht es durchaus Sinn, die Frage mitzugeben und das Gespräch zu einem späteren Zeitpunkt fortzusetzen.

Vom Spielertrainer zum Trainer

Je mehr die Spezialisierung voranschreitet, desto seltener sind Führungskräfte die besseren Fachleute in ihren Bereichen. Der beste Spieler zu sein, ist schließlich auch nicht die Aufgabe eines Trainers. Es ist seine Aufgabe, die Mannschaft zu führen, jeden Spieler weiterzuentwickeln und aus jedem Spieler das Beste herauszuholen. Wollen Sie der beste Spieler sein? Dann entscheiden Sie sich für eine Rolle als Fachexperte.

Am System arbeiten, statt im System

 Durch das Coaching mit Dana erkennt Stephan, wie er intensiver und konkreter mit seinen Mitarbeitern arbeiten muss. Anstatt Lösungen vorzugeben, beginnt er, die Kollegen zu den Lösungen und zu Verständnis zu führen. Anhand von konkreten Kundenbeispielen arbeiten sie gemeinsam an der Umsetzung. Er lernt auch, Verantwortung zu delegieren. Stephan wird zum Coach.

Vom Spielertrainer zum Trainer bedeutet für die Führungskraft, *am* statt *im* System zu arbeiten. Sie beobachtet das System. Bei Fehlern unterstützt die Führungskraft, dass die Betroffenen die Situation richtig analysieren und passende Konsequenzen ziehen. Die Mitarbeiter entwickeln sich dadurch, da sie sich selbst immer besser einschätzen und steuern können – auch in unerwarteten und unbekannten Situationen.

Wie häufig lösen Sie als Führungskraft noch die fachlichen Fragestellungen Ihrer Mitarbeiter? Wie häufig gehen Sie als Vertriebsleiter mit zum Kunden Ihrer Mitarbeiter und führen dann das Kundengespräch?

Vermeiden Sie, als Führungskraft in einem Vertriebsteam Kundengespräche selbst zu führen, und geben Sie auch keine Argumente vor, sondern coachen Sie Ihre Mitarbeiter. Lassen Sie sie selbst auf die Lösungen und Ideen kommen.

Sollten Sie im Kundengespräch dabei sein, nehmen Sie Ihren Kundenspezialisten die Gesprächsführung nicht aus der Hand. Das schädigt in der letzten Konsequenz auch deren Position beim Kunden.

Zudem sollten Sie den Entwicklungsstand und Reifegrad Ihrer Mitarbeiter an die gestellten Anforderungen überprüfen und gezielte Maßnahmen zu deren individueller Entwicklung vereinbaren. Fordernd fördern heißt auch, stets zum nächsten Schritt zu ermutigen.

Vereinbaren Sie Entwicklungsziele

Sprechen Sie mit Ihrem Mitarbeiter über Entwicklungsziele, die Sie selbst für ihn sehen und die auch er anstreben will. Legen Sie gemeinsam fest, welche anspruchsvollen Aufgaben oder Kunden der Mitarbeiter als Nächstes bearbeiten möchte, um daran zu wachsen. Versichern Sie ihm Ihre Unterstützung, aber stellen Sie auch klar, dass Sie ein grundsätzlich eigenverantwortliches Vorgehen fördern werden.

Besprechen Sie mit ihm auch, wie häufig er sich mit Ihnen zu unterschiedlichen Themen oder Kunden abstimmen will. Dies wird bei jedem Mitarbeiter anders aussehen, je nach Reifegrad des Mitarbeiters. Grenzen Sie auch den Rahmen der Verantwortung klar ab: Bis wohin trägt der Mitarbeiter die Verantwortung und ab wann ist es Ihr Verantwortungsbereich?

Berücksichtigen Sie dabei folgende Fragen:
- Bis wohin geht wessen Verantwortung?
- Wer hat welche Rolle bei dem besprochenen Aufgabenpaket?
- Wer trifft Entscheidungen?
- Wie häufig werden Sie gemeinsam prüfen, ob die Richtung stimmt?
- Welche Verantwortung kann der Mitarbeiter (noch) nicht tragen oder welche will er nicht tragen?

Folgende Gesprächsstruktur kann Ihnen bei der Aufgabendelegation helfen:
1. Benennen Sie zuerst die offene Verantwortungsfrage.
2. Teilen Sie mit, wie Sie sich die Verantwortungsverteilung vorstellen.
3. Lassen Sie sich die eigene Verantwortungslogik bestätigen oder bitten Sie um einen alternativen Vorschlag, der das ungelöste Verantwortungsproblem lösen hilft.
4. Verdeutlichen Sie die Übernahme der eigenen Verantwortung und bitten Sie um die Übernahme von Verantwortung durch Ihr Gegenüber.
5. Spielen Sie mögliche Konsequenzen aus dieser Vereinbarung durch. Zum Abschluss sichern Sie die Übereinkunft durch ein gegenseitiges Commitment ab (zum Teil auch schriftlich).

Wichtig ist, dass Sie und der Mitarbeiter sich nach dem Gespräch darüber klar und einig sind, wer was bis wann tun wird.
Sie können auch mit dem Mitarbeiter eine schriftliche *Coaching-Vereinbarung* treffen, wie Sie ihn im Sinne von *Hilfe zur Selbsthilfe* begleiten, ohne ihm die Verantwortung abzunehmen.

Stärken Sie die Stärken und geben Sie Verantwortung ab
Setzen Sie Ihre Mitarbeiter entsprechend ihrer Stärken ein und geben Sie ihnen Raum zur Entfaltung. Wenn Ihr Mitarbeiter die gestellten Aufgaben erfolgreich bewältigt, überlassen Sie ihm die Entscheidungen und treten Sie weitere Verantwortung ab. Besprechen Sie das auch mit ihm, damit er die Veränderung seines Verantwortungsbereichs erkennt. Verzichten Sie nach und nach auf Kontrollen und Hilfsangebote. Weiten Sie Stück für Stück die Entscheidungsfreiheit und die Verantwortungsbereiche aus. So festigen Sie die Kompetenzen und das Selbstvertrauen. Ein Verharren führt mittelfristig zu Unterforderung, ein zu weites Vorgreifen wird überfordern und Angst auslösen. Sorgen Sie stets dafür, dass eine abgestimmte Mischung aus routiniert zu erledigenden Aufgaben und neuen Herausforderungen zu bewältigen ist. Dadurch erreichen Sie eine Ausgewogenheit, ohne zu überfordern.
Als Coach, der *am* System statt *im* System arbeitet, werden Sie sehen, wie die Umsetzung von Entscheidungen besser gelingt.

Bleiben Sie bei Fehlern gelassen
Betrachten Sie Fehler und Rückschläge als Lernhilfen. Reagieren Sie zügig auf Abweichungen, um ein sinnloses Verrennen des Mitarbeiters zu vermeiden, aber geben Sie keine Lösungen vor. Fragen Sie regelmäßig, je nach Vereinbarung mit dem Mitarbeiter, nach dem Stand der Dinge und bieten Sie Hilfe an, ohne zu bedrängen.
Zum Beispiel können Sie fragen:
- *Was nimmst du aus dieser Erfahrung mit?*
- *Wie wirst du beim nächsten Mal vorgehen?*
- *Welche Gefahren siehst du, wenn du ... machst?*
- *Wann wollen wir uns wieder zu dem Thema treffen, um gemeinsam zu prüfen, ob es so besser funktioniert?*

Machen Sie erfahrene Mitarbeiter zu Mentoren

Als Mentor kann ein auf seinem Sachgebiet inzwischen sehr erfahrener Mitarbeiter unerfahrene Kollegen anleiten. So delegieren Sie Verantwortung und schaffen neue Herausforderungen. Für den Mentor kann dies eine Maßnahme für seine eigenen Entwicklungsziele in Richtung Führung sein und Sie fungieren in der Rolle des Coaches für den Mentor.

Nehmen Sie Rücksicht auf sich selbst, Sie müssen nicht immer verfügbar sein

Sind Sie wirklich jederzeit bereit, offen und wertschätzend zu reagieren, wenn Ihr Mitarbeiter Sie im Alltag stört und eine vermeintlich blöde Frage stellt?
Vermeiden Sie es besser, dann zu coachen, wenn Sie sich nicht danach fühlen. Nur wenn Sie wirklich offen sind, wird Ihr Mitarbeiter auch in Zukunft zu Ihnen kommen und um Hilfe bitten. Wenn Sie merken, dass Sie genervt oder gestresst sind, dann bitten Sie den Mitarbeiter, Ihnen eine Mail mit kurzer Problemdarstellung zu schreiben, damit Sie sich emotional einstellen und vorbereiten können. Oder Sie vereinbaren feste Termine, in denen Sie Ruhe haben und auf die Sie sich emotional einstellen können. Alternativ schlagen Sie vor, dass der Mitarbeiter einen Termin einstellt, damit Sie sich dann bewusst Zeit für ihn nehmen.
Es gibt keinen Zwang immer und jederzeit für alle da zu sein.

Konstruktives Feedback geben

 Nach der Eskalation des Streitgespräches zwischen Marlene und Peter beschließt Stephan, Peter ein konstruktives Feedback zu geben. Er bereitet sich mithilfe der Feedbackvorbereitungscheckliste vor und das Gespräch läuft sehr gut.

Zumeist denken wir bei Feedback nur an die institutionalisierten Termine wie offizielle Mitarbeiter- oder Zielvereinbarungsgespräche, Beurteilungen und so weiter, bei denen eine Rückmeldung zum Leistungsstand gegeben wird. Aber im Grunde beinhaltet jedes Gespräch zwischen Führungskraft und Mitarbeitern Feedback – ob Sie wollen oder nicht.

Eine wertschätzende Rückmeldung ist auf der einen Seite ein wesentliches Verstärkungsinstrument und andererseits beziehungs- und vertrauensfördernd. Die Rückmeldung entfaltet ihre motivierende Wirkung am besten, wenn sie unmittelbar nach einer erbrachten Leistung erfolgt und sollte daher nicht für das Jahresgespräch aufgehoben werden. Auch kritische Rückmeldungen sind umso wirksamer und nachvollziehbarer, wenn sie zeitnah kommen.

Aber natürlich erfordert ein ordentliches Feedbackgespräch einen entsprechenden Rahmen. Das heißt auch, zeitnahes Feedback sollte nicht spontan zwischen Tür und Angel oder am Arbeitsplatz, sondern in einem geschützten Raum stattfinden.

Achten Sie auch darauf, ob Sie selbst und der andere emotional gerade dazu bereit sind.

Ein konstruktives Feedback ist ganz entscheidend für eine gute Mitarbeiterkommunikation. Mangelnde Rückmeldung vom

Vorgesetzten ist einer der häufigsten Kritikpunkte von Mitarbeitern. Zudem ist konstruktives Feedback das Mittel der Wahl für die schwierige Führungsaufgabe, Mitarbeiterverhalten zu kritisieren, ohne den Mitarbeiter zu demotivieren.

Sieben Schritte für ein konstruktives Feedback:

1. Schritt: Innehalten

Sie haben an Ihrem Mitarbeiter, Kollegen oder an Ihrer Führungskraft etwas wahrgenommen, das Sie
- gestört hat,
- persönlich verletzt hat,
- als Fehler erkannt haben,
- als unfaire Handlung betrachtet haben,
- bei Ihrem Gegenüber verbessern möchten,
- sehr gut fanden,
- für das Sie sich bedanken möchten.

Auch wenn es Ihnen schwerfällt, hüten Sie sich davor, Ihrem Gegenüber gleich impulsiv Ihre Meinung zu sagen! Denken Sie stattdessen noch mal in Ruhe über die wahrgenommene Situation nach.
Spontanes Feedback wird von Ihrem Gegenüber meist als persönlicher Angriff oder als Lobhudelei aufgefasst. Beides eignet sich nicht dazu zu erkennen, was konkret gut gemacht wurde oder welches Verhalten konkret geändert werden sollte.

Also: Kein impulsives Feedback!

2. Schritt: Beschreiben Sie für sich die Situation

Halten Sie sich die wahrgenommene Situation noch mal vor Augen. Beziehen Sie dabei auch mögliche Randbedingungen und Vorgeschichten mit ein, die zu der wahrgenommenen Momentaufnahme geführt haben. Versetzen Sie sich auch in die Lage Ihres Gegenübers und betrachten Sie aus seiner Sicht die Situation. Wie würden Sie auf Ihr Gegenüber reagieren, wenn dieser Sie auf die Situation anspricht?

Verschaffen Sie sich einen umfassenden, objektiven Überblick! Danach machen Sie sich Gedanken, was Sie mit dem Feedbackgespräch erreichen wollen: *Was sind meine Ziele/Wünsche in dem Gespräch?*

3. Schritt: Überlegen Sie sich, wann und wo

Je nach Art einer wahrgenommenen Situation wählen Sie einen passenden Ort und eine passende Zeit dafür aus.

Konstruktives Feedback ist nur in einem geschützten Raum möglich. Feedback ist ein vertraulicher Dialog, also ohne weitere Zuhörer und Zuseher. Das schließt auch ein, dass ein Feedback nie zwischen Tür und Angel wie am Kaffeeautomaten oder auf dem Flur gegeben wird. Wählen Sie einen ruhigen, angemessenen Ort und eine passende Zeit. *Passender Zeitpunkt* bedeutet in diesem Zusammenhang auch, dass Sie bei der Vorbereitung die Person und die mögliche Reaktion mit in Ihre Überlegung einbeziehen.

Grundsätzlich gilt jedoch, dass Sie ein Feedback möglichst zeitnah geben, unter Berücksichtigung von Schritt 1.

Merke: Falscher Ort und/oder falscher Zeitpunkt machen das bestgemeinte konstruktive Feedback unmöglich!

4. Schritt: Schaffen Sie eine positive Feedback-Basis

Mit der passenden Auswahl von Ort und Zeit haben Sie schon einen wichtigen Grundstein für ein positives, konstruktives Feedback-Gespräch gelegt. Mindestens genauso wichtig ist jedoch, dass Sie sich das Einverständnis von Ihrem Gegenüber einholen, ihm ein Feedback geben zu dürfen. Mit wenigen Ausnahmen (Verhütung von Unfallgefahr, strafrechtliche Folgen etc.) können Sie niemanden dazu zwingen, sich Ihr Feedback anzuhören.

Ist Ihr Feedbacknehmer nicht wirklich bereit für Ihr Feedback, wird er ganz sicher auch kein Verständnis für Ihre persönliche Wahrnehmung entwickeln.

Und schließlich handelt es sich bei Feedback immer um Ihre persönliche Wahrnehmung. Sie können nicht für die Allgemeinheit sprechen. Vermeiden Sie also Sätze wie *Man empfindet das so und so* und ersetzen Sie *man* durch eine Ich-Botschaft: *Bei mir hat das folgenden Eindruck erweckt, ich empfinde dabei folgendes, ...*

Feedback ist ein Geschenk, das Gegenüber darf es annehmen, aber auch ablehnen. Daher schadet es nicht, ein Feedbackgespräch mit den Feedbackregeln zu beginnen:

Worauf achtet der Feedbackgeber?
- Sachlich, konstruktiv sein.
- Verbesserungsmöglichkeiten offerieren, ohne sofort Lösung vorzuschlagen.
- Mit der Ich-Botschaft sprechen.
- Nicht persönlich angreifen.
- Alles Besprochene bleibt im Raum.
- Feedback ist meist subjektiv aus der eigenen Beobachtung.

Worauf achtet der Feedbacknehmer?
- Feedback ist ein Geschenk – der Feedbacknehmer kann es nehmen, aber auch lassen.
- Der Feedbacknehmer entscheidet, was aus dem Feedback wird.
- Der Feedbackgeber freut sich über ein *Danke*, denn jedes Feedback ist eine Chance, die eigenen blinden Flecken besser zu erkennen, und es gehört Mut und Vorüberlegung des Feedbackgebers dazu, es zu adressieren.
- Fragen stellen, wenn das Feedback nicht verstanden wird.
- Alles Besprochene bleibt im Raum.
- Keine Rechtfertigung, denn es handelt sich um die Wahrnehmung des Feedbackgebers und Wahrnehmung ist immer subjektiv.
- Wenn der Feedbacknehmer nicht mehr weitersprechen will (da er ggf. emotional getroffen ist), darf er das Feedback jederzeit abbrechen.

Feedbackgeber und Feedbacknehmer haben die Verantwortung, das Gespräch zu unterbrechen, wenn es für einen von beiden zu viel wird. Bitte vereinbaren Sie in diesem Fall dann aber unbedingt gleich einen neuen Termin für den Folgetag. So hat jeder Zeit, seine Emotionen noch einmal zu überschlafen.

5. Schritt: Formulieren Sie konkret Ihre persönliche Wahrnehmung
Formulieren Sie klare Ich-Botschaften und Ihre persönliche Wahrnehmung. Je konkreter Sie Ihre Wahrnehmung beschreiben, desto einfacher wird es für Sie beide, sich auf einer sachlichen Ebene zu dem Feedback-Anlass austauschen. Damit ein Verhalten verändert werden kann, muss es der Feedbacknehmer an einem konkreten Beispiel nachvollziehen können, um sich selbst reflektieren zu können.

Zum Beispiel: Haben Sie bei Ihrem Mitarbeitenden wahrgenommen, dass er in letzter Zeit immer wieder zu spät zu den Online-Teamsitzungen erschienen ist, benennen Sie ganz konkret die letzten drei Verspätungen. Beschreiben Sie Ihre Wahrnehmung mit Datum, Uhrzeit, Anlass des Meetings, den Verspätungen und welche Auswirkungen sein Verspäten auf Sie hatte. Teilen Sie dem Feedbacknehmer mit Ich-Botschaften mit, was Sie persönlich wahrgenommen haben, welche Wirkung das Verhalten auf Sie hatte und welche Reaktionen es bei Ihnen ausgelöst hat.

Vermeiden Sie Verallgemeinerungen bei der Beschreibung der Feedbacksituation!

In der Vergangenheit wurde häufig, als probates Mittel für ein Feedback-Gespräch, die Sandwich-Methode empfohlen. Diese Methode, bei der etwas Negatives zwischen positiven Wahrnehmungen *versteckt* wird, hat jedoch den großen Nachteil, dass beim Feedbacknehmer oft nur das Positive hängen bleibt und der eigentliche Punkt in der Wahrnehmung des Feedbacknehmers untergeht. Die Vermischung von positivem und negativem Feedback führt zu Verwässerung. Aus diesem Grund raten wir davon ab, die Sandwich-Methode in einem Feedbackgespräch einzusetzen.

6. Schritt: Motivieren Sie Ihren Gesprächspartner

Widerstehen Sie dem Impuls, sofort in die Lösung zu gehen, sondern binden Sie Ihren Gesprächspartner durch Fragen ein. Fragen fördert die aktive Einbindung des Feedbacknehmers, motiviert ihn, eigene Ideen zu entwickeln, und schafft wichtige AHA-Momente. Setzen Sie im Gespräch empathisches Zuhören ein, drücken Sie damit persönliche Wertschätzung und Verständnis aus.

Fragenstellen fördert die Motivation des Feedbacknehmers!

7. Schritt: Überlassen Sie verbindliche Lösungsvorschläge Ihrem Feedbacknehmer

Eigene Lösungsvorschläge schaffen mehr Verbindlichkeit für die Zielerreichung. Wenn Sie also gemeinsam dasselbe Verständnis für die vereinbarten Ziele haben, dann lassen Sie den Mitarbeiter seinen Weg finden. Wichtig ist, dass sich beide Seiten auf die Lösung, das Verständnis der Lösung und getroffene Ziele sowie Maßnahmen (SMART) am Ende des Feedbackgesprächs einigen. Die Lösung durch den Feedbacknehmer schafft eine positive Verbindlichkeit!

Mit diesen sieben Schritten für Ihr konstruktives Feedback legen Sie den Grundstein, dass der Feedbacknehmer sich sachlich mit Ihrer persönlichen Rückmeldung auseinandersetzt.

Wertschätzung

 Stephan gelingt es, Marlene für Ihre Tätigkeit Wertschätzung entgegenzubringen, indem er zum Beispiel davon Abstand nimmt, Marlenes Ziele mit BANT-Kriterien zu ergänzen. Er erinnert sich an die verschiedenen Motive von Mitarbeitern und vertraut ihr. Marlene findet ihre eigene Motivation, versteht, wie wichtig sinnvolle Termine für die Kollegen und das Unternehmen sind, und ist dadurch intrinsisch motiviert. Sie erkennt ihre Selbstwirksamkeit und bringt dies sogar beim Schwärmen über ihren Job gegenüber einer Bekannten zum Ausdruck.

Wertschätzung zu geben ist eine Voraussetzung für Mitarbeiterzufriedenheit und Identifikation. Lob für die Erledigung einer Aufgabe reicht dazu nicht aus.

Wertschätzung zeigt sich vor allem darin, fest vom Wissen und Können des anderen überzeugt zu sein und darauf zu vertrauen, dass der andere besser als man selbst weiß, was zu tun ist. So verstandene Wertschätzung stärkt das Vertrauen des Mitarbeiters in sich selbst, stiftet Zuversicht und Ausdauer und schafft Selbstbewusstsein und Weiterentwicklung.

Wertschätzen Sie jeden einzelnen Mitarbeiter.

Sieben Motive

 Stephan unterlag dem Denkfehler, in der Führung von sich selbst auszugehen und allen Mitarbeitern das gleiche Motiv zu unterstellen. Er dachte, wenn er nur das Gehalt an die neuen Produkte koppelt, muss automatisch jeder auch mit Spaß die neuen Produkte verkaufen. Damit schränkte er seine Wirkung ein und erreichte seine Mitarbeiter in ihren individuellen Motiven nicht. Er konnte sie nicht bewegen, die neuen Produkte zu platzieren oder engagiert zu verkaufen.

Wer den anderen motiviert, ist die Führungskraft!

Es gibt zahlreiche Modelle und psychologische Berichte zum Thema *Motivation*. Wir verwenden hier ein Modell, das sich für den Vertriebs- und Führungskontext als hilfreich und praxisnah herauskristallisiert hat. Es erfordert, dass Sie genau hinhören und hinsehen, wie Ihr Gegenüber sprachlich formuliert, welche Begriffe der Mitarbeiter verwendet und welche Sinne er dabei anspricht.
Die Motive des Gegenübers zu kennen ist in der Kommunikation hilfreich, denn wenn Sie die Sprache Ihres Gesprächspartners treffen, ist die Wahrscheinlichkeit für einen Konsens und ein motiviertes Handeln sehr viel höher.

Dieses Modell bezieht sich auf sieben Motive, aus denen heraus ein Mensch handelt. Sie sind positiv besetzt, das heißt, der Mensch handelt aus sich selbst heraus – freiwillig und intrinsisch.
Die sieben Motive sind:
- Sicherheit
- Suche nach Neuem

- Status/Image
- Bequemlichkeit
- Gewinn
- Wohlfühlen/Gesundheit
- Fürsorge für andere

Jeder Mensch hat alle Motive in sich, allerdings sind jeweils zwei bis drei davon in bestimmten Lebensphasen besonders stark ausgeprägt. Auf einer Skala von 0–10 liegen die Top-Motive zwischen 8 und 10. Zudem verändern sich die Motive mit den Lebensumständen und Erfahrungen und müssen deshalb laufend hinterfragt werden.
Menschen zeigen oft durch ihre sprachlichen Formulierungen und ihren Ausdruck, welches Motiv sie gerade antreibt.

Wenn Sie die Motive Ihrer Mitarbeiter und Kunden kennen, können Sie diese sprachlich nutzen, um Ihre Mitarbeiter und Kunden zu bewegen und weiterzuentwickeln: Passen Sie Ihre Sprache an die des Gesprächspartners an, um ein besseres Verständnis zu erzielen.

Sicherheit

Deutschland ist ein Kulturkreis, in dem der Sicherheitsgedanke eine große Rolle spielt. Unser Staatssystem basiert auf Sicherheit, daher werden wir oft schon von Kindesbeinen an mit diesem Motiv erzogen. Wenn es Ihnen schwerfällt, einem Mitarbeiter ein Motiv zuzuordnen, können Sie mit hoher Wahrscheinlichkeit davon ausgehen, dass er das Motiv *Sicherheit* hat.

Mögliche Hinweise für das *Motiv Sicherheit*

- Mitarbeiter hat ständig Sorge um seinen Arbeitsplatz.
- Mitarbeiter arbeitet gerne in festen, geregelten Abläufen.
- Mitarbeiter hat Angst vor Veränderungen und mag nichts Neues.
- Es fällt dem Mitarbeiter schwer, Entscheidungen zu treffen.
- Mitarbeiter kontrolliert oft, ob alles seine Richtigkeit hat.
- Mitarbeiter hat gerade Nachwuchs bekommen.
- Mitarbeiter kauft ein Haus/Wohnung.

Wie motiviere/bewege ich sprachlich mit dem Motiv *Sicherheit*?

- »*Da bist du auf der sicheren Seite ...*«
- »*Das ist ganz einfach ...*«
- »*Ich unterstütze dich dabei durch regelmäßige Feedback-Gespräche ...*«
- »*Komm zu mir, wenn du dich bei der Aufgabe nicht sicher fühlst ...*«
- »*Das schaffst du gut, du hast das bei Projekt X auch schon mal gemacht ...*«
- »*Dadurch sichern wir unsere Arbeitsplätze ...*«

Anreize

- Klare Zielvorgaben und laufende Feedback-Gespräche helfen dem Mitarbeiter.
- Bieten Sie aktiv Ihre Unterstützung an.
- Grenzen Sie seine Verantwortung klar ab.
- Schenken Sie dem Mitarbeiter ausreichend Zeit, besonders in Veränderungsphasen.

- Besprechen Sie klare Kontrollmechanismen und liefern Sie *Beweise*, z. B. in Form von regelmäßig vereinbarten Besprechungen.

Suche nach Neuem

Auf der *Suche nach Neuem* sind oft Menschen, die sich gerne mit neuen Themen beschäftigen. Sie suchen immer wieder neue Herausforderungen – privat und/oder beruflich. Sie messen Herausforderungen eine ähnlich hohe Bedeutung bei wie dem Gehalt. Sie gieren nach persönlichem Wachstum und jede Entscheidung, die Sie als Führungskraft für diese Menschen treffen, verhindert solches Wachstum. Sie brauchen Spielraum, um eigene Wege zu gehen und eigene Fehler zu machen. Diese Mitarbeiter bieten bei neuen Projekten häufig freiwillig ihre Mitarbeit an. Routineaufgaben langweilen sie auf Dauer und unterfordern sie. Dadurch kann es passieren, dass sie keine Höchstleistung bringen, wenn zu viel Alltag stattfindet.

Mögliche Hinweise auf das Motiv *Suche nach Neuem*

- Innovative Mitarbeiter
- Mitarbeiter, die immer die neueste Technik nutzen
- Mitarbeiter, die gerne Herausforderungen annehmen
- Mitarbeiter, die sich bei neuen Projekten sofort einbringen
- Mitarbeiter, die gerne auch Verantwortung für innovative Vorhaben übernehmen
- Mitarbeiter, denen Veränderungen Spaß bereiten und die in Veränderungsprozessen gut klar kommen

- Mitarbeiter, die sich mit zu viel Routine eher schwertun
- Mitarbeiter, deren Kinder aus dem Haus sind und die wieder mehr Zeit für die eigenen Bedürfnisse haben

Wie motiviere/bewege ich sprachlich mit dem Motiv *Suche nach Neuem*?

- »*Das ist was ganz Neues, das gab es bei uns noch nie ...*«
- »*Das ist eine große Herausforderung für unser Team ...*«
- »*Da kannst du einfach mal ausprobieren ...*«
- »*Du wirst viel Neues dabei lernen ...*«
- »*Das ist innovativ ...*«
- »*Wir sind die Ersten, die das Thema umsetzen ...*«
- »*Das wird uns Einfluss verschaffen und wir können unsere Ideen einbringen ...*«

Anreize

- Übergeben Sie neuartige Aufgaben an solche Mitarbeiter.
- Bieten Sie Weiterbildungen an.
- Fördern Sie deren Kreativität und lassen Sie sie allein laufen.
- Geben Sie ihnen Verantwortung und benennen Sie die Verantwortung klar.
- Binden Sie sie in Strategien und Visionen ein.
- Lassen Sie den Mitarbeiter entscheiden, wann er Sie als Führungskraft braucht.

Status/Image

Status/Image-Menschen leben oft von außen nach innen. Es ist ihnen wichtig, dass andere sehen, was sie erreicht haben. Häufig steckt auch der Wunsch nach Macht hinter diesem Motiv. Sie sind meist materiell orientiert, daher schätzen Sie bestimmte Statussymbole wie besondere Autos, gute/sichtbare Ausstattung am Arbeitsplatz, Symbole, an denen die Hierarchie erkannt werden kann, Titel, Kontakt zu Entscheidern …

Mögliche Hinweise auf das Motiv *Status/Image*

- Mitarbeiter, die sich gerne in einem *gehobenen* Umfeld bewegen und dies auch betonen.
- Materielle Orientierung dieser Mitarbeiter ist häufig sichtbar.
- Mitarbeiter, die die Ersten sind, die sich neue Technik anschaffen und diese auch bewusst vorzeigen.
- Mitarbeiter, die häufig über materielle Dinge sprechen.
- Mitarbeiter, die betonen, was sie bereits erreicht haben.
- Mitarbeiter, die den Wunsch haben, dass ihre Kompetenzen und Leistungen gesehen werden.
- Mitarbeiter, die gerne Einfluss auf Entscheidungen nehmen.
- Mitarbeiter, die ihre Ergebnisse gern präsentieren wollen.

Wie motiviere/bewege ich sprachlich mit dem Motiv *Status/Image*?

- »*Du bist der Erste, der das bei uns machen wird* …«
- »*Das wird ganz oben gesehen* …«
- »*Das kannst du anderen beibringen* …«

- »*Da wird der ganze Bereich auf dich aufmerksam ...*«
- »*Du kannst direkt Einfluss nehmen auf ...*«
- »*Du bist direkt an der Entscheidung beteiligt ...*«

Anreize

- Schaffen Sie den Zugang zu attraktiven Technologien wie zum Beispiel Firmenhandy, besondere Ausstattung am Arbeitsplatz, neueste Technologie ...
- Ermöglichen Sie die Präsentation von Ergebnissen in der Geschäftsleitung oder vor Entscheidern.
- Beteiligen Sie den Mitarbeiter an Imageprojekten.
- Reden Sie klar über Verantwortungsbereiche und übergeben Sie Verantwortung an diese Mitarbeiter.
- Sorgen Sie für eine sichtbare hierarchische Position im Unternehmen.

Bequemlichkeit

Dabei handelt es sich oft um Menschen, die gerne Routineaufgaben erledigen. Häufig haben diese Befindlichkeiten, wenn neue Prozesse eingeführt werden sollen (*Das machen wir doch schon immer so ... Das wird sowieso nicht funktionieren ...*).
Bequemlichkeit ist <u>nicht</u> mit Faulheit gleichzusetzen. Das Ergebnis von bequemen Menschen ist sehr oft ein effizientes Vorgehen. Viele positive Aspekte begleiten Bequemlichkeit: Effizienz, Ökologie, klare Prozesse ohne Zusatzaufwand, Checklisten ...

Mögliche Hinweise auf das Motiv *Bequemlichkeit*

- Mitarbeiter, die gerne in Routinen arbeiten.
- Veränderungen sind bei diesen Mitarbeitern (im ersten Moment) nicht immer gerne gesehen.
- Mitarbeiter, die jahrelang dieselben Aufgaben machen und oft keinen Ehrgeiz zur Weiterentwicklung haben.
- Mitarbeiter, die sehr erfinderisch sind, um Aufwand zu reduzieren.
- Mitarbeiter, die Mehraufwand durch Effizienz vermeiden.
- Mitarbeiter, die gerne standardisieren oder auch mit Checklisten arbeiten.
- Menschen, die sich privat viel engagieren, haben oft kein Interesse, dies zusätzlich auch beruflich zu tun.

Wie motiviere/bewege ich sprachlich mit dem Motiv *Bequemlichkeit*?

- *»Das ist für dich gar kein großer Aufwand ...«*
- *»Da musst du einmal richtig nachdenken, dann hast du es hinterher viel leichter für die nächsten Monate ...«*
- *»Ich brauche jemanden, der den Prozess unkompliziert und pragmatisch macht ...«*
- *»Dein Blick auf Effizienz ist hier besonders wichtig ...«*
- *»Das wird den Aufwand für die Gesamtaufgabe deutlich reduzieren ...«*

Anreize:

- Bieten Sie die Möglichkeit, hinterher wieder die Bequemlichkeit zu haben.
- Zeigen Sie Mehrwerte auf, damit sich diese Mitarbeiter bewegen.
- Nutzen Sie diese Mitarbeiter, um Prozesse zu gestalten, um immer effizienter zu werden.
- Zeigen Sie auf, dass Veränderungen Verbesserungen bringen werden.

Gewinn

Gewinn muss nicht immer materiell sein. Auch wenn Geld das häufigste Kriterium ist, was uns zu Gewinn einfällt, kann zum Beispiel auch Know-how ein Gewinn sein oder Zeitersparnis. Wichtig ist, dass die Menschen einen echten Mehrwert für sich selbst erkennen. Oft sind es Zahlen-Menschen, die gut rechnen können (Zeitersparnis, Deckungsbeiträge, Gehalt …). Es kann allerdings auch der Wunsch nach Macht oder nach Autonomie hinter diesem Motiv stecken.

Mögliche Hinweise auf das Motiv *Gewinn*

- Mitarbeiter, die einen Mehrwert für sich oder das Unternehmen erkennen wollen.
- *Wenn ich das mache, dann bekomme ich jenes.*
- Diese Mitarbeiter fragen oft: *Was bringt es mir/dem Team? Was habe/n ich/wir davon?*

Wie motiviere/bewege ich sprachlich mit dem Motiv *Gewinn*?

- *»Wir sparen dadurch viel Geld ...«*
- *»Die Weiterentwicklung bringt dich persönlich weiter ...«*
- *»Dieses Wissen nimmt dir keiner mehr ...«*
- *»Du wirst dadurch gute Aufstiegschancen bekommen ...«*
- *»Das bringt dir Einfluss auf ...«*
- *»Du kannst völlig selbstständig entscheiden ...«*
- *»Du erreichst dadurch deine Ziele viel schneller/einfacher ...«*
- *»Ich habe das für uns schon mal durchgerechnet ...«*

Anreize

- Vereinbaren Sie mit diesen Mitarbeitern Bonusvereinbarungen.
- Incentives wie *Einmal in der Woche früher gehen aufgrund persönlicher Lebensumstände (Kind zum Fußball bringen)* bewegen diese Mitarbeiter.
- Zeigen Sie die Steigerung der eigenen Kompetenzen für den Mitarbeiter auf, z. B. durch Weiterbildungen.
- Schaffen Sie für den Mitarbeiter Zeitersparnis durch verbesserte Abläufe.
- Ermöglichen Sie für den Mitarbeiter eine bessere Position im Unternehmen, wenn es passt.
- Lassen Sie diesen Mitarbeiter selbstständig arbeiten, gegebenenfalls mit mehr Autonomie.
- Lassen Sie diesen Mitarbeiter bei wichtigen Entscheidungen Einfluss nehmen.

Wohlfühlen und Gesundheit

Gerade jüngere Generationen achten verstärkt auf ihre Work-Life-Balance. Auch das Thema *Nachhaltigkeit und Umwelt* ist in den letzten Jahren gewachsen. Menschen mit dem Motiv *Wohlfühlen und Gesundheit* sind oft bereit, mehr zu bezahlen oder andere Einschränkungen auf sich zu nehmen, wenn es für ihre Gesundheit oder die Umwelt gut ist. Auch der Wunsch nach Harmonie im Team kann ein Anzeichen für dieses Motiv sein. Warum arbeiten viele Menschen über Jahrzehnte im selben Unternehmen? Weil sie sich in diesem Unternehmen wohlfühlen, ihre Kollegen schätzen, der Weg zur Arbeit kurz ist, die Räumlichkeiten für sie in Ordnung sind …

Mögliche Hinweise auf das Motiv *Wohlfühlen/Gesundheit*

- Mitarbeiter engagieren sich sportlich und sind aktiv.
- Mitarbeiter sind oft Jahrzehnte im selben Unternehmen, weil sie sich da mit den Kollegen wohlfühlen.
- Mitarbeiter, die sich oft über die Teamhygiene Gedanken machen.
- Diese Mitarbeiter schätzen Harmonie und mögen keine Konflikte.
- Sie können das Motto haben: *Wenn es mir gut geht, geht es allen anderen um mich herum auch gut.*
- Diese Mitarbeiter ernähren sich gesund und achten auf ihre Work-Life-Balance.

Wie motiviere/bewege ich sprachlich mit dem Motiv *Wohlfühlen/ Gesundheit*?

- *»Erledige die Aufgabe gleich, dann geht es dir danach wieder richtig gut ...«*
- *»Im Projekt ist eine gute Atmosphäre, das wird dir Spaß machen ...«*
- *»Der Teamzusammenhalt im Projekt wird dir gefallen ...«*
- *»Mit der Aufgabe wirst du dich wohlfühlen ...«*
- *»Dann kannst du pünktlich Feierabend machen und zum Sport gehen ...«*

Anreize:

- Sorgen Sie für Gesundheitsangebote und Obst am Arbeitsplatz.
- Ermöglichen Sie eigene Gestaltungselemente am Arbeitsplatz des Mitarbeiters.
- Geben Sie die Wahlmöglichkeit: Mobile Office versus Büro.
- Lassen Sie den Mitarbeiter mit dem *Lieblingskollegen* im Büro sitzen.
- Nehmen Sie sich für diese Mitarbeiter Zeit, oft benötigen diese viel Zuwendung und Aufmerksamkeit (Streicheleinheiten).

Fürsorge für andere

Menschen, die das Motiv *Fürsorge für andere* haben, haben das Bedürfnis, dafür zu sorgen, dass es dem Umfeld gut geht. Hier stehen oftmals andere Menschen im Vordergrund. Diese Menschen engagieren sich oft freiwillig, unabhängig von Lob und Dank. Es ist Ihnen wichtig, anderen zu helfen. Sie mögen es, wenn im Umfeld alles harmonisch abläuft und es allen gut geht. Sie gehen Konflikte ein, wenn es aus ihrer Sicht dem Team dafür hinterher gut geht oder eine Gruppe von Menschen davon profitiert.

Mögliche Hinweise auf das Motiv *Fürsorge für andere*

- Diese Mitarbeiter sorgen in Besprechungen dafür, dass jeder was zu trinken hat oder alle die Unterlagen haben.
- Ihnen ist der Teamgedanke sehr wichtig und steht oft über den eigenen Bedürfnissen.
- Diese Mitarbeiter engagieren sich häufig ehrenamtlich beziehungsweise für andere, sind in der Freiwilligen Feuerwehr, betreuen kranke Elternteile, helfen bei Notfällen sofort ...
- Die gute Seele im Team bringt auch gerne was mit fürs Team, z. B. Kuchen.
- Sie organisieren gerne Weihnachtsfeiern und Betriebsausflüge.
- Mitarbeiter, die bereichsübergreifend für ihr Team kämpfen.
- Sie nehmen Kollegen in Schutz und setzt sich für sie ein.

Wie motiviere/bewege ich sprachlich mit dem Motiv *Fürsorge für andere*?

- »*Das ist gut für unseren Teamgeist ...*«
- »*Das Team wird dankbar sein, wenn das endlich erledigt ist ...*«
- »*Das bringt uns allen was ...*«
- »*Damit sorgen wir für die Hygiene im Team ...*«
- »*Wir stellen damit die Harmonie im Team sicher ...*«

- *»Damit unterstützt du deine Kollegen sehr ...«*
- *»Deine Kollegen sparen dadurch Zeit ...«*
- *»Unser Image im Unternehmen als Team wird dadurch gestärkt ...«*
- *»Da können wir noch mal neue Mitarbeiter einstellen ...«*
- *»Damit sichern wir unsere Arbeitsplätze im Unternehmen ...«*

Anreize

- Schaffen Sie ein gutes Teamklima.
- Sagen Sie häufiger mal *Danke*, das wird bei diesen Mitarbeitern schnell vergessen, da sie es selbst nicht einfordern.
- Stellen Sie die Mehrwerte für das Team in den Vordergrund.
- Sorgen Sie für Gleichbehandlung, wo es möglich ist.
- Betonen Sie den Nutzen für das Team/Unternehmen oder andere Personen.

Die Motive finden sowohl in der Führung ihre Anwendung als auch im Kundenkontakt. Nutzen Sie die sieben Motive für Ihre Sprache und Formulierungen. Es geht nicht darum, sprachlich die eigenen Motive in den Vordergrund zu stellen, sondern die des Gegenübers.

ADKAR

 Peter konnte mit den umfangreichen Hilfestellungen und Informationen zur L-Serie noch nichts anfangen, weil er weder die Notwendigkeit erkannt (A) noch die Entscheidung für das Neue (D) getroffen hatte. Damit lief alle Energie ins Leere und führte zu Frust und Streit.

Dem ADKAR-Ansatz von Prosci zufolge kann ein Veränderungsvorhaben nur dann erfolgreich umgesetzt werden, wenn die vom Change betroffenen Mitarbeiter den Change aktiv unterstützen und die notwendigen Fähigkeiten und Kenntnisse besitzen. Dabei liefert das Stufenmodell sowohl theoretische und wissenschaftlich fundierte Kenntnisse zum Changemanagement als auch konkrete Handlungsempfehlungen für die jeweiligen Stufen im Change. Denn erst wenn Mitarbeiter neue Strukturen, Abläufe, Tools, Techniken und Prozesse annehmen, sie vollends umsetzen und auch langfristig beibehalten, ist eine Veränderung erfolgreich.

Auch zu diesem Thema gibt es sehr umfangreiche Materialien und Literatur. Wir können das Thema hier nur anreißen.

Die Stufen, die jeder Mitarbeiter für eine erfolgreiche Verhaltensänderung durchläuft, sehen folgendermaßen aus:
- **Awareness**: Bewusstsein dafür, aus welchem Grund eine Veränderung notwendig ist.
- **Desire**/Decision: Die Entscheidung für die Veränderung und damit der intrinsische Wunsch, daran teilzunehmen.
- **Knowledge**: Kompetenzen (haben und/oder erlernen), die für die Veränderung benötigt werden.

- **Ability**: Fähigkeit (haben und/oder erlernen) an der Veränderung teilzunehmen.
- **Reinforcement**: Die nachhaltige Verankerung neuer Methoden und das entsprechende Mindset.

Machen Sie nicht den Fehler, sofort bei K einzusteigen und den Mitarbeitern jede Menge Materialien, Argumente und Trainings an die Hand zu geben. Damit sprechen Sie nur diejenigen an, die sich bereits auf der Stufe *Knowledge* befinden und offen für Change sind. Bei all den Mitarbeitern, die sich noch nicht wirklich für den neuen Weg entschieden haben, verpufft diese Energie.
Reden Sie während des Veränderungsprozesses viel mit Ihren Mitarbeitern. Fragen Sie sie, wo in der Veränderung sie Unterstützung benötigen und helfen Sie den Mitarbeitern erfolgreich durch die Veränderung.

Woran erkennen Sie, dass Mitarbeiter noch nicht bereit sind? – Indem Sie Ihre Mitarbeiter fragen!

1. Stufe Awareness

Ihre Mitarbeiter sind noch nicht bereit, wenn Sie Fragen oder Aussagen hören wie:
- »Warum solle ich mich involvieren?«
- »Wieso machen wir das überhaupt?«
- »Wir machen doch schon einen guten Job!«
- »War doch alles gut, so wie es war ...«
- »Never change a running system ...«
- »Das brauchen wir doch gar nicht ...«

- »Was die sich da oben wieder ausgedacht haben ...«
- »Die Veränderung ist nicht gut für uns ...«
- »Ich habe schon viele Ideen kommen und gehen sehen ...«
- »Manchmal muss man es eben einfach aussitzen ...«

Solange Sie diese Sätze hören, hat der Mitarbeiter noch nicht verstanden, warum die Veränderung notwendig ist, und wird auch nicht offen sein für Entwicklung, Ideen, Trainings.

Es ist menschlich, dass sich Mitarbeiter gegen die Veränderung sträuben, denn schließlich hat der Mitarbeiter Routinen, die es ihm leicht machen, sein Tagesgeschäft abzuarbeiten. Aus welchem Grund sollte er seine Komfortzone verlassen? Dazu kommt bei der Stufe *Awareness*, dass noch keine Klarheit und Sicherheit besteht, was genau verändert wird. Häufig liegt der Fehler bereits darin, dass Mitarbeiter vor vollendete Tatsachen gestellt werden und über die Veränderungen erst gesprochen wird, wenn die Führungskraft bereits einmal den gesamten (Veränderungs-)Prozess durchlaufen hat. Dieser Vorsprung wird unterschätzt. Zu schnell vergisst die Führungskraft, dass auch sie vermutlich zu Beginn Bedenken und Unsicherheiten hatte und durch den Informationsvorsprung bereits weiter ist als die Mitarbeiter.

Was bedeutet das für Ihre Führungsarbeit?
Nehmen Sie die Mitarbeiter so früh wie möglich in den sich verändernden Rahmenbedingungen mit. Schaffen Sie Transparenz und sorgen Sie mit Ihrer frühzeitigen Kommunikation für Verständnis und Klarheit. Auch dann, wenn noch nicht alle Rahmenbedingungen vollständig geklärt sind.

2. Stufe Desire/Decision

Hat der Mitarbeiter verstanden, warum die Veränderung nötig ist, dann muss er sich immer noch entscheiden, aktiv an der Veränderung teilnehmen zu <u>wollen</u>. Es ist neben dem Erkennen auch die Lust zur Veränderung und die Entscheidung dafür (desire oder decision) erforderlich. Spätestens jetzt muss er bereit sein, seine Komfortzone zu verlassen, und damit beginnen, seine Routinen zu verändern.

Ihre Mitarbeiter sind noch nicht bereit, wenn Sie Fragen oder Aussagen hören wie:
- »Das kann nicht sein!«
- »Das geht uns nichts an …«
- »Ohne mich!«
- »Das mache ich nicht mit …«
- »Mir ist nicht wohl damit …«
- »Das wird sowieso nicht funktionieren …«
- »Ich weiß gar nicht, was die eigentlich wollen …«

Was bedeutet das für Ihre Führungsarbeit?
Lassen Sie Ihre Mitarbeiter ihre Bedenken mitteilen und regen Sie zur Reflexion an. Reduzieren Sie durch gezielte Fragestellungen die Ablehnung und zeigen Sie Verständnis:
- »Was passiert, wenn wir nichts tun?«
- »Was machen wir wann und aus welchem Grund?«
- »Welche Informationen sind für dich wichtig?«
- »An welchen Stellen kannst du dein Know-how am besten einbringen?«
- »Welche Bedenken hast du noch?«
- »Was benötigst du, um diese Bedenken aufzulösen?«
- »Woran wirst du erkennen, dass sich die Anstrengungen lohnen?«

3. Stufe Knowledge

Erst jetzt, nachdem der Mitarbeiter das Warum verstanden und sich entschieden hat, aktiv an der Veränderung teilnehmen zu wollen, kommt die Wissensvermittlung. Helfen Sie ihm jetzt mit dem *Wie* weiter.

Der Mitarbeiter ist nun offen für das notwendige Wissen. Dieses kann über Coaching durch die Führungskraft und/oder Fachbereiche, Schulungen, Entwicklung im Selbststudium und Trainings erfolgen oder auch über das Teilen von Informationen. Der Wissensvorsprung, den die Führungskraft oft hat, wird hier letztendlich aufgeholt.

Ihre Mitarbeiter sind noch nicht bereit, wenn Sie Fragen oder Aussagen hören wie:
- »Wäre ja schön, aber …«
- »Verändern okay, aber nicht so!«
- »In der Theorie hört sich das ja nicht schlecht an, aber in der Praxis …«
- »Die sollten lieber Leute mit Erfahrung aus der Praxis fragen …«
- »Ich weiß ja gar nicht, wie das gehen soll …«

Was bedeutet das für Ihre Führungsarbeit?
Die Aussagen sind häufig die Folge von Hilflosigkeit, Unsicherheit, mangelnder Klarheit, Verständnis- oder Informationslücken und Zukunftssorgen. Schaffen Sie in dieser Stufe Zuversicht und Hoffnung, indem Sie Ihr Wissen im Team und in individuellen Coachings teilen. Zeigen Sie den Weg auf, wie der Mitarbeiter das neue benötigte Wissen erlangen wird. Beginnen Sie, Ihren Mitarbeiter in die nächste Stufe – Ability – zu begleiten.

4. Stufe Ability

Nachdem der Mitarbeiter in Stufe *K* sein Wissen erweitert hat, kommt es jetzt zur Anwendung. Nun beginnt das Ausprobieren und Testen im Tagesgeschäft. Jetzt ist der Mitarbeiter dazu in der Lage, an der Veränderung pro-aktiv teilzunehmen.

Sie können mit dieser Stufe starten, wenn Sie Fragen oder Aussagen hören wie:
- »Das müssen/sollten wir jetzt mal ausprobieren.«
- »Gute Erfahrungen, die ich hier bereits gesammelt habe.«
- »Ist mehr als nur einen Versuch wert.«
- »Scheint wirklich was zu bringen, wenn wir das ändern.«
- »Einiges wird tatsächlich einfacher werden.«
- »Es ist wichtig, dass ich meine Erfahrungen einbringe.«

Was bedeutet das für Ihre Führungsarbeit?
Bestärken Sie Ihre Mitarbeiter. Es ist verständlich, dass nicht alles sofort einwandfrei funktioniert. Es dürfen auch mal Fehler passieren oder Dinge länger dauern. Die Produktivität steigt erst wieder mit zunehmender Übung und wachsenden Routinen.
Bieten Sie Ihre Hilfe an, sprechen Sie mit Ihren Mitarbeitern über die Verbesserungen, die durch die Veränderung entstanden sind. Fragen Sie sie, was sich für sie verbessert hat.
Regelmäßige Fragen- und Austauschstunden zeigen, welche Mitarbeiter sich aktiv einbringt und wo es noch hakt.
Geben Sie die Möglichkeit, die erworbenen Fähigkeiten kontinuierlich zu nutzen, zu üben und schließlich auch im Reinforcement zu betrachten und gegebenenfalls anzupassen.

5. Stufe Reinforcement

Hier wird die Veränderung langfristig wirksam und wirklich verankert.

Ihre Mitarbeiter wissen jetzt schon wie und arbeiten in der neuen Form. Sie haben die Veränderung akzeptiert, wenn Sie sich aktiv in Form von konstruktiven Verbesserungsvorschlägen einbringen. Oft werden diese begleitet mit Fragen oder Aussagen wie:
- »Das hat sich gelohnt.«
- »War anstrengend, hat Spaß gemacht!«
- »Läuft jetzt besser wie früher ...«
- »Das war mehr als einen Versuch wert!«
- »Nächstes Mal müssen wir das viel früher anpacken!«
- »X/Y hat wirklich was gebracht, vielleicht könnten wir noch an Z etwas verbessern!«

Was bedeutet das für Ihre Führungsarbeit?
Machen Sie ein Review mit dem Team oder den betroffenen Kollegen. *Was lief gut, worauf müssen wir bei der nächsten Veränderung besser achten?* Halten Sie gemeinsam inne und freuen sie sich zusammen über den hinter Ihnen liegenden Weg der Veränderung.
Wird der Veränderungsprozess zu schnell als abgeschlossen betrachtet, besteht auf dieser Stufe die Gefahr, dass die Mitarbeiter in alte Verhaltensweisen zurückfallen. Im Durchschnitt dauert es mehr als zwei Monate, bevor ein neues Verhalten internalisiert wird, es kann aber auch je nach Ausmaß der Veränderung länger dauern. Anerkennen Sie die Leistungssteigerung und Entwicklung Ihrer Kollegen.

Fazit des Modells

Das Interessante ist, dass sich Ihre Mitarbeiter in der Regel auf ganz verschiedenen Stufen im Veränderungsprozess befinden. Daher macht es Sinn, jeden Einzelnen individuell abzuholen.

Wie können Sie den Mitarbeiter ansprechen und in der Veränderung begleiten?
- Ermitteln Sie durch Gespräche, auf welcher Stufe sich Ihre Kollegen befinden und agieren Sie entsprechend.
- Konzentrieren Sie sich im Zweifel eher auf das *Was* als auf das *Wie*.
- Teilen Sie mit, was geändert werden muss.

Dieser Prozess überträgt die Verantwortung für die Lösung auf die Mitarbeiter. Sie können den Mitarbeitern eine klare Vision des Endzustands zusammen mit spezifischen Zielen und Zeitvorgaben mitteilen. Die Mitarbeiter übernehmen dann die Aufgabe, diese Vision zu verwirklichen. Durch die Beteiligung und Eigenverantwortung wird auf natürliche Weise der Wunsch geweckt, die Veränderung zu unterstützen, und es wird sichergestellt, dass die Einwände der Mitarbeiter in der Lösung berücksichtigt werden. Zeigen Sie Möglichkeiten für den Einzelnen auf. Welche persönlichen Vorteile hat er von der Veränderung? Berücksichtigen Sie dabei die unterschiedlichen Motive Ihrer Mitarbeiter.
Und auch hier gilt wieder: Kommunikation ist einer der wichtigsten Faktoren im Change Prozess!
Und eins ist sicher: Die nächste Veränderung kommt bestimmt!

Erkenntnistreppe

Überprüfen Sie Ihr Selbstverständnis als Führungskraft laufend. Ihre Aufgaben als Entscheider verteilen sich künftig auf viele Schultern. Sie sind vor allem dafür verantwortlich, zu orchestrieren, ein Umfeld zu gestalten, in dem Mitarbeiter zu Unternehmern im Unternehmen werden. Sie unterstützen durch Ihre Führung die Ausrichtung der Organisation (Ihres Teams) an einem Ziel, einem Wertegerüst, einer Philosophie oder einfach einer konkreten Vorstellung von der Zukunft. Geben Sie mit Ihrer Führungsarbeit einen Rahmen vor, der den Bewegungsspielraum der Mitarbeiter möglichst wenig einschränkt und doch einer klaren Vorstellung folgt.

Durch das gemeinsame Gestalten mit den Mitarbeitern sind diese im Prozess der Zusammenarbeit gleichberechtigte Partner. Jeder hat die Möglichkeit, mit seiner Meinung, seiner Perspektive und Expertise Entscheidungen zu beeinflussen. Der Vorteil ist: Durch diese geteilte beziehungsweise ergänzende Entscheidungskompetenz erhöht das Team die Wahrscheinlichkeit, die besten Lösungen für ein Problem zu finden und die Akzeptanz für die Lösung ist bei allen Beteiligten höher. Echtes Commitment kann ein Mitarbeiter nur geben, wenn er die Chance hatte, sich mit dem Thema, seinen Kollegen oder auch dem Unternehmen auseinanderzusetzen. Die Voraussetzung dafür, sich einer Sache voll und ganz verpflichten zu können, ist, sie beurteilen und darüber entscheiden zu können, wie gemeinsam vorgegangen wird. Daher muss der Mitarbeiter in Entscheidungsprozessen mitgenommen werden. Menschen die nur einen Ausschnitt eines größeren Ganzen zu sehen bekommen und unter Umständen noch nicht einmal ihren eigenen Bereich beeinflussen können, neigen dazu, sich Hintertüren offen zu halten. Und nur Menschen, die sich einer Sache wirklich verpflichtet fühlen, werden in dieser Angelegenheit gute Entscheidungen treffen.

Für Sie bedeutet das: Tragen Sie die Entscheidungsbefugnis dorthin, wo die inhaltliche Auseinandersetzung stattfindet, und nehmen Sie die Mitarbeiter im Entscheidungsprozess mit.

Das gilt vor allem auch in Veränderungsprozessen. Je transparenter Sie von Anfang an mit dem Change umgehen, desto einfacher ist es für Ihre Mitarbeiter mitzugehen. Kommunizieren Sie laufend über den Stand der Veränderung, sowohl in Eins-zu-eins-Gesprächen als auch im Team.

Das heißt nicht, ständig jeden mit jedem Zwischenschritt zu konfrontieren beziehungsweise zu belasten. Spätestens wenn Sie sich sicher sind, was für das Unternehmen/Team wichtig oder richtig ist, nehmen Sie zum Beispiel in einem Workshopformat Ihre Mitarbeiter auf den Erkenntnisprozess mit. Nur die (End-)Ergebnisse zu präsentieren, reicht nicht aus.

Schlusswort

Sie haben im Theorieteil viele praktische Tricks und Kniffe kennengelernt, die wir auch in unseren Trainings und Coachings vermitteln. Von Teilnehmern erhalten wir oft das Feedback, dass ihnen durch die individuelle und praxisnahe Vermittlung der Methoden und Werkzeuge, angepasst an das reale Umfeld des jeweiligen Unternehmens, ein schneller und nachhaltiger Praxistransfer gelingt.

Wir freuen uns, wenn wir auch bei Ihnen die Lust auf Vertrieb, Führung und Veränderung geweckt haben und wünschen Ihnen viel Erfolg beim täglichen Üben sowie bei Ihren Kunden- und Mitarbeitergesprächen.

Literatur

Covey, Stephen M.R. [2008]: *The SPEED of Trust: The One Thing That Changes Everything*, Free Press; Reprint Edition

Dobièy, Dirk & Köplin, Thomas [2013]: *Creative Company: Wie Künstlerisch zu Arbeiten Organisationen dabei hilft, über sich hinaus zu wachsen*, München, Verlag Franz Vahlen GmbH

Fischer, Claudia: *99 Tipps für erfolgreiche Telefonate: Die Erfolgspotenziale von Telefonaten optimal nutzen*, Offenbach, GABAL Verlag GmbH

Fritzsche, Thomas [2016]: *Wer hat den Ball: Mitarbeiter einfach führen*, Freiburg im Breisgau, Verlag Herder GmbH

Kleine, André [2022]: *Hören Sie auf zu verkaufen, lassen Sie den Kunden kaufen*, https://de.runatbest.com/

Lencioni, Patrick [2021]: *Das Motiv – Der einzig gute Grund für Führungsarbeit – Eine Leadership-Fabel*, Wiley-VCH Verlag

Mecuri International [2022]: Webinar vom 03.02.2022 Mercuri Webinar: *Die Top 10 Vertriebstrends 2022*, abgerufen am 10.2022 von https://www.youtube.com/watch?v=Nc68pQ6gC-Y

Okun, Bernd & Hoppe, Hans Joachim [2014]: *Professionelle Führung in Welt 2 – Von Führungsfrust zu Führungslust*, Wiesbaden, Springer Fachmedien

Posner, Astrid [2013]: *Die smarte Art, sich durchzusetzen: Status-Spiele erkennen und für sich entscheiden*, Kösel-Verlag

Prosci.com [2022]: *The Prosci ADKAR® Model*. Abgerufen am 10.2022 von https://www.prosci.com/methodology/adkar

Scheerer, Andrea & Renz, Jürgen [2022]: *Checklisten Feedback und Anleitung Verkaufsgespräch*, Abgerufen am 10.2022 von https://www.finderlohn.de/

Schneider-Landolf, Mina, Spielmann, Jochen und Zitterbart, Walter [2010]: *Handbuch Themenzentrierte Interaktion (TZI)*, Göttingen, Vandenhoeck & Ruprecht

Schuler, Helga & Steinle, Thomas-Marco [2009]: *Ran ans Telefon! Mit Telefonmarketing zum loyalen Kunden*, Offenbach, GABAL Verlag GmbH

Stanier, Michael Bungay [2016]: *Coaching Habit: Say Less, Ask More & Change the Way You LEAD Forever*, ý Box of Crayons

Simon, Claudia [2022]: *Strukturierte Gesprächsführung*, https://www.simon-consultants.de

Taxis, Tim: *Heiß auf Kaltakquise in 45 Minuten: Wie Sie das Vorzimmer erobern und den Entscheider gewinnen*, München, Tim Taxes Trainings

Zimmermann, Johannes [2014]: *Transformative Führung*, Inspire PrintOut COMPAREX AG, Vortragender: Johannes Zimmermann, Eins consulting, www.eins-consulting.de